영산설교

부흥을 이끈 설교의 眞髓

심두진 지음

추천사

설교는 하나님의 마음을 전하는 것

여의도순복음교회
원로목사 조 용 기

'설교는 이 세상에서 가장 거룩한 노동이다'라고 한 오폴드의 말처럼, 설교는 실로 어렵고도 중요한 사역입니다. 설교자는 하나님의 말씀을 전하기 위해 자신의 모든 것을 쏟아 부어야 하며, 성도들이 새로운 희망으로 살아가도록 격려하기 위해 몸부림을 쳐야 합니다. 그래서 설교자의 영혼은 땀과 핏방울로 얼룩지지 않을 수 없습니다.

제가 처음 대조동 천막교회를 시작할 당시에는 온 나라가 가난과 질병에 시달리며 어려운 시대를 지나고 있었습니다. 삶 자체가 그야말로 고통인 사람들에게 복음을 전하기 위해 간절히 기도했을 때, 하나님께서는 저를 통해 좋으신 하나님을 전하게 하셨습니다. 가난하고 아프고 고통 받는 자들을 향하신 하나님의 마음이 설교를 통해 전해졌을 때, 죽어가던 영혼이 살아나고 절망에 빠져 있던 사람들이 소망을 붙잡고 다시 일어서는 것을 보았습니다.

설교는 하나님의 마음을 전하는 것이라 생각합니다. 하나님의 마음, 한량없는 그 사랑만이 죽어가는 영혼을 움직이고 살릴 수 있습니다. 그런데 하나님의 사랑의 극치, 사랑의 절정은 바로 예수 그리스도의 십자가입니다. 지난 긴 세월 동안 제가 전했던 모든 설교의 중심에는 예수 그리스도의 십자가가 있었습니다. 십자가에서 운명하시기 전 "내가 다 이루었다"고 선포하셨던 예수님, 그로 인해 우리가 누릴 수 있게 된 오중복음과 삼중축복을 전했던 것입니다.

하나님의 사랑, 하나님의 마음이 녹아 있는 설교는 영혼을 살리고 민족을 살리고 나라를 살리는 것입니다. 하나님의 말씀이 성도들의 마음에 심어지면 성령님의 역사하심으로 점차 뿌리를 내리고 성장하여 그 삶에 풍성한 열매를 맺게 됩니다. 그리고 살아계신 예수 그리스도의 몸인 교회 역시 하나님의 말씀이 흥왕할 때 날마다 부흥하게 되는 것입니다. 그래서 저는 하나님의 말씀을 전한 지 58년이 지난 지금에도 언제나 두렵고 떨리는 마음으로 기도하며 강단에 섭니다.

이번에 사랑하는 제자 심두진 목사가 저의 58년간의 설교 사역을 체계적으로 연구하여 「영산 조용기 목사의 설교에 대한 분석적 연구」라는 주제로 박사 학위를 받고 또 학위 논문을 책으로 출간하게 된 것을 기쁘게 생각합니다. 본서가 한국교회의 설교자들에게 조금이나마 도움이 되고, 무엇보다 예수 그리스도의 복음을 더욱 널리 전파하는 데 큰 역할을 감당하게 되기를 바랍니다.

2015. 1.
여의도순복음교회
원로목사 조용기

● 추천사

절대 긍정의 믿음과 성령충만의 신앙

여의도순복음교회
담임목사 이영훈

목회자에게 있어 설교란 생명과도 같습니다. 하나님의 말씀을 연구하고, 묵상하여 성도들 앞에서 대언하는 설교는 목회자가 자신의 생명처럼 소중히 여길 뿐만 아니라 생명을 다해 헌신해야 할 사명이기 때문입니다. 기독교 역사를 보면 하나님께서는 탁월한 설교자들을 통해 헌신된 일꾼들을 일으키시고, 교회를 세우시고, 세상을 변화시키셨습니다. 그래서 하나님께 귀하게 쓰임 받았던 설교자들의 설교를 연구하고 배우는 것은 목회자뿐만 아니라 성도에게도 매우 유익한 일입니다.

조용기 목사님은 56년의 설교 사역을 통해 절대 긍정의 믿음과 성령충만의 신앙을 항상 강조해 왔습니다. 뿐만 아니라 가난하고 병들고 헐벗고 굶주리고 사회에서 소외된 사람들을 마음에 품으며 그들에게 꿈과 희망의 메시지를 전해 주기 위해 헌신했습니다. 이러한 목사님의 설교 사역은 여의도순복음교회를 세계 최대의 교회로 성장하게 만든 원동력이 되었습니다.

신실한 주의 종으로 교회를 위해 헌신하시고 계신 심두진 목사님이 조용기 목사님의 설교 사역에 대해 연구한 바를 출간하게 된 것을 진심으로 축하드립니다. 이 책이 목회자와 성도들의 신앙생활에 큰 도움을 주리라 생각합니다. 끝으로 이 책의 출간을 계기로 심두진 목사님의 사역과 학문의 지경이 더욱 깊고 넓어지기를 기도합니다.

●
추
천
사

설교는 순복음적인 성도를 양육해야한다

서울신학대학 설교학 교수
정인교 박사

　　　　　　　　영산 조용기 목사는 한국이 낳은 세계적인 목회자이자 설교가이다. 맨손으로 개척하여 세계 최대의 교회로 부흥시킨 여의도순복음교회는 전 세계의 목회자들이 '성지'와 같이 순례하며 '교회성장의 메카'처럼 된지 오래이다. 목회 철학에 따라 작은 교회를 선호하는 입장에서는 메가 처치의 존재 자체를 거부하기도 하지만 이성희 목사의 말처럼 시대를 막론하고 '스타교회'는 언제나 있어 왔다. 그리고 교회의 설립과 성장이 하나님의 역사하심 속에 진행됨을 믿음으로 고백한다면 기독교 역사상 전무후무한 '규모의 목회'를 일군 조용기 목사는 비판받기 보다는 연구의 대상이 되는 것이 순리일 것이다.

　　지금까지 조용기 목사에 대한 연구는 다양한 각도에서 추진되어왔다. 그가 주창한 오중복음과 삼중축복에 대한 신학적 고찰, 성령론에 입각한 그의 목회, 셀 조직, 치유의 역사 그리고 조목사의 설교 등이 비교적 자세히 연구되어 왔다. 어떤 면에서 한 인물에 대해 이처럼 다양한 각도에서 연구한다는 것 자체가 한국 교회에서는 흔치 않은 일이다. 모든 연구가 다 소중한 가치를 지니지만 그중에서도 조목사의 목회에서 빼놓을 수 없는 것이 설교이다. 엄밀한 의미에서 여의도순복음교회의 성장은 치유의 역사, 설교 그리고 셀그룹이 핵심적인 요인이라 할 수 있다. 특히 이 3가지 요소 중 설교는 순복음적인 성도를 양육한다는 점에서 가장 핵심적이라 할 수 있다.

　　이런 맥락에서 심두진 박사의 영산 조용기 목사의 설교론은 매우 특별한 의미를 갖는다. 지금까지 조용기 목사의 설교에 대한 단편적인 연구들이 있어왔지만 심박사처럼 조목사의 목회 여정에 따른 설교변화를 연대기적으로 연구한 것은 이 연구가 최초이다. 심박사는 1부에서 조목사의 생애와 신학적 이해를 연구함으로 전체적인 설교의 토대를 연구한 뒤 2부에서 목회여정에 따른 설교 주제의 변화를 추적하고 3부에서는 이 설교들 속에 담겨져 있는 신학을 분석함으로 연구의 논리적 구성을 탄탄하게 하고 있다. 또 목회를 꿈꾸는 후진들을 위해 4부에서 다양한 설교자들을 소개한 것에서 심박사의 후덕한 마음을 엿보게 된다.

누군가를 연구하여 그를 추종할만한 롤모델로 천거한다는 것은 역사적인 책임을 지겠다는 의지의 표현이다. 평생 조목사의 제자로 그의 곁에서 지켜보아온 심박사는 본서의 출간을 통해 그 역사적인 책임을 당당하게 졌다. 심박사의 논문을 지도한 지도교수의 입장에서 본인은 그 용기에 지지를 보내며 본 서를 시발로 더욱 성숙한 학문적 진보가 있기를 기대한다.

서문

설교를 제일 주된 사명으로 알고 목회사역을 수행해 온 목회자 | 심두진

기독교 사역 가운데 특히 목회 사역에서 설교가 중심이라는 사실에 대해 이의를 제기할 사람은 아무도 없을 것이다. 예수님의 사역에서 시작하여 오순절 사도들의 복음전파에도 설교가 그 중심에 있었고, 이후에도 현대에 이르기까지 기독교의 사역과 목회사역은 설교를 중심으로 수행되어 왔다. 즉 목회와 교회성장 및 성도의 성숙 그리고 설교사역은 서로 분리될 수 없이 긴밀한 관계에 있다. 목회자의 좋은 설교는 성도들에게 영적인 만족을 주고 교회를 성장시킨다. 그러나 무책임하고 무력한 설교는 성도들에게 영적인 만족을 주지도 못하고, 교회를 성장시키지도 못한다. 즉, 다시 말하면 목회자의 설교는 성도의 영적인 성숙 뿐 아니라, 교회성장과 아주 긴밀하게 맞물려 있다. 이런 점에서 "목회자의 가장 중요한 사명은 하나님의 말씀을 성도들에게 전하는 것"[1] 이라는 김점옥의 주장은 타당하다.

이런 맥락으로 볼 때 세계에서 가장 큰 단일 교회를 세운 영산 조용기목사의 성공적인 목회는 그의 능력 있는 설교사역과 떼어놓고 생각할 수 없을 것이다. 조용기 목사의 목회와 설교가 교회의 양적 성장을 가져온 것에 이의를 제기할 사람은 아무도 없을 것이다. 다만 성도의 영적 성숙을 어느 정도 가져왔는가에 대해서는 다시 한 번 검토할 필요가 있다. 왜냐하면 우리는 과거의 영향력을 검토함으로써 미래를 위한 교훈과 통찰력을 얻을 수 있기 때문이다. 조용기 목사의 세계적인 규모의 목회는 어떤 하나의 특정한 요소가 아닌 여러 가지 요인이 작용하여 이루어진 것이다. 그 여러 가지 요인의 작용으

---
1. 김점옥, 『미국교회를 움직이는 7인의 설교비밀』, (서울: 기독신문사, 1998), 4.

로 인해 조용기 목사의 목회 사역 장에는 수 십 만의 성도가 모이게 됐고, 그들을 돌보고 유지할 수 있었다. 그 요인으로는 치유의 역사, 셀그룹을 통한 회중의 조직적 관리, 오중복음과 삼중축복을 연결시킨 조용기 목사의 독특한 복음 강조, 통전적 구원을 강조하는 영성강조, 그리고 조용기 목사의 설교를 들 수 있다.[2] 조용기 목사 자신도 설교는 선교의 기능과 교인의 신앙을 성장시키는 기능을 하는 결정적인 교회성장의 열쇠라고 강조한다:

> 교회는 기필코 성장해야 합니다. 예수님께서 말씀하신 것 같이 우리는 예루살렘과 온 유다와 사마리아와 땅 끝까지 이르러 예수님의 증인이 되어야 합니다. 그러기 위해서 모든 교회는 차고 넘치도록 성장해야 합니다. 교회가 성장하기 위해서는 무엇보다도 말씀이 좋아야 합니다. 한 보고서에 의하면 사람들이 교회에 나오게 되는 동기 중 가장 큰 요인이 바로 설교말씀 때문이라고 합니다. 곧 설교의 성패는 교회성장의 성패를 좌우한다고 할 수 있습니다.[3]

확실히 설교사역과 목회 그리고 교회성장과 성도의 성숙은 분리될 수 없다. 좋은 설교는 교회 안에 있는 모든 성도의 믿음이 성장할 수 있도록 도와주며, 개인 삶의 문제를 극복하며 하나님의 말씀에 합당하게 살아가도록 이끌어주는 것이다. 1890년 독일 설교학의 갱신운동Moderne Predigt을 이끌었던 니버갈Friedrich Niebergall은 설교의 과제를 '회개와 신앙이라는 가치의 변화', 설교의 내용을 '예수의 영향 아래로', '하나님과의 친교'로 규정하면서, 이것이 "평화 기쁨 자유라는 영적인 상태를 만들어 내며....이런 토대가 새로운 삶, 고난의 극복 등을 창출해 낸다"고 주장했다.[4] 펠프A. Phelps는 "설교의 순수한 개념은 성경에 포함된 신앙적 진리를 사람들의 마음을 향해서 구두로 연설하는 것"[5] 으로 보았

---

2. 정인교, 『설교자여 승부수를 던져라』, (서울: 대한기독교서회, 2010), 219.
3. 조 나윗, 『나는 이렇게 설교한다』, 서울, 서울서적, 1994, 27.
4. Niebergall, F., Wie prediger wir dem modernen Menschen? Bd. 3, 212-215; 정인교, 『설교학 총론』, (서울: 대한기독교서회, 2011), 65, 재인용.

다. 정인교는 "설교는 엄밀한 의미에서 회중이 교회 문밖을 나갈 때 시작되어야 하는 것이고, 설교에서 받는 '은혜'란 삶의 변화를 통해 진위가 가려져야 하는 것"이라고 주장하면서 설교가 "신앙과 삶, 교회와 사회의 조화를 이루며 기독교적 정신으로 세속화된 사회의 왜곡을 개혁할 수 있는 온전한 그리스도인을 양육하는 데 조력하는 기능을 수행해야 한다"[6]고 주장한다.

이런 주장들은 설교를 통한 성도의 신앙성숙에 초점을 맞추고 있으며, 설교가 교회를 성장시킬 수 있다는 핵심기능에 대해 제한적으로만 암시하고 있을 뿐이다. 아마도 설교학자들이 성도의 성숙과 건강한 신앙은 자연스럽게 교회의 성장과 부흥을 견인한다는 것을 알고 있을 것이다. 그렇지만 그들이 이에 대해 명시적으로 말하지 않는 것은 이단에서 볼 수 있듯 탈복음적, 반복음적 설교를 통해서도 사람들을 모을 수 있다는 점을 염두에 두었기 때문인 듯하다. 하지만 이런 부작용을 인정하면서도 '순전한 복음'을 설교하는 것이 교회를 성장시키고 성숙케 한다는 사실, 그리고 부실한 강단이 교회와 성도의 부실을 초래한다는 더 큰 교훈을 지난 2천년 동안 교회역사가 증언해왔다. 그리고 현대 교회 특히 한국교회에서 찾아볼 수 있는 그런 긍정적인 사례의 대표적인 모델을 영산 조용기 목사(이후 영산으로 표시함)로 볼 수 있을 것이다.

확실히 지난 2천년 동안의 기독교 역사를 통틀어 유례를 찾아보기 힘들 정도의 규모의 목회를 일군 영산의 가시적인 목회 성공은 분명히 인정 되어야 한다. 더욱이 영산 자신이 저서에서 밝히고 있고, 또 실제로 목회현장에서 보여주었듯이 슈퍼 메가 처어치super-mega-church를 이룬 가장 중요한 요인이 설교이다.[7] 그렇다면, 어떤 차원에서 설교로 인해 그 일이 가능했는지 검토할 필요성과 가치가 있을 것이다. 영산의 설교 특징은 무엇이고, 그 설교의 어떤 점이 그런 규모의 목회를 가능하게 했는지, 영산 설교가 시대의 요

---

5. Phelps, A., Theology of Preaching, Dickinson, 1882, 28; 박평강, 『4차원의 영적세계에 기초한 영산의 설교 연구』, 한세대학교 목회전문대학원 박사학위논문, 2005, 7, 재인용.
6. 정인교, 『설교학 총론』, 71.
7. 조용기, 『설교는 나의인생』, (서울: 서울말씀사, 2005), 프롤로그 중에서.

청에 부응하면서도 성경의 하나님 말씀 선포에 충실한 설교였는지, 그리고 그의 설교가 가진 긍정적, 부정적 영향력은 무엇이었는지를 검토하고 연구하는 것은 매우 시의 적절할 것이다. 왜냐하면 영산의 설교 분석은 설교를 통해 교회의 건강한 성장을 도모하는 목회자들에게 중요한 길잡이가 될 수 있을 뿐 아니라, 한국 교회에 한 축으로 자리 잡은 영성운동의 건전한 방향정립과 21세기 한국 교회와 목회가 나아가야 할 이정표를 설정하는데 중요한 통찰력과 방향성을 제공할 수 있기 때문이다.

무엇보다도, 영산의 설교에 대한 연구는 설교학적으로 매우 중요한 의미가 있다. 잘 알려져 있듯이, 설교는 하나님의 '공적인 말걸음'이자, 종교개혁자들이 간파한 것처럼 성만찬과 더불어 인간을 향한 하나님의 봉사이다. 즉 설교는 인간을 향한 '하나님의 일'이자 '하나님의 사역'이다. 설교자는 이러한 하나님의 말씀사역으로 부름 받은 '말씀의 봉사자'Servant of God' Word이다. 이 봉사는 '기록된 계시의 말씀'인 성경에 기초해야 하고 설교자는 그 말씀에 충실한 증언자가 되어야 한다. 그럴 때에 하인리히 불링거Heinrich Bullinger가 제창한 "하나님의 말씀의 설교는 하나님의 말씀이다"praedicatio verbi Dei est verbum Dei라는 종교개혁자들의 설교표제는 진정한 의미를 가질수 있다. 따라서 어떤 경우에도 설교자는 하나님의 말씀보다 앞설 수 없고, 말씀이 주인이고 설교자가 말씀의 시종이라는 신분 설정 역시 역전될 수 없다. 이런 설교에 대한 기본적인 원칙과 공리가 지켜질 때에만 설교는 '온전한 성도의 양육'이라는 목적에 도달할 수 있다.

이러한 설교의 기본 공리와 연관하여 영산의 설교를 연구하는 것이 설교학적으로 중요한 것은 그가 이룬 '교회성장'의 주된 요인이 설교이기 때문이다. 특히 설교가 사람을 모으고 교회를 성장시키는 순기능으로 작동할 수 있다면, 영산의 설교사역은 하나의 대표적인 모델이라 할 수 있다. 그렇지만 이는 자칫 엄격한 설교연구와 평가없이 그의 설교가 '모든 목회자가 따라야 하는 모범'으로 숭앙되는 결과로 이어질 수 있다. 이것은 일반적으로 우려되는 점이다. 영산의 설교를 연구를 통해 제대로 평가하기 이전에 이미 세계 최대 규모의 목회적 업적의 결과로 모든 것에 면죄부를 주는 싱장시상주의자들에게는 기독교회가 추구해온 설교와는 관계없는 '다른 설교학'의 원류로 영산을 추앙할 수 있기 때문이다. 만일 이런 식의 흐름이 정착된다면, 전통적 설교가 추대해 온 설교의 주인인 예수와 복음은 '성장'에게 그 자리를 내어주어야 할 것이고, 나아가 이러한 '성장 지상주의'는 '말씀'대신 보다 효과적으로 사람들을 모을 수 있는 방안을 찾음으로 종국에는 말씀의 종교인 기독교 대신 '다른 종교'를 만들어 낼 것이다. 단지 교회를 크게 성장시켰다는 이유만으로 영산의 설교가 그런 단초로 악용된다면 그것은 영산의 전 생애를 욕되게 하는 것일 뿐 아니라 그를 사용해서서 구원의 역사를 이루어 오신 하나님을 모독하는 행위이다. 이런 맥락에서 영산의 설교를 설교학적 입장에서 연구하는 것은 단순한 목회 차원을 넘어 기독교 설교학과 설교를 위해서도 매우 중요한 의미를 갖는다.

　본 저서의 목적은 위에서 열거한 한국교회를 위한 영성적, 목회적 좌표의 설정 그리고 기독교 설교의 바른 정립이라는 입장에서 영산 조용기 목사의 설교론을 제시하는 것이다. 영산은 54년간 설교 사역을 통해 성공적인 목회를 수행했고, 그것을 기반으로 순복음교회를 세계 최대 교회로 성장시켜왔으며, 교회성장의 측면에서 탁월한 금자탑을 쌓은 것은 분명하다. 영산은 그의 목회 사역 54년 동안 국내에서뿐만 아니라 해외에서도 많은 대규모 집회에서 설교를 통해 지대한 영향을 미쳐왔다. 또 영산은 국내외적으로 능력의 설교자로 인정을 받아 왔다. 극동방송 사장이었던 김장환은 조용기 목사를 "성령의 대변자로 열정적인 설교사역"을 실행해 온 인물로 평가하고,[8] 명성교회 담임목사인 김삼환은 조용기 목사의 설교사역을 하나님의 말씀이 살아 있는 설교로 희망과 위로를 준 한국 강단을 위한 좋은 모델로 인정한다고 말했으며,[9] 한일장신대 정장복은 조용기 목사를 세계를 놀라게 한 말씀의 종으로 인정하면서 조용기 목사는 설교를 제일 주된 사명으로 알고 목회사역을 수행해 온 목회자라고 말한다.[10]
　조용기 목사 자신도 1958년 대조동 천막교회에서 처음 설교를 시작한 이래로 반세기

---

8. 조용기, 『설교는 나의인생』, 추천사 중에서.
9. 조용기, 『설교는 나의인생』, 추천사 중에서.
10. 조용기, 『설교는 나의인생』, 추천사 중에서.

목회 동안 설교자로 살았으며, 설교는 '나의 인생'이라고 말하고 있다.[11]

한국교회의 많은 사례가 보여주었듯이, 설교가 목회사역과 교회성장에 핵심적인 역할을 수행하고 있다.[12] 오늘날 순복음 교회가 세계적인 교회로 성장할 수 있었던 가장 핵심적인 추진력도 조용기 목사의 설교사역이다. 하지만 이런 명성과 강력한 영력에도 불구하고, 영산의 설교를 비판적으로 점검하고, 합당하게 수용할 필요가 있다.

이런 절차 없이 영산의 설교를 가장 이상적인 설교의 전형으로 간주하는 것은 바람직하지 않다. 영산 설교의 가치를 제대로 인식하기 위해 첫째, 하나님의 말씀을 충실하게 현대 성도들에게 전달하고 있는가 그리고 둘째, 그의 설교사역이 충분히 성령의 인도하심을 따르고 있는가 하는 점이 해명되어야 한다. 셋째, 그것을 기반으로 그의 설교가 회중이 겪고있는 삶의 문제를 해결해 줄 뿐만 아니라 회중을 전인적인 인격으로 성장시키는데 얼마나 영향을 미쳤는가도 충분히 살펴 봐야할 조용기 목사의 설교에 대한 분석적 접근의 결과는 선교 2세기를 맞고 있는 한국교회의 설교사역을 점검하고, 새로운 대안적 방향을 정하는데 중요한 기여를 할 수 있을 것이다.

---

11. 조용기, 『설교는 나의인생』, 프롤로그, "1958년 처음 대조동 천막교회에서 설교를 시작한 것이 엊그제 같은데 이제 벌써 반세기의 세월이 흘렀습니다. 그동안 많은 일이 있었고 많은 것이 변했습니다. 하지만 그때나 지금이나 내게 변함없는 것 중의 하나는 강단에 서서 설교를 할 때가 하나님 앞에서 가장 영광스럽고 행복한 순간이라는 것입니다. 이제 돌아보니 설교는 곧 나의 인생이었습니다."

12. 정인교, "전체적 분석과 제안"(설교의 위기를 극복하는 설교의 리모델링), 『한국교회설교분석』, (서울: 두란노 아카데미, 2009), 133, 정인교 교수는 설교에 대한 설문 분석에서 목회와 설교의 함수 관계있다고 본다: "설문을 통해서 나타난 결과 중에 흥미로운 점은 상하위 응답 비율이 15%를 넘는 항목이 적지 않았다는 것이고 그것이 대부분 '교회의 규모'와 관련돼 있다는 것이다. 그렇다고 우리가 교회의 성장 논리에 붙잡혀 있는 것은 아니지만, '성도의 성숙'은 가시적 수치로 측정하기 힘든 정서적 차원이기에 불가피하게도 외형적 측정이 가능한 '성장'이라는 정량적 수치에 주목할 수밖에 없다. 이런 관섬에서 보면 설교를 기준으로 성장하는 교회와 그렇지 않은 교회가 확연히 구분된다."

CONTENTS

01 영산의 생애와 신학적 이해

1장 설교자 영산의 생애 • 21
1. 청소년기와 기독교 입문
2. 목회에로의 소명과 헌신
3. 순복음 신앙의 세계적 리더

2장 설교자 영산의 신학 사상 • 29
1. 영산의 십자가 신학
2. 영산의 축복 신학
3. 영성과 치유의 신학

3장 설교자 영산의 성령론적 이해 • 55
1. 설교와 성령의 상관성
2. 성령과 설교자
3. 성령의 능력과 메시지

02 목회 패러다임에 따른 영산 설교

4장 개척초기에서 1970년대 영산 설교 • 69
1. 대조동 천막교회 시절의 영산 설교
2. 서대문 시대의 영산 설교
3. 초기 여의도 시대(1973-1980년)의 영산 설교

5장 세계 최대 교회 시대의 영산 설교 • 85
1. 설교 패러다임의 전환
2. 믿음의 성숙을 위한 영산 설교
3. 삼중축복의 설교

6장 2000년 - 현재까지의 영산 설교 • 101
1. 섬김과 나눔의 목회 패러다임 이해
2. 영산 설교의 건전성과 연속성
3. 영산의 나눔과 섬김 설교

03 영산 설교의 설교학적 이해

7장 영산 설교의 근본 요소 • 123

1. 케리그마 중심의 설교
2. 영산의 삶의 현장적 설교
3. 성령의 능력에 의존하는 설교

8장 영산 설교의 내용과 형식 분석 • 141

1. 영산 설교의 내용분석
2. 영산 설교의 형식분석
3. 영산 설교의 구성 원칙

9장 청중을 위한 영산 설교 패러다임 • 155

1. 들려지는 설교의 중요성
2. 언어적 요소
3. 비언어적 요소

04 21세기 새로운 설교모델

10장 교회성장을 이끈 설교모델 • 167
    1. 곽선희 목사의 설교론
    2. 김삼환 목사의 설교론

11장 21세기 새로운 설교모델 • 191
    1. 이영훈 목사의 설교론

12장 21세기 설교모델인 영산 설교 • 205
    1. 교회성장을 이끈 영산의 설교모델
    2. 교회성장을 위한 영산의 설교모델

추천사
서문
에필로그
참고문헌

1부

영산의 생애와 신학적 이해

01
설교자 영산의 생애

영산은 지난 54년간 목회를 하면서 시대와 청중에 맞게 다양한 주제의 설교를 하였다. 그의 설교 사역은 오중복음과 삼중축복을 중심으로 수행되었다. 오중복음과 삼중축복은 예수 그리스도의 십자가를 비롯하여 기독교의 중요한 신학적이고 영성적인 근거를 가지고 있다. 이러한 그의 신학과 신앙은 영산의 생애와 밀접한 연관을 갖고 있으며 또 시대에 따른 변화를 보이기도 한다. 따라서 본 장에서는 영산 설교의 직접적 배경이 되는 그의 인생사를 살펴보고, 또 그의 설교의 기초적 배경이 되는 신학과 영성을 고찰하고자 한다.

한 목회자의 설교 영향은 그 사람의 삶과 불가분리의 관계가 있다.

삶의 배경과 무관하게 설교자의 설교를 이해하는 것은 매우 조야한 접근이다. 설교자가 걸어 온 삶의 배경을 알면, 설교자의 설교에 대해 구조적, 정서적으로 바르게 이해할 수 있다. 이런 맥락에서 다음과 같은 류동희의 진술은 숙고할 가치가 있다: "한 사람이 그리스도를 만나는데 있어서 그 과정은 매우 중요하다. 왜냐하면 누구를 통해 어떠한 영향을 받았는가 하는 것은 평생 그 사람의 신앙에 지속적으로 관여하기 때문이다. 마찬가지로 이 과정 속에서 영산이 누구로부터 어떤 종류의 영향을 받았는가 하는 것은 매우 중요하다. 왜냐하면 그것이 후에 영산의 신학 형성에 근간을 이루기 때문이다."13

1. 청소년기와 기독교 입문

영산은 1936년 2월 14일 경남 울주군 삼남면 교동리 3번지 진장이라는 곳에서 아버지 조두천과 어머니 김복선 사이에 9남매 중의 장남으로 태어났다. 일제 식민치하에서 교육을 받고 자랐던 영산은 일반적으로 일본식 교육을 받았지만, 다른 한편으로는 그의 조부와 부친으로 부터 깊은 민족의 뿌리 의식을 교육받으면서 성장하였다.

영산의 조부는 경남 함안에서 자수성가한 입지적인 인물이었다. 그의 조부는 어려서부터 천성적으로 강인했고, 투지가 남달랐으며 일단 무슨 일이든 결심만 하면 그 일을 기필코 성취해내는 끈기있는 사람이었다.

영산은 이런 조부로부터 부지런하고 성실하게 살아야 한다는 교육을 받으며 자랐다.

언양초등학교에 다니던 시절에는 육상선수로 활약했으며, 선수시절에 끈기와 단체심 등을 기를 수가 있었다. 또 영산의 부친은 매일 저녁식사가 끝나면 영산의 형제들을 불러 인생에 대한 여러 가지 교훈을 들려주었다.

영산은 자신의 9형제가 바른 인생길로 걸어가게 된 것은 바로 부친의 끊임없는 교훈 때문이라고 회고한다. 영산은 어릴때 다른 친구들이 부모로부터 험악한 욕을 듣고, 부모가 만취한 채 가족을 구타하는 것을 보며 자신에게 끊임없이 바른 가르침을 주시는 부모가 있다는 것에 감사하며 살았다.

1950년 영산이 15세가 되던 해 영산의 아버지 조두천씨는 국회의원 선거에서 낙선을 하였고, 그 결과 영산의 가족 모두는 고통스러운 결과를 경험해야만 했다. 영산은 중학교를 우수한 성적으로 졸업했으며 당시의 사회적 상황으로 봤을 때 과학자나 기술자가 되는 것이 돈을 많이 벌 수 있다고 생각하여 부모의 뜻에 따라 부산공고에 입학하였다. 마침 이 학교에는 미군부대가 주둔하고 있었기에 영산은 학교가 끝나면 미군 병사

---

13. 류동희,『영산 조용기 목사의 목회 사상사』, (군포: 한세대학교 출판사, 2011), 41.

를 찾아가서 영어로 대화하는 시간을 가졌고 덕분에 영어 실력을 쌓을 수 있었다. 그래서 고등학교 1학년 말 즈음에는 학교장과 미군 부대장 사이의 통역을 맡기도 했다.[14]

좋은 가정에서 태어나 자랐지만, 그는 집안이 몰락하는 경험을 했다. 그렇지만 이런 경험은 목회자로서 그리고 설교자로서 그의 인생에 하나의 중요한 기반이 되었다. 영산은 가난을 겪으며 어려움이 닥칠 때, 인내하는 것을 배우게 되었다.

그로 인해 좌절하지 않고 끊임없이 도전함으로써 아무리 극한 상황에서도 하나님을 바라며 희망을 잃지 않는 신앙은 영산의 성공적인 목회와 설교의 밑거름이 되었다.

1953년 영산이 고등학교 2학년 때, 그의 인생에서 아주 중요한 일이 생겼다. 학교가 끝난 후 철봉대에서 체조를 하다가 철봉대에 가슴을 강하게 부딪친 후 체력이 현격하게 떨어졌고, 영양실조에 걸려 결국 폐병 3기에 걸리고 말았다. 당시의 폐병은 치료가 거의 불가능했기 때문에 사형선고나 다름이 없었다. 죽음에 대한 공포에 휩싸인 영산에게 누나의 친구가 복음을 전했고, 영산은 쉽게 성경말씀이 믿어지지 않았지만 혼자서 성경을 읽기 시작했다. 후에 그는 켄스타이스 미국 선교사를 만나게 되었고, 그에게 영적인 감동을 받아 예수님을 영접하게 되었다.

영산이 폐병으로 인한 투병 생활은 삶에 대한 애착을 깊이게 이었고, 후에 치유에 대한 말씀을 강력하게 증거하고 치유의 역사에 대해 강조할 수 있었던 동기가 되었다. 이때부터 고통의 질병에서 낫게 하신 하나님에 대한 이해가 영산의 마음에 자리 잡기 시작했다. "영산의 회심과정을 정리해보면, 그는 폐병으로 죽음의 절망 가운데서 예수 그리스도의 복음 전도자를 만나게 되었고, 성경을 보게 되었다. 영산의 회심은 단순한 지적인 회심이 아니라 체험적 회심이었다."[15]

1956년에 영산은 '순복음신학교'에 입학하였다. 그는 신학교 재학시절 학생회장으로 활동하면서 복음전도에도 열정적인 사람이었고, 유창한 영어실력으로 부흥회에 나가 영어 통역을 하기도 했다. 그는 당시 졸업 후에 교수가 되려는 꿈을 가지고 있었다. 그런데 갑자기 급성폐렴으로 쓰러지게 되었고 최자실 목사(당시전도부장)의 극진한 간병과 간절한 중보기도 덕분에 영산은 건강을 회복할 수 있었다. 이 일을 겪고 난 뒤 목사로서

---

14. 여의도순복음교회 30년사 편찬위원회, 『여의도순복음교회 30년사』, 여의도순복음교회, 1989, 283.
15. 류동희, 『영산 조용기 목사의 목회 사상사』, 57.

주님을 위해 헌신하기로 다시 결심하였다.

"가난과 질병은 그로 하여금(목회와 설교에서) 치유에 대한 애착을 갖게 하였으며, 이 치유의 문제를 성령의 역사로 해결함으로써 그의 목회가 완숙한 경지에 이른 90년대에는 환경치유신학을 유발하였고, 치유신학으로 정착하게 만드는 원인이 되었다."[16]

2. 목회에로의 소명과 헌신

1958년 신학교를 졸업한 후 영산은 대조동에서 천막을 치고 개척교회를 시작했다. 당시 한국의 사회적 상황은 매우 어려웠고, 대조동 역시 형편이 좋지 않은 지역이었다. 1950년 6.25 전쟁으로 인해 50년대 한국의 사회적 상황은 그야말로 혼란과 암울함이 가득했다. 대조동 역시 가난과 질병으로 만연했던 변두리였기에 많은 동료가 대조동에 교회를 개척하는 것을 만류했다.

그러나 만류에도 불구하고, 그는 개척을 감행했다. 그런 이유로 그는 교회의 성장을 열망했음에도 당연히 어려움을 겪을 수밖에 없었다. 당시의 어려운 상황을 다음의 그의 고백에서 알 수 있다.

> 그 당시 나의 상황은 아주 절망적이었습니다. 주위의 모든 사람은 가난에 찌들어 허덕였고 교회는 재정적으로 어려워서 간신히 운영되고 있는 형편이었습니다. 사실 어떻게 금식기도를 해야 하는 지를 배운 때가 바로 그 당시였습니다. 그것은 나의 신앙이 깊고 열정적이었다기 보다는 당시에 먹을 것이 없는 상황에 처했기 때문이었습니다. 그러나 지금 돌이켜 보면 오히려 그 때가 영적으로는 참으로 복된 시기였습니다.

복음전도에 불타는 열정이 있었음에도 목회생활 가운데 어려움을 겪고 있었던 것을 알 수 있다. 영산이 개척한 곳은 아편 중독자, 알콜 중독자, 부랑아들이 집단을 이루고 사는 빈민촌 동네였다. 그곳의 사람들은 가난에 지쳐있었고, 질병으로 인한 고통에서

---

16. 이호열, "조용기 목사의 설교에 대한 목회학적 입장에서의 평가", 『한국교회 설교가연구』, 한국교회사학 연구원 편, (서울: 한국교회사학 연구원, 2000), 161.

힘든 나날을 보내고 있었다.

이런 상황에서 사람들이 가장 절실히 원하고 필요로 하는 것은 신앙이나 성경말씀이 아닌, 따뜻한 밥 한 공기와 약 한 봉지 즉 일용할 양식과 치료약이었다. 영산은 그것이 그들에게는 복음과 같은 것이었다고 말한다. 그들이 천국의 복음을 받아들이기에는 현실적인 거리감이 너무 크다는 사실 느낄 수 있었다. 전쟁의 상처로 인해 절망감과 허무감으로 살아가는 사람들에게 천국의 복음은 관심밖의 일인 것을 다양한 차원에서 경험했다. 그 중 하나의 차원은 교회에 와서 행패 부리는 사람을 전도하는 일이었다. 영산은 그 사람을 어떻게 전도해야 되는지에 대해 깊은 고민을 하였다. 그 사람은 6.25전쟁 당시의 유격대와 헌병으로 나라를 위해 목숨을 바친다는 일념을 가지고 국가에 충성을 하였으나 전쟁이 끝난 후 국가나 이웃으로부터 인정받지 못하자 현실을 비판하고, 절망과 배신감으로 허송세월하고 보냈습니다. 젊은 나이에 하는 일 없이 비관하며 사는 그에게 훗날의 천국은 전혀 관심의 대상이 되지 못했다.

이런 환경 속에서 영산의 목회사역은 더욱 어려워져만 갔다. 영산은 신학교에서 배운 것에 대해 또 선배들이 가르쳐 주었던 것에 대해 회의를 품기 시작했다.[18]

영산은 이런 상황에서 포기하지 않고, 무엇이 문제인지를 성찰하며 그 문제를 해결할 수 있는 분명한 목회철학과 설교철학을 갖기 시작했다. "그래서 저는 살아계신 하나님이 지금 여기서, 즉 삶의 현장 가운데 의식주의 문제를 해결해 주심을 증거해야 한다는 결론에 이르게 되었습니다. 그것은 설교와 그것을 듣는 사람들의 상황이 서로 연관성이 있어야 관심을 갖고 교회에 나오기 때문입니다."[19]

그런 목회적 상황은 영산으로 하여금 새로운 시각으로 성경을 읽게 하고 설교의 원칙

---

17. 조용기, 『교회성장 진정 원하십니까?』, (서울: 서울서적, 1995), 10.
18. 이호열, "조용기 목사의 설교에 대한 목회학적 입장에서의 평가", 162. 그는 심방 속에서 괴로워하며 낙심해 있는 심령들을 발견하였고, 그들에게 있어 실제적인 문제는 바로 물질문제와 질병문제임을 알게 되었고, 그는 목회의 현장에서 성경을 바라볼 기회를 가진 것이다. 그는 축호 전도에서 충격적인 이야기들을 듣게 된다. "천국이 어디에 있어요? 지옥도 무섭지 않아요. 하나님이 정말 계신다면 어째서 당장 우리에게 필요한 것을 주지 않습니까?" 그는 그들에게 천국의 메시지가 이미 호소력을 잃어버렸다는 것을 발견하였다.
19. 조용기, 『나는 이렇게 설교한다』, 400.

을 세우는 계기가 되었고, 나아가 교회성장으로 이어지는 목회적 전환을 가능하게 했다. 영산은 현실적으로 필요한 것을 채워주는 것과 동시에 영혼을 구원시킬 수 있도록 성경을 읽게 하였고, 그에 맞는 설교의 원칙을 세우고자 했다.

영산은 예수님의 십자가 대속의 은혜를 영과 육, 범사라는 전인구원의 입장에서 이해하고 설교하기 시작했다. 그의 전인구원은 오중복음에 근거하였고, 삼중축복을 강조하는 것이었다. 그의 설교에서 오중복음이 언제부터 등장하기 시작했는지는 정확하게 알 수 없으나, 1968년에 출간한 『믿음과 실상』에서 보면 영산이 서대문순복음중앙교회에서 목회를 할 때부터 삼중축복을 강조하기 시작한 것을 알 수 있다.

> 그는 드디어 오중복음과 삼중축복을 공개적으로 설교하게 된 것이다. 그는 오중복음과 삼중축복에 대해 이는 성경적인 예수 그리스도의 복음을 하자 없이 충만하게 적용하고 생활화하자는 것이라고 설명하면서 삼중구원이란 구원의 어느 일면만을 강조하지 않고 우리의 영혼, 육, 전 삶에 적용시키고자 하는 전인의 구원적이고, 도식적인 표현일 뿐이라고 설명하고 있다. 이처럼 그는 복음을 오중복음으로 요약하면서 중생, 성령충만, 치유, 축복, 재림을 강조하였다. 여기에 더해 삼중축복, 즉 영혼이 잘 되고 범사가 잘되고 강건한 것이 하나님이 우리에게 주는 축복이라고 강조하였다. 이것은 조용기 목사에게 있어 목회의 대전환이었다. 이는 조용기 목사의 목회와 설교에서 가장 중요한 부분이며 그의 목회의 요약이 되었다.[20]

3. 순복음 신앙의 세계적 리더

이호열은 복음과 축복을 연결시킨 영산의 설교가 목회의 전환적 요소가 된 것만이 아니라 한국교회를 강타한 일대 혁명이라고 평가한다. 그의 메시지는 정체성의 위기와 빈곤의 고통 속에 있는 그 당시 한국인들에게 위로와 소망을 주는 설교였다. 영산은 도덕적인 삶을 살려고 노력하는 대신 하나님을 체험하고, 그가 주시는 영혼과 육체를 위한 은혜와 축복을 누리며 살라고 말했다.

---

20. 이호열, "조용기 목사의 설교에 대한 목회학적 입장에서의 평가", 163-164.

1973년 8월 19일 영산은 서대문 교회를 떠나 여의도 성전을 완공하고 거기서 첫 주일 예배를 드렸다. 그것은 영산의 여의도 목회의 시작을 의미했다. 영산은 어려운 가운데서도 여의도 성전을 완공하고 본격적으로 여의도순복음교회의 성장뿐만 아니라 세계선교에 관심을 기울이기 시작했다. "너희는 온 천하에 다니며 만민에게 복음을 전파하라"는 말씀에 따라 1975년부터 영산과 여의도순복음교회의 해외선교 사역은 본격적으로 시작되었다.

그의 첫 해외선교 대상지는 바로 물질주의와 세속주의가 만연한 미국이었다. 영산은 미국 오순절운동으로부터 가장 큰 영향을 받았으며, 동시에 미국에서 해외사역을 활발하게 수행했다. 많은 어려움에도 불구하고 영산은 뉴욕을 중심으로 미국에서 열심히 전도를 했다. 1978년 2월, 뉴욕에 순복음신학교가 설립되어 현지에서 목회사역을 할 교역자들을 양성할 수 있게 되었다.

1978년 10월 한 달 동안 영산은 미주지구 교역자를 위한 세미나와 부흥집회를 인도했다. 그 집회는 낮에는 목회자들을 대상으로 하는 부흥집회였고, 밤에는 일반성도들을 대상으로 하는 전도집회였다. 그 이후로 영산은 미주지역에서 수많은 집회에서 능력 있는 설교를 통해 많은 이적과 성공적인 결실을 얻었다.[21]

---

21. [표 2] 〈주요 미주지역 부흥운동 사역현황〉

년도	사역내용
1964년	미국 하나님의 성회 초청으로 첫 해외선교 사역 시작
1966년	미국 국무장관 초청으로 순회 선교여행
1974년	샌프란시스코 등 80일간 한인 교회를 방문하여 집회 인도
1975년	캐나다 밴쿠버 교회 개척
1978년	미주 지구 교역자 세미나 및 부흥회 인도
1980년	하와이, 덴버, 뉴욕 등 미주 여러 지역에서 부흥성회 인도
1981년	레이건 대통령 취임식 기념 예배에서 설교 연합대부흥성회에서 주강사로 설교
1983년	뉴욕지구 복음화 대성회 인도
1984년	미국교회성장목회자대회 인도, 텍사스 지역 독립기념 대부흥성회 인도, 달라스 교역자 세미나 강의
1986년	몽고메리 대성회 인도

영산은 해외에서 효과적인 복음전도 사역을 위해 『4차원의 영적세계The Fourth Dimensions』(1979)를 미국에서 영어로 출판했다. 이 책을 통해 영산은 세계 어디를 가나 한국 대통령보다 더 유명한 인사가 되었다. 영산이 중앙아메리카에 있는 온두라스의 한 집회에 설교를 하러 간 적이 있었다. 영산이 처음 방문한 나라임에도 불구하고 거리와 상점에서 영산을 모르는 사람이 없을 정도였다. 이상하게 여긴 영산은 성회 책임자인 에르네스토 로페즈Ernest Ropez 목사에게 그 이유를 물었다. 로페즈 목사는 그 이유를 말해주었다. "그건 조 목사님이 쓰신 『4차원의 영적 세계』가 이 곳에서 단지 기독교인들뿐만 아니라 일반사람들에게도 널리 읽혀졌기 때문입니다. 사람들은 어렵고 힘들 때마다 목사님의 책을 읽으면서 힘을 얻습니다. 그러니 목사님을 오랜 친구처럼 다정하게 맞이하는 것입니다."[22] 이런 영향으로 영산은 유럽[23] 등 해외 많은 지역에서도 설교를 통해 사람들에게 많은 영적인 감동을 주고, 뜨거운 믿음을 가질 수 있도록 도왔다.

---

22. 국제신학연구원 편, 『여의도의 목회자』, 477.
23. [표 3] 〈주요 유럽지역 부흥운동 사역현황〉

년 도	사 역 내 용
1967년	영국 웨스트민스터 센트럴 홀 부활절 예배에서 설교
1978년	독일 칼스루에 성회 인도, 스웨덴 스톡홀름 대성회 인도
1979년	포르투갈, 스위스 바젤, 헬싱키 부흥성회 인도
1980년	노르웨이 오슬로에서 스칸디나비아 교역자 수양회 및 부흥성회 인도
1981년	영국 하나님의 성회 총회에서 설교

02 설교자 영산의 신학 사상

영산은 단순한 목회자나 설교자가 아니었다. 그는 분명한 신학적 사상을 가지고 목회와 설교사역을 수행해왔다. 그렇지만 우리 시대의 탁월한 설교자 이면서 성공적인 목회자인 영산의 신학에 대한 오해는 한국교회 안에서 상당한 기간 동안 지속되었다. 배덕만 교수는 이런 오해를 다음의 근거에서 종식시키고 있다.

> 영산의 신학에 대한 이런 진보된 이해 가운데 가장 필자의 주목을 끄는 부분은 점점 많은 학자가 영산의 신학에서 "기독론"의 중심적 위치를 인식하기 시작했다는 점이다. 사실 오순절 설교가로서 그에 대한 오랜 편견은 영산의 신학이 성령론, 치유론, 그리고 축복론에 편향되어 있다는 것이다. 그러나 영산 신학을 면밀히 검토하기 시작한 일군의 학자들은 그의 신학 내에서 기독론의 중심성을 간파하기 시작했다....예를 들어, 서울신학대학교 박명수 교수는 '삼중구원의 신학의 핵심은 기독론이다'라고 했다. 조용기 목사의 설교를 주제별로 분석했던 연세대학교의 서정민 교수도 영산의 설교가 '그리스도 복음 중심의 메시지, 구원의 케리그마, 기독론의 정립, 교회론의 확고한 입론을 의도한 건강한 메시지의 기조를 살필 수 있다'고 의미 있는 결론을 내린 바 있

다.[24]

영산의 목회와 설교사역은 건전하고 다양한 신학적 배경에서 수행되었다고 말할 수 있다. 이런 신학적 배경에서 그의 설교사역은 시대에 적합하면서도 능력 있게 수행될 수 있었다. 그의 목회와 설교사역의 주요 배경이 되는 그의 신학은 크게 3가지이다. 양산은 십자가 신학, 축복의 신학, 그리고 영성과 치유신학에 근거해서 설교하였다.

1. 영산의 십자가 신학

1 순복음 신앙의 기초

영산의 목회와 설교의 중심에는 순복음이 있다. 영산은 목회와 설교를 통해 무엇보다도 순복음을 증거하고자 했다. 순복음은 성령의 감동으로 쓰인 하나님의 말씀을 '그대로'fully, '다'totally 믿고 받아들이는 '충만한 복음'Full Gospel을 의미한다.[25] 순복음은 7가지 신앙적 기초를 가지고 있다.

첫째, 갈보리 십자가의 신앙 둘째, 오순절 성령충만한 신앙 셋째, 땅 끝까지 전하는 신앙 넷째, 좋으신 하나님의 신앙 다섯째, 병을 짊어지신 예수님의 신앙 여섯째, 다시 오실 예수님의 신앙 그리고 마지막 일곱째, 나누어 주는 신앙이다. 영산의 순복음의 출발점은 바로 예수 그리스도의 갈보리 십자가 사건이다. 영산은 기독교 신앙과 순복음의 출발점이 십자가임을 명확하게 밝히고 있다.

> 순복음은 철저히 예수 그리스도의 갈보리 십자가 사건에서 출발합니다. 예수 그리스도가 없는 복음은 복음이 아닙니다. 왜냐하면 예수 그리스도만이 길이요, 진리이며, 생

---

24. 배덕만, "치료하시는 예수님, 치료자 예수 그리스도를 통해 본 영산의 기독론", 「영산 신학저널」 제5호, 116-117.
25. 이기성, '영산의 신학의 중심성: 예수 그리스도의 십자가와 부활의 내적 관계성에 대한 영산의 이해, 「영산신학저널」 제5호, 83.

명이기 때문입니다. 구약의 성경은 오실 예수 그리스도에 대한 예언이요, 신약성경은 그 예언의 성취로써 이 땅에 오신 예수 그리스도의 사역, 곧 십자가에 달리사 모든 인류를 구원하신 일에 대한 기록입니다. 그러므로 우리의 신앙의 근거는 예수 그리스도의 구속의 대속적 은총인 십자가 밑에서 출발해야 합니다.[26]

순복음의 7대 신앙적 기초와 관련하여 영산은 예수 그리스도의 십자가 신앙을 복음의 중심과 핵이며 순복음 신앙의 기반이며 출발점이라고 명시한다. 영산은 십자가에서 못 박혀 죽으신 예수님이 우리의 죄를 대속하셨고 찬란하게 부활하신 것이 가장 본질적인 사건임을 강조한다. 이처럼 십자가 신학은 영산의 목회사역과 설교사역의 중심이요, 가장 중요한 기초이다.

십자가의 신앙이 그의 목회와 설교사역의 기초이자 출발점이 된 것은 영산의 신앙체험과 깊은 관련이 있다. 영산은 성경에 나오는 십자가 사건을 자신의 신앙고백으로 받아들일 수 있었던 확실한 신앙체험을 하였다. 그 체험 이후부터 영산은 십자가의 신앙을 중심으로 설교하였다.

> 지금 회고해 보면 폐병 3기로 죽음의 문턱에서 절대절망의 늪으로 빠져 들어갈 때 구원을 베풀어 주셨던 예수님은 제 인생의 전부요, 예수 그리스도의 십자가는 제 설교의 핵심이었습니다.[27]

영산과의 신학적 대화를 나누는 데에서 독일 신학자 몰트만 Jurgen Moltman은 십자가 신앙이 영산의 순복음의 중심적 의미라고 말했다. 몰트만도 영산과 비슷한 신앙적 체험을 했

---

26. 조용기, 『오중복음과 삼중축복』, (서울: 서울말씀사, 1997), 10-11.
27. 조용기, 『조용기 목사의 설교전집』, (서울: 생명말씀사, 1996), 머리말.
28. 몰트만, "희망의 축복: 희망의 신앙과 생명의 충만한 복음", 8: "먼저 개인적인 이야기를 하는 것을 양해를 구한다. 1995년 우리의 첫 대화중에 우리는 우리 삶의 진행들과 신앙의 경험들을 가운데 놀라운 유사점을 발견하였다: 조용기 목사님은 비기독교적인 불교 가정 출신이다. 저는 후後 기독교적인 nachchristlich 세속적 가정에서 조 목사님은 17세의 나이에 병들다. 그는 결핵을 앓게 되었고 이 질병은 그를 죽음의 문턱으로 데려갔다. 이 죽음의 경험 가운데 그는 성경을 읽었고 예수 그리스도를 자신의 구주로 발견하였다."

다.²⁸ 즉 몰트만이 주님을 만난 것도 영산과 비슷하게 절망적 상황에서 이루어진 것이다. 그는 제2차 세계 대전 말경에 포로로 잡혀서 전쟁 포로수용소에 갇히게 되었고, 그곳에서 성경을 읽다가 자신이 하나님을 떠나 살았다는 것을 깨닫게 되었다. 또한 그는 예수님이 하나님을 떠난 인간을(자신을) 먼저 찾으신다는 것을 확신하게 되었다. 그는 3년간 포로수용소에서 생활을 하며 십자가의 주를 구주로 고백하게 되었고, 예수 그리스도에 대한 희망으로 살게 되었다..²⁹

영산이 갈보리 십자가의 신앙을 순복음의 기초로 삼은 것은 십자가의 구속의 능력을 확신했기 때문이다. 영산은 인류의 조상 아담의 죄가 온 인류에게 유전되었다는 인간의 원죄를 강조한다. 원죄를 물려받은 인류는 죄로 인한 죄책, 허무, 무의미, 죽음이라는 병에 몸부림 쳐야만 한다. 인간은 스스로 이 같은 비참한 상태에서 벗어날 수 없다. 이 상태에서 벗어날 수 있는 길은 오로지 갈보리 십자가에서 인간의 죄를 대신 짊어지신 예수 그리스도를 믿는 일 밖에 없다. 이것을 근거로 삼아 영산은 십자가의 사건과 능력을 기독교 신앙의 핵심이며, 목회 신앙의 출발점으로 삼았다:

> 죄의 삯은 사망이기에, 누군가 죄 없는 사람이 인간의 죄 값을 치루기 위해 죽어야만 했습니다. 때문에 하나님의 아들 예수 그리스도께서 인간으로 오셔서 인간을 위해 갈보리 십자가 위에서 피 흘려 죽으심으로, 하나님께 속죄의 제사를 드리신 것입니다. 이렇게 예수님께서 십자가 위에서 살을 찢기시고 피를 흘리심으로 드리신 속죄의 제사는 하나님 앞에서 우리의 온전한 구속이 됩니다. 단번에 십자가의 죽음으로 이루신 이 속죄는 세상 끝날까지 언제나 그의 택하신 자녀들 즉, 예수 그리스도를 영접한 자들에게 역사하고 있습니다.³⁰

---

29. 몰트만, "희망의 축복: 희망의 신앙과 생명의 충만한 복음", 9. "그것들은 저의 절망을 표현해 주었고 하나님을 향한 제 갈망을 강화시켰다. 그러다가 제가 마가복음을 읽게 되고 예수님의 죽음의 외침에 이르게 되었을 때: "나의 하나님 어찌하여 나를 버리시나이까"?, 여기서 저는 예수님이 하나님으로부터 떠나 살던 저를 찾으셨다는 것을 알았다. 저는 크리스천이 되었고, 기독교 신학자가 되었다. 저는 하나님이 저를 먼저 발견하지 않으셨다면, 제가 하나님을 찾지 않았다는 것을 깨달았다. 저는 전쟁포로 수용소에서의 3년을 그리스도께서 저를 다시 태어나게 하신 그 희망의 힘으로 살아남았고, 제 동료들 중 많은 이들처럼 슬픔 때문에 죽지 않았다."
30. 조용기, 『오중복음과 삼중축복』, 12-13.

영산은 인간의 죄를 속죄하기 위해서 예수 그리스도께서 피 흘려 돌아가신 갈보리 십자가의 신앙을 복음의 중심이요 핵이며, 순복음 신앙의 기반이면서 출발점으로 삼고 있다. 그래서 영산은 설교를 할 때 십자가의 구속과 구원의 능력을 확신 있게 전하고자 하였다. 예수님께서 십자가 위에서 흘리신 피는 죄에 빠져 있는 인류를 구원하는 능력이 있기에, 영원히 멸망을 받아 지옥 불에 던져질 수밖에 없는 모든 인간의 영혼을 이 십자가에서 피를 흘리심으로 대속하셨다. 예수님의 대속은 우리의 원죄뿐만 아니라 자범죄 일체까지도 다 속량하셨다. 류동희는 "영산의 메시지는 철저하게 예수 그리스도의 십자가에 그 기반을 두고 있다. 따라서 그의 설교에는 예수 그리스도의 십자가와 보혈이 저변에 깔려 있다"[31]고 주장한다.

2 영산의 오중복음

"설교는 신학이 그 중심에 있다. 복음으로 되돌아가도록 하며, 신학의 근원을 복음에 근거하여 운영하도록 요구한다. 또한 설교는 신학으로부터 그리스도와, 십자가를 필요로 하는 형식을 요구한다."[32] 이런 리챠드 리스쳐의 견해에 따르면 설교는 신학의 기초이며 중심인 복음을 그 내용으로 삼아야 한다. 설교에서 영산은 이런 예수님의 십자가의 보혈의 능력을 바탕으로 오중복음, 중생, 성령충만, 치유, 축복, 재림의 복음과 삼중축복을 전하고자 하였다.

영산은 설교에서 잘못된 복음을 경계하고, 복음을 바로 전하는 것을 설교자의 사명으로 삼았다. 그의 설교의 핵심 내용을 구성하고 있는 오중복음의 주요 내용은 다음과 같다.

첫째는 중생의 복음 Gospel of Justification이다. 영산이 설교에서 제일 먼저 중시한 것은 중생의 복음이다. 영산이 전하는 중생의 복음의 내용은 다음과 같다. 아담의 죄로 인해 타락하여 하나님과의 교제를 상실한 인간은 영원히 멸망할 수밖에 없는 존재로 전락하였고, 하나님께서는 인간을 위해 구원의 터전을 마련해 놓으셨다. 그러므로 멸망 할 수밖에 없는 인간은 십자가의 보혈의 공로를 의지해서 하나님께서 인간을 위해 마련해 놓으신 구원의 터전을 믿음으로 받아들여야 한다.

---

31. 류동희, 『영산 조용기 목사의 목회 사상사』, 91.
32. 리챠드 리스쳐, 『설교의 신학』, 홍성훈 역, (서울: 소망사, 1986), 23.

영산은 "하나님이 세상을 이처럼 사랑하사 독생자를 주셨으니 이는 그를 믿는 자마다 멸망하지 않고 영생을 얻게 하려 하심이라"(요3:16)라는 말씀의 약속에 따라 중생의 복음을 확신 있게 전하였다. "누구든지 이 세상에 오셔서 십자가에서 죽으시고 사흘 만에 부활하시므로 우리 인류를 죄와 사망의 법에서 해방시키신 예수 그리스도를 믿기만 하면 사탄의 자녀에서 하나님의 자녀로 신분이 바뀌게 됩니다."[33] 영산은 예수를 믿고 거듭나는 것을 중생이라고 불렀다.

둘째는 성령충만의 복음Gospel of the Holy Spirit's fullness이다. 예수님을 구주로 믿고 중생한 성도는 성령충만을 받아 하나님의 말씀을 깊게 믿고 깊은 신앙을 가질 수 있다. 즉 구원을 받고 성령충만을 받아 생명력 넘치는 신앙을 하게 하는 것이 바로 성령충만의 복음이다. 성령충만을 받으면, 예수 그리스도의 충성된 증인이 될 수 있고(행1:8), 성령의 은사와 열매를 생활 가운데 풍성하게 맺을 수 있고, 그리고 육체의 소욕을 이기고 성령의 인도하심에 따라 그리스도인다운 성결한 삶을 살 수 있다. 영산은 성령충만의 복음을 전했을 뿐만 아니라, 전해야 하는 것을 강조했다.

"또한 나는 성령충만의 복음을 전합니다. 예수님을 믿어 중생했을 때 성령으로 충만해야 하나님의 말씀에 대한 깊은 신앙 속으로 들어갈 수 있습니다. 그렇지 않으면 결코 하나님의 말씀에 대한 깊은 진리를 깨달을 수 없습니다. 머리로 아는 것과 마음 중심에서 뜨겁게 체험하는 것은 큰 차이가 있습니다… 예수님께서는 "요한은 물로 침례를 베풀었으나 너희는 몇 날이 못되어 성령으로 침례를 받으리라 하셨느니라" (행1:5)고 분명히 말씀하셨습니다. 이 말씀은 오늘날 모든 사람들에게 주는 약속의 말씀입니다. 그렇기 때문에 우리는 성령충만의 메시지를 힘차게 전해야 합니다."[34]

셋째는 축복의 복음the Gospel of Blessing이다. 영산은 가난하고 저주받은 삶과 청빈의 삶을 구분한다. 가난하게 사는 것이 그리스도의 고난을 바르게 따른 삶이라고 할 수 없으며, 더욱이 저주를 받아 가난하게 된 삶이 경건생활을 하기 위한 것이라는 견해는 바른 것이 아니다. 그리스도인이 가난한 이웃에게 가진 물건을 나누어 주기 위해 가난한 삶을 선택해야 하는 것은 아니다. 오히려 영산은 축복의 복음을 전한다. 구원받은 성도는

---

33. 조용기, 『오중복음과 삼중축복』, 44.
34. 조용기, 『설교는 나의 인생』, 76-77.

예수 그리스도 안에서 생명을 얻되 넘치게 얻는 풍성한 삶을 살아야 한다. 하나님의 약속에 따라 하나님의 자녀들은 가난과 저주에서 벗어나 풍성한 복을 받아 이웃에게 베푸는 사랑의 삶을 살아가게 된다.

> 나는 형통의 복음을 전합니다. 예수님을 믿으면 가난하게 살아야 한다고 생각하는 사람들이 있습니다. 이런 사람들은 저주받아서 낭패를 당하게 된 것도 모두가 경건한 생활을 하기 위한 하나의 수단이라고 합리화시키고 있습니다. 그러나 예수님께서는 모든 저주를 십자가에 속량하셨습니다....'그리스도께서 우리를 위하여 저주를 받은바 되사 율법의 저주에서 우리를 속량하셨으니 기록된 바 나무에 달린 자마다 저주 아래에 있는 자라 하였음이라 이는 그리스도 예수 안에서 아브라함의 복이 이방인에게 미치게 하고 또 우리로 하여금 믿음으로 말미암아 성령의 약속을 받게 하려 함이라'(갈 3:13-14). 우리는 예수 그리스도의 은총으로 원수 사탄에게 빼앗겼던 형통의 터전을 다시 찾아 가난과 저주를 물리치고 복된 인생을 살아야겠습니다.[35]

넷째는 치유의 복음the Gospel of Healing이다. 치유역사는 영산의 목회와 설교에서 결코 간과될 수 없는 중요한 사역이다. 예수님도 공생애 기간 동안 치유의 사역을 하셨다. 예수님의 치유사역은 여러 가지 중요한 결과를 가져왔다.[36] 영산은 우리가 병 고치는 은혜를 무시하는 것은 예수님의 대제사장의 일을 무시하고 방해하는 것이라고 언급한다. 예수님이 하시는 일은 죄를 사하시고 병자를 불쌍히 여겨 고쳐 주시고 시험 받는 자를 도

---

35. 조용기, 『설교는 나의 인생』, 78-79.
36. 조용기, 『4차원의 영성』, (서울: 교회성장연구소, 2012), 47. "예수님은 질병의 고통에 시달리고 있는 인간을 위해 공생애 기간의 3분의 2 이상을 치유사역에 할애하셨습니다. 사람들은 예수님이 죽은 자를 살리시고, 나병 환자를 낫게 하시며 눈먼 자를 보게 하시는 모습을 통해 천국에 대한 증거를 목격하게 됩니다. 이것은 그들에게 믿음을 심어 주는 계기가 되기도 했습니다. 오늘날의 치유의 역사 역시 마찬가지입니다. 병든 자들이 치유 받는 역사를 통해 믿지 않았던 사람들이 예수님을 믿기도 합니다. 그러나 주님은 치료를 천국의 증거로만 보여 주신 것이 아닙니다. 지금 우리 시대에 나타나는 치유의 역사도 단순히 안 믿는 자들을 믿게 하기 위한 징표로서 나타나는 것이 아닙니다. 예수님이 십자가에 못 박히고 몸이 찢기며, 피 흘림을 통해 우리의 질병을 대신 지고 가셨기 때문에 치유의 은혜가 나타나는 것입니다."

와주시는 것이다. 그러므로 병 고치는 은혜는 예수님의 긍휼과 자비의 나타남이므로 오늘날 복음증거에 없어서는 안 될 일이다. 영산은 특히 치유의 복음을 무시하는 것을 경계했고, 치유복음의 중요성을 강조했다. 치유의 사역은 영산의 목회와 설교를 세계적으로 성공하게 한 중요한 요소이다.

> 오늘날 어떤 사람들은 치유를 부정합니다. 그러나 하나님께서는 분명히 "나는 너희를 치료하는 여호와임이라"(출15:26)고 말씀하셨습니다. 성경은 예수님께서 친히 우리 연약한 것을 담당하시고 병을 짊어지셨다고 말씀하십니다(사53:4)...우리는 치유의 복음을 적극적으로 선포해야 합니다. 오랜 세월 동안 교회는 치유에 대해 오해하고 무시했습니다. 그 결과, 하나님의 능력이 나타나지 않았습니다. 예수님께서는 승천하시기 전 "믿는 자들에게는 이런 표적이 따르리니 곧 그들이 내 이름으로 사탄을 쫓아내며....병든 사람에게 손을 얹은즉 나으리라 하시더라"(막16:17,18)고 말씀하시며, 치유사역이 복음전파에 동반되어야함을 강조하셨습니다.[37]

다섯째는 재림의 복음the Gospel of the Second Coming이다. 영산은 재림과 천국의 장막 터를 넓혀야 한다고 설교에서 강조했다. 영산은 하나님이 그리스도인에게 그리스도의 재림에 관해 약속하셨다는 것을 확신했다.

"우리는 하나님께로부터 천국의 삶을 보장받았습니다. 그리스도인은 하나님께서 그의 백성을 위하여 준비해 두신 영원한 본향이 있음을 믿습니다. 따라서 그리스도인의 삶은 미래 지향적이며, 천국 지향적입니다. 말세에 사는 그리스도인은 구주 예수님께서 이 땅에 다시 재림하실 것을 믿고 소망합니다."[38]

영산은 재림신앙을 강조하지만, 삶의 현실과 유리시키지 않는다. 오히려 재림신앙을 가진 그리스도인은 역사적 책임의식을 가져야 함을 주장한다. 이것은 재림신앙을 가진 그리스도인은 건실한 시민임을 말한다.

영산 설교의 핵심골격이 되는 오중복음은 예수 그리스도의 십자가의 터전에 기반하고

---

37. 조용기,『오중복음과 삼중축복』, 46-47.
38. 조용기,『오중복음과 삼중축복』, 47.

있다. 서정민 교수는 영산의 설교가 "그리스도 복음 중심의 메시지, 구원의 케리그마, 기독론의 정립, 교회론의 확고한 입론을 의도한 건강한 메시지의 기조를 살필 수 있다"[39]고 말한다. 예수 그리스도의 십자가의 구원을 인정하고 시인하는 그리스도인은 영산의 오중복음과 삼중축복을 누릴 수 있을 것이다. 더불어 성령의 인도하심에 따라 약속된 축복의 삶을 살 수 있을 것이다. 이것이 바로 십자가의 신학에 기초한 영산의 복음이고 축복론이다.

2. 영산의 축복 신학

1 삼중축복의 의미와 근거

영산의 설교의 골자는 복음과 축복이다. 축복신학은 그의 설교의 기초를 이룬다. 영산 설교에서 축복은 청중에게 강력한 영향을 미친 하나의 핵심 메시지이다. 영산에 있어서 축복은 복음의 탁월한 결과이다. "그러므로 오중복음이 참된 성경적 복음이라면 실생활에서 반드시 그 위대한 능력이 나타나기 마련입니다. 이러한 복음의 적용이 바로 삼중축복입니다."[40]

오중복음의 결과로서 삼중축복의 의미는 무엇이며, 그것의 근거는 어디에 있는가? 영산은 삼중축복을 전인구원의 결과로 다가온 축복으로 본다. 복음을 믿고 구원받는 기독교 구원은 단순히 영혼의 구원만을 의미하지 않는다. 오히려 구원은 영혼뿐만 아니라 삶 전체와 육체까지 구원하는 것을 의미한다. 이런 통전적 의미에서 영산은 전인구원의 축복을 말한다.

> 이러한 전인구원의 축복이야말로 그리스도의 복음으로 말미암은 완전구원의 목적이며 성경의 근본적인 뜻입니다. 아울러 삼중복음이란 오중복음이 실제 삶 가운데 적용되는 핵심이며 요약적인 원리라고 할 수 있습니다.[41]

---

39. 서정민, "한국교회 성령운동의 설교사 이해", 한국교회사학연구원(간), 『한국교회 설교가 연구』, 2000, 80.
40. 조용기, 『오중복음과 삼중축복』, 250.
41. 조용기, 『오중복음과 삼중축복』, 250.

영산의 삼중축복론은 오중복음과 마찬가지로 근본적으로 성경에 근거하고 있다. 영산에 의하면 삼중축복의 근거는 신약성경 전반에 걸쳐서 두루 나타나고 있으며 특히 요한삼서 1:2절에 그 근거가 집약되어 있다. 그래서 영산의 삼중축복은 요한삼서 2절을 중심으로 하여 신약 전반에 걸쳐서 그 근거를 가지고 있다.

첫째 근거는 사복음서이다. 사복음서에서 예수님의 메시지와 사역은 미래적 천국만을 대망하게 하는 것은 아니다. 예수님의 메시지는 구체적으로 인간 실존의 문제 해결과 깊이 관계하였다. 예수님은 실제로 인간의 죄를 용서하실 뿐만 아니라 상한 마음을 위로해 주셨으며(요8:1-11), 병든 자를 고쳐 주시고(마9:1-8), 배고픈 자를 먹여 주시고(막6:30-44), 죽은 자를 살리셨다.(요11:43-45) 영산에 의하면 이처럼 영혼구원과 현실적인 문제를 해결해주신 예수님의 사역과 메시지는 전인구원적 차원에서 이루어진 것이고, 그리고 예수님의 죽음은 전인구원의 완성이다.

> 죄 없으신 예수님께서 십자가에 못 박혀 죽으심으로 죽었던 인간의 영혼을 살리셨으며 모든 저주를 속량하사 환경적 저주에서 구원하셨고, 우리의 질고를 대신 지심으로써 치료하셨습니다(사53:4-5). 또한 예수님은 부활하심으로 영원한 생명을 보증하셨습니다. 그러므로 예수님의 생애와 죽음과 부활은 전인구원의 삼중축복 근거가 됩니다.[42]

둘째 근거는 서신서이다. 영산은 사도행전과 서신서에서도 삼중구원 사역이 행해졌다고 본다. 사도행전에서 보면 사도들도 삼중구원의 역사를 행하였다. 사도들은 앉은뱅이를 고쳐주었으며 또 병자를 고쳤고, 사탄들린 자를 고쳐주었습니다. 서신서에서도 구원은 삶의 전체와 관련되어 있다. 영산은 서신서에서 나오는 전체 삶의 구원을 강조한다. 고린도후서5:17, 갈라디아서6:14 등에 따라 그리스도의 복음을 받아들일 때 모든 인간관계가 변한다. 즉 결혼, 자녀의 교육, 정부에 대한 관계, 상전과 종의 관계, 삶의 미래에 대한 관계 등 삶의 제반 문제에서 변화를 가져 올 뿐만 아니라 삶 자체의 변화를 가져

---

42. 조용기, 『오중복음과 삼중축복』, 252.

온다. 디모데전서 4:8절에서 바울이 경건이 범사에 유익하고 금생과 내생에 약속을 준다고 강조하듯이, 영산도 성도가 충실하게 신앙생활을 할때 나는 복을 이 세상에 있을 때에도 경험할 수 있다고 설교에서 강조했다. "하나님께서는 인간의 어떤 부분에도 무관심하시지 않고 그의 구원의 역사에서 제외시키지 않으십니다. 영혼과 육체와 범사의 삶에 나타나는 삼중구원은 서신서에서도 뚜렷이 나타나는 관심사입니다."[43]

신약성경 전반에 걸쳐서 두루 나타나고 있으면서 요한삼서 1:2절에 직접적으로 근거하고 있는 영산의 삼중축복의 내용은 다음의 도표로 정리된다.[44]

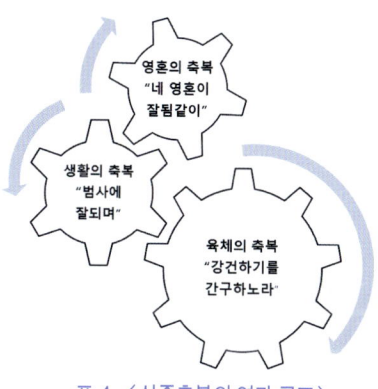

표 4. 〈삼중축복의 연관 구조〉

2 현실 속의 삼중축복

영산은 목회 54년 동안 삼중축복에 대해 수많은 설교를 했다. 그러면 구체적인 인간의 현실 속에서 삼중축복의 참된 의미는 무엇인가? 영산은 참된 축복을 내적인 축복, 영원한 축복, 일시적인 환경의 축복의 일치라고 말한다. 이런 의미에서 참된 축복은 열악한 인간의 상황 속에서도 믿음, 소망, 사랑, 기쁨, 평화를 갖는 것이다. 이것은 인간의 현실적인 삶의 조건을 무시하는 것이 아니다. 오히려 가난하든 부유하든 간에 더 중요한 것은 내적 가치라는 것을 의미한다. 영산은 가난에 대한 신앙적인 의미와 자신의 태도를 다음에서 잘 보여준다.

---

43. 조용기, 『오중복음과 삼중축복』, 253.
44. 조용기, 『오중복음과 삼중축복』, 253.

나는 한 때 가난은 중대한 도덕적 가치가 있다고 생각했었다. 한국의 목회자들은 가난이 축복이며, 가난한 사람들은 삶의 체험으로부터 최대의 것을 수확한 사람들이라는 설교를 했었다. 그러나 이러한 설교를 하는 목회자들이 회중에게 교회에 헌금을 많이 내라고 계속 요구를 한다. 가난의 가치를 말하는 그들이 헌금의 증액으로 인한 공헌의 공적을 설교할 것이다. 이러한 모순이 나를 괴롭혔다. 나는 서울의 한 빈곤 지역에서 목회를 시작했다. 아이들은 영양실조로 인해 병이 들었고 많은 사람이 기근으로 인해 죽을 지경에 처하게 되었다. 내가 성경을 새롭게 보면서 해답을 찾고자 한 것이 바로 그때였다. 나는 가난에 대한 하나님의 뜻을 알기 원했다.[45]

영산은 가난에 대해 추상적으로 생각하지도 않았고, 현실적인 가난을 외면하지도 않았다. 영산은 삼중축복을 한국의 시대적 상황과 긴밀한 관련 속에서 설교를 했다. 특별히 가난했던 시절 영산의 삼중축복은 그리스도인에게 큰 위로와 희망이 되었다.

50년대부터 70년대까지도 한국의 상황은 보편적인 가난과 굶주림, 정치적 격동으로 신음하고 있었다. 그리고 삶의 문제에 대한 해결 없이 복음을 전하는 것은 사실상 불가능했다. 영산은 이 땅에서의 겪는 실제적이고 구체적인 삶의 문제들에 대한 성경적인 해답을 찾기 위해 노력하던 중, 그 해답을 요한삼서 2절에서 발견하게 되었다. 그 이후 영산은 이 구절을 그의 모든 설교와 목회의 기초로 삼았다.[46]

하나님은 인간을 축복하시는 분이다.(창1:28, 신28:1-6,13) 하나님은 모든 일에 은혜를 넘치게 주시고, 모든 일에 항상 넉넉하게 함으로 착한 일을 넘치게 하신다.(고후9:8) 영산은 구약과 신약의 말씀에 근거하여 삼중축복의 현실적 실현을 설교했다. 이처럼 영산은 영혼의 축복, 생활 형통의 축복, 그리고 육체적인 건강의 축복이라는 삼중축복을 설교함으로써 전인적인 축복과 균형 잡힌 축복을 제시하였다. 이영훈 목사는 이런 균형잡힌 전인적 축복을 잘 설명하고 있다. "삼중축복은 기독교의 구원이 영적구원을 포함한 범사와 육체, 물질까지 포함한다는 것을 제시함으로 구원의 의미를 확대시켰다. 그리스도

---

45. Paul Yonggi Cho, Solving Life's Problem, Seoul: Seoul Logos Co., Inc., 1980, 27.
46. 이영훈, "영산 조용기 목사의 '좋으신 하나님 신앙'이 한국 교회에 미친 영향, 영산신

의 대속 안에는 죄와 사망의 문제뿐만 아니라, 가난과 저주에서의 해방과 같은 육체와 범사의 문제도 포함되어 있다고 보는 것이다."⁴⁷

류동희는 영산의 전인적 축복인 삼중축복에 기초를 두고 희망의 메시지를 내포한 4가지 신학적 핵심 포인트를 제시한다. 첫째로, 에덴동산의 풍요로움에서 보듯이 범사가 잘 되는 것은 하나님의 뜻이다. 둘째로, 하나님에 의해 물질영역 또한 창조되었다. 그래서 물질은 선한 것이며 사탄의 영역에 속한 것이 아니고, 하나님의 영역에 속한 것이다. 셋째, 선하신 하나님은 그리스도인이 정신적인 것뿐만 아니라 물질적인 것으로 인하여 고통 받는 것을 원치 않으신다. 마지막으로 그리스도의 대속의 은총이 희망의 메시지의 근거이다.⁴⁸

이렇듯, 영산의 축복에 근거한 희망의 메시지는 선하신 하나님이 인간을 축복하신다는 신앙의 맥락 안에서 이해될 수 있다. 축복은 자신의 백성을 향한 하나님의 사랑의 표현이고 매체인 것이다. 이렇듯이 영산은 삼중축복의 기초를 선하신 하나님에 대한 믿음에 두고 있다.

3 삼중축복의 정당성

영산의 삼중축복론은 현실적으로 강력한 영향력을 미쳤고, 실제로 큰 결실을 가져왔다. 그렇지만, 영산의 신학사상 중에서도 특히 삼중축복론에 대한 비판은 끊임없이 제기돼 왔다. 이것은 영산목회 사역에서 가장 강력한 사상이었던 것만큼이나 강한 논쟁을 불러 일으켜 왔다. 그 비판이나 논쟁의 핵심은 영산의 삼중축복론이 샤머니즘의 강복降福과 같은 것인가 다른 것인가 하는 점이다. 이에 대해 평택대 김동수 교수는 그 둘은 서로 다르다고 주장한다.

> 외관상 비슷한 면은 있을 수 있지만, 본질상 삼중축복론은 샤머니즘과는 전혀 다른 근원을 가지고 있다. 삼중축복론 요한삼서 1:2에 근거한 것으로, 이것은 요한 신학의 특징인 영생의 현재성에 근원한 것이다. 요한복음과 요한서신에서 요한은 영생이 죽

---

47. 이영훈, "영산 조용기 목사의 '좋으신 하나님 신앙'이 한국 교회에 미친 영향", 95.
48. 류동희, 『영산 조용기 목사의 목회 사상사』, 86.

어서 얻게 될 것일 뿐만 아니라 예수님을 믿을 때 이 땅에서 벌써 소유하고, 그 복을 누리게 된다고 말한다. 영산은 바로 그것을 주장한 것이다. 예수님을 믿으면 죽어서 천국에 들어갈 뿐만 아니라, 이 땅에서 하나님 나라를 영혼의 영역, 치유와 경제적 삶의 영역에서도 누리게 된다는 것이다.[49]

영산은 어떤 근거에서 현실적인 축복을 설교했는가? 단순히 성도들을 끌어들이기 위한 종교혼합주의 형태의 축복을 설교했는가? 전문가들은 영산의 축복론의 근거로 좋으신(선하신) 하나님을 말한다. '하나님은 좋으신 분이다'는 '하나님의 선하심' 신학에 기초해서 영산은 목회를 했고 전인적 구원을 말하는 축복에 대해 설교를 했다.

복음신학원대학교의 전 총장 임열수는 영산의 좋으신 하나님의 신학이 영산의 축복의 신학과 긴밀히 연관되어 있는 것을 본다. 그에 의하면 하나님은 천지를 창조하실 때 인간이 행복하고 복된 삶을 살 수 있도록 모든 자연 환경을 만들어 놓으셨다. 그러나 인간의 범죄로 인해 창조 질서는 파괴되었고, 저주 아래에서 살 수 밖에 없는 운명에 놓이게 되었다. 영산은 인간을 향한 하나님의 뜻은 이러한 저주의 삶이 아니라, 예수님을 믿고 회복되어 본래 계획하신 축복의 삶을 사는 것으로 여긴다. 좋으신 하나님은 예수 그리스도를 믿음으로 회복되어 하나님의 본래 뜻하신 축복을 인간이 누리기를 원하신다. 이것이 바로 십자가에서 나타난 하나님의 뜻이다. 임열수는 영산이 배고프고 굶주린 고난의 시대에 축복의 메시지를 통해 기독교 복음을 전한 것은 창조적인 축복이고, 이 창조적인 축복은 좋으신 하나님을 기초로 하고 있는 영산의 독창적인 신학사상이라고 말한다.[50]

드류Drew대학교에서 역사신학을 가르쳤던 도날드 데이튼Dr. Donald W. Dayton도 영산의 삼중축복을 단순히 현대인이 추구하는 웰빙적인 삶 즉 '부유하고 건강한 삶을 위한 축복'이라는 세속적이고 혼합주의적인 견해 안에서 해석하는 것을 경계해야 한다고 지적한다. 도날드 데이튼 역시 영산의 삼중축복을 좋으신 하나님의 신학의 빛에서 이해한다. "이

---

49. 김동수, "영산의 신학의 뿌리", 「영산신학저널」 23호, 84.
50. 임열수, "좋으신 하나님에 대한 조목사의 신학이 목회사역에 끼친 영향", 「영산신학 저널」 제 7호, 63, 76-78 참조.

주제들은 조 목사님의 '좋으신 하나님 신학'과 하나님은 영적, 육체적, 물질적 차원의 현재적 구원을 주시는 분이라는 축복에 관련된 주제들과 연관되어 있다."[51]

영산의 축복 설교는 단순히 인간적인 지식과 의지에 따른 희망의 메시지라기보다는 성령이 이끄시는 말씀의 사역 아래에서 이루어졌다는 사실을 인지하는 것이 중요할 것이다. 다음에서 이 논문은 영산의 성령이해와 말씀이해를 다룰 것이다. 이 두 가지 요소는 영산의 설교에서 오중복음과 삼중축복을 능력 있게 전할 수 있도록 한 핵심 능력이다.

3. 영성과 치유의 신학

1 영산의 영성신학

(1) 4차원 영성의 중요성

영산은 4차원의 영적세계에 대한 비밀을 깨닫고 십자가의 구원을 받은 자들이 삼중축복을 받고 능력 있는 삶을 살 수 있도록 설교를 하였다. 그에 의하면 4차원의 영성은 예수 그리스도의 십자가의 구원을 인정하여 삼중축복과 오중복음을 누리게 된 성도들로 하여금 능력 있는 삶을 살 수 있게 하는 것이다. 영산은 삼중축복을 삶 속에서 실현하는 4차원의 영성에 있어서 하나님의 은혜에 반응하는 인간의 책임과 역할 또한 결정적인 중요성을 갖는다. 영산은 성경을 근거로 생각, 믿음, 꿈, 말을 제시하면서 이 4가지를 변화시킴으로서 3차원의 삶을 변화시킬 수 있다고 설교하였다.

"4차원의 영적 세계는 근본적으로 하나님의 역사하심과 그의 백성인 우리들이 만나는 통로입니다. 또 우리는 '4차원의 영성'을 통해서 3차원이 세계가 변화되는 기적을 경험하게 됩니다. 우리는 기도와 하나님의 말씀을 통해 우리의 생각, 믿음, 비전, 꿈, 언어를 변화시킬 수 있습니다. 그리고 성령님께서 우리 인생의 운명을 바꾸며 그리스도인으로서 사명을 다하도록 도와주십니다."[52]

영산이 설교를 통해서 형성하도록 강조해 온 4차원 영성이 추구하는 목적은 삼중축

---

51. 도날드 W 데이튼, "조용기 목사의 좋으신 하나님 그리고 축복의 신학", 「영산신학저널」제7호, 22.
52. 조용기, 『4차원의 영성』, 교회성장연구소, 2012, 77.

복을 누리면서 건전하게 그리스도인으로서의 사명을 감당하는 것이다. 4차원의 영성의 요소를 각각 살펴볼 것이다.

(2) 4차원 영성의 요소

첫 번째 요소는 생각이다.

마음과 생각을 지속적으로 변화시켜야 한다. 생각이 변화되면 하나님의 뜻, 기도의 응답, 기적을 체험할 수 있는 4차원의 영적세계로 진입할 수 있다.

"4차원의 세계에서 어떤 생각을 하느냐에 따라 3차원에 그 결과가 반영된다는 이야기입니다. 4차원의 요소인 생각이 부정적인 사람은 3차원에 부정적인 일이 생깁니다. 머리 속에서 '나는 안 된다, 나는 못한다, 나는 불행하고 슬프다'라는 생각을 가지면 그것이 결국에는 3차원인 몸과 생활과 사업에 그대로 나타납니다. 인간의 몸과 모든 세계는 4차원을 움직이는 요소인 생각을 통해 나타나게 되어 있기 때문입니다."[53]

여기서 말하는 생각의 방향이란 무엇을 의미하는가? 영산은 생각의 내용만이 아니라 생각의 방향도 중요하다고 말한다. 4차원의 세계에서 어떤 생각의 결과는 3차원에서 나타난다. 영산에 의하면 4차원의 세계에서는 메시지가 생각 속에 기록되면 가장 먼저 몸과 생활에 영향을 미친다. 그래서 부정적인 생각, 잘못된 생각은 하나님의 말씀을 통해 치료받을 수 있다. 하나님의 말씀은 4차원에 속한 것이다. 그래서 하나님의 말씀은 사람의 생각을 고치는 능력이 있고, 말씀으로 치료되면 3차원의 세계가 변하기 시작한다. 영산은 54년 간 목회와 설교 활동 속에서 4차원의 영성으로 성공적인 삶을 살 수 있다는 것을 자신이 직접 보여주었다. 그래서 영산은 "믿는 사람들은 성경의 4차원, 즉 성경 말씀을 따라 생각을 바꿔야 합니다. 그러면 하나님의 창조적인 기적이 일어나게 됩니다"라고 강조했다.[54]

---

53. 조용기, 『4차원의 영성』, 78.

두 번째 요소는 믿음이다.

믿음faith은 "4차원의 세계를 통해 3차원을 바꾸는 강력한 힘"이다. 이런 일이 가능한 것은 믿음이 성령으로 말미암아 4차원에 속해 있고 우리의 삶은 3차원에 속해있기 때문이다. 이런 믿음이 3차원을 움직일 수 있다. 그래서 믿음은 3차원을 움직이고 변화시킬 수 있는 필수적인 요소이다. 영산은 믿음과 신념을 다르게 본다. 전자는 4차원에 속한 것이고, 후자는 3차원에 속한 것이다. 믿음은 하나님의 말씀을 들음으로 생기는 것이고, 성령의 역사가 함께 하는 것이며 4차원에 속하여 3차원의 삶을 변화시킬 수 있다.

"예수를 믿지 않는 사람도 신념을 가지고 일을 합니다. 신념도 일종의 믿음의 한 부분이라고 할 수 있습니다. 그러나 신념은 3차원적인 믿음입니다……짐승은 영혼이 없기 때문에 믿음이 없습니다. 영혼을 가진 사람만이 믿음을 가질 수 있습니다. 그리고 성령님으로 말미암은 믿음을 가지고 있어야 3차원의 세계를 움직일 수 있습니다. 믿음은 있어도 좋고 없어도 좋은 것이 아닙니다. 없어서는 안 되는 절대적인 것입니다. 그러므로 우리는 항상 믿음으로 살아야 합니다. 그리고 믿음으로 고백해야 합니다."[55]

세 번째 요소는 꿈이다.

4차원 영성의 세 번째 경로는 꿈이다. 영산은 4차원의 꿈을 바르게 꾸고 있는지를 물으면서 4차원의 바른 꿈과 욕심을 구분한다. 두 가지를 잘 구분해야 한다. 그 이유는 4차원의 세계에서도 잘못된 욕심을 가질 수 있고, 그 욕심의 결과가 3차원의 인생에 그대로 나타나기 때문이다. 그러나 욕심은 모든 것을 어기고 죄를 범함으로 이룰 수 있는 것이다.[56]

---

54. 조용기, 『4차원의 영성』, 167-168. 영산은 성경 마태복음14:15-21을 본문으로 "운명을 변화시키는 사고방식"이란 설교에서 생각에 대해 질문하고 답을 한다. 모두 같은 시대에 출생하여 동일하게 좋은 환경에서 똑같이 좋은 교육을 받고도 한 사람은 인생에 성공하고 다른 사람은 패배하게 되는 이유가 무엇인가? 영산은 그 이유가 그 사람들의 생각하는 방식의 차이에 따라 그들의 환경이 그렇게 달라지는 것이라고 설명한다. 사람마다 하나님께서 주신 위대한 재산인 사고능력을 갖고 있다. 생각할 수 있는 기능이야말로 인간에게 가장 귀한 보화이며 거대한 부의 근원이다.

55. 조용기, 『4차원의 영성』, 81.

영산이 설교에서 강조했던 4차원의 영성으로 꾸는 꿈은 무엇인가? 영산에게 꿈과 환상은 믿음을 산출하는 모체가 된다. 꿈이 없는 사람은 삶에 방향이 없어서 방황하는 사람이다. 반대로 꿈이 있는 사람은 내일을 창조하는 사람이다. 요엘 선지자는 "그 후에 내가 내 영을 만민에게 부어 주리니 저희 자녀들이 장래 일을 말할 것이며 너희 늙은이는 꿈을 꾸며 너희 젊은이는 이상을 볼 것이며"(욜2:28)라고 했다. 하나님께서는 한 개인, 가정, 집단, 사회, 민족을 축복해 주시기 전에 먼저 마음속에 꿈을 넣어 주시고 그 꿈을 따라 축복해 주신다.

영산은 야곱과 요셉의 예를 들어 하나님은 믿음의 사람에게 꿈을 주시고, 그 꿈을 통해 기적을 일으키시는 분이라고 설교한다. 영산은 4차원 세계의 꿈은 그 만큼 강력한 역사이고 힘임을 강조한다. "그렇다면 꿈의 세계를 쥐고 계신 하나님 안에서 꾸는 꿈은 더 강력한 힘을 지니게 될 것입니다. 하나님의 꿈을 꾸는 우리는 세계를 넘어 모든 것을 움직이게 될 것입니다."[57]

영산은 왜 꿈을 강조하는가? 영산은 자신의 인생 체험으로부터 하나님은 꿈을 꾸는 자의 편에 계신 것을 확신했다. 영산은 가마니를 깐 천막교회에서 목회를 처음 시작했다. 그 때 환경은 매우 절망적이었지만 그는 하나님의 성령을 통해 찬란한 믿음의 꿈을 갖게 되었다고 회고한다. "한국 최대의 교회를 세우고 오대양 육대주에 선교사를 보내어 복음을 세계에 증거 하는 교회를 세우리라." 이처럼 영산은 꿈을 가지고 살았고, 하나님이 그의 편에서 그 꿈을 이루어 주셨다. 그가 가진 꿈이 현실로 이루어졌고, 그의 운명이 바뀌었다.

영산은 꿈을 꾸고 이루는 4차원 영성을 위해 어떻게 해야 하는지를 설교했다. 첫째, 하나님의 크고 비밀한 일을 소망하라. 둘째, 마음에 꿈을 꾸는 것을 구체적으로 그리라. 셋째, 꿈의 성취 과정에서 작은 일부터 실천하라. 넷째, 항상 '희망의 꿈'을 간직하고 확산시켜라. 이처럼 영산은 1958년 신학을 마치고 교회개척을 시작한 이래로 희망의 메시지를 전하는 설교자였다.

4차원 세계의 4번째 영성 요소는 말이다.

---

56. 조용기, 『4차원의 영성』, 154.
57. 조용기, 『4차원의 영성』, 82.

영산은 말을 하나님의 창조사역의 매우 중요한 요소로 보았다. 영산은 말의 힘과 창조력을 간파했다.

"창조의 계획이 세워졌지만 하나님이 말씀하셔야만 보이는 현실로 나타났습니다. 이처럼 하나님의 말씀에는 창조력이 있습니다. 따라서 하나님의 형상을 닮은 우리는 말의 창조력도 일부 가지고 있다고 볼 수 있습니다. 하나님처럼 완벽하지는 않지만 사람의 말에도 창조력이 있는 것입니다. 부정적인 말을 하면 부정적인 요소가 자라납니다. 반면 하나님의 능력에 힘입어 긍정적이고 창조적이며 생산적인 말을 하면 말한 그대로의 환경이 나타나게 됩니다. 말의 중요성을 온전히 깨닫고 있어야 언어가 바뀌기 시작합니다."[58]

영산은 언어가 가진 이중적인 힘을 말한다. 부정적인 말은 부정적인 힘을 발휘하지만, 긍정적인 말은 긍정적인 역사를 가져온다. 특히 혀는 작은 신체의 일부이지만 말로 사람을 죽이기도 하고 살리기도 한다.(야3:1-12) 말은 칼날보다 더 강하고 핵폭탄과 같아서 여러 사람을 죽일 수 있는 강력한 무기가 될 수 있다. 또 마음에 새겨지는 상처는 대개 말에 의한 것인데, 그 사람을 병들게 만든다. 그래서 영산은 말을 다스리는 것은 다른 사람을 살릴 뿐만 아니라 자신을 위해서도 꼭 좋은 지혜라고 말한다.

영산에 의하면 말을 관리하고 다스리는 가장 좋은 멘토는 성령님이다. 성령님의 인도를 받는 사람은 하나님 안에서 4차원의 말을 가진 사람이다. 그는 기도를 통해 능력있는 말을 할 수 있다고 말한다. 성령과 함께 하는 언어생활은 창조적이고 생산적인 능력을 3차원에 나타낸다. 영산은 4차원 세계의 영적인 말을 3차원에서 능력을 나타내기 위해 몇 가지 조건을 제시한다.

"첫째, 희망의 말을 입술 밖으로 선포해야 한다. 어렵고 힘든 현실에 처하더라도 또한 자신감이 상실하고 절망할 수밖에 없는 극한 상황에 있더라도 긍정적인 언어를 사용해야 한다. '도저히 안 된다. 할 수 없다.' 와 같은 부정적인 말을 머릿속에서 지워버리고, 대신에 '나는 할 수 있다. 누가 뭐래도 다시 일어설 것이다'라는 긍정적인 언어로 바

---

58. 조용기, 『4차원의 영성』, 198.

꾸라고 영산은 말한다. 또 얽매인 모든 것을 다 풀어버리고 자신의 삶을 온통 적극적이고 생산적이며 창조적인 말로 가득 채우면 절망적인 환경이 좋은 환경으로 바뀌고, 삶에 놀라운 변화가 일어나 승리하는 삶을 살 것이라고 영산은 설교하였다."[59]

둘째, 말로써 믿음을 풀어 놓으라. 영산은 말은 환경을 이기는 영적인 도구이므로 말로써 믿음을 풀어놓으라고 권면한다. 특히 영산은 말로 시인하는 믿음의 중요성을 강조한다.

하나님이 주시는 꿈과 믿음을 가지고 입술로 고백하고, 그 믿음을 사람들과 나누면 고백하는 말씀은 어둠을 밝히는 빛이요, 죽은 자를 살리는 생명이며 무에서 유를 창조하는 기적을 만들어 줍니다. 그러니 꿈을 가지고 믿음으로 기도하며 입술로 시인하는 것이 얼마나 중요하겠습니까? 입술로 시인하는 것은 우리의 믿음을 풀어 놓는 것입니다. 그러므로 말은 우리의 삶에 위대한 창조적 변화를 가져오게 하는 능력인 것입니다.[60]

영산에 의하면, 입술로 고백하는 믿음은 사망과 싸울 수 있을 정도로 놀라운 힘이 있다. 하나님의 말씀을 마음으로 받아들여 입술로 고백하는 신앙인은 신앙이 없는 사람과는 다르게 언제나 삶 속에서 어떤 문제를 만나더라도 승리할 것이다. 이처럼 영산은 믿음과 관련하여 신언일치를 강조하고, 말씀과 기도를 통해 소유한 믿음을 입술로 시인하면 신앙과 삶이 계속 성장할 것이라고 강조한다.

셋째, 창조적이고 성공적인 말을 하라. 영산은 말이 상대방에게 감동과 기쁨을 줄 뿐만 아니라, 창조적인 말이 놀라운 성공을 가져온다고 말한다. 또 마지막으로 사랑과 축복이 담긴 말을 하면 사람을 변화시키고 환경을 복되게 한다. 영산은 막11:22-23[61] 말씀에 근거하여 축복의 말을 하면, 이 말은 창조적인 능력이 있어서 사람의 운명과 환경을 변화시킨다고 말한다.

---

59. 조용기, 『믿음의 에너지를 활용하라』, 32-33.
60. 조용기, 『4차원의 영성』, 208.

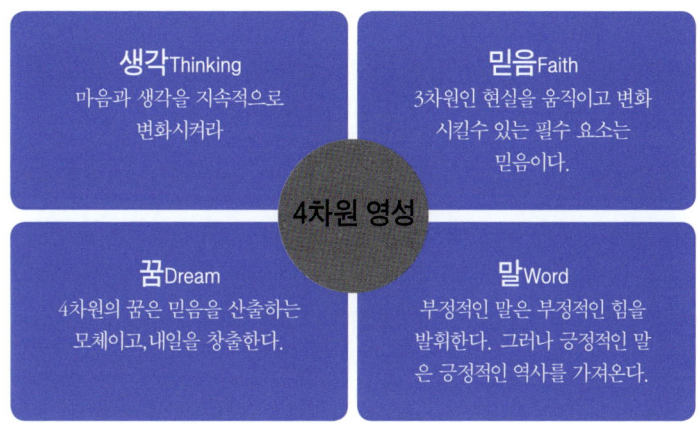

우리가 앞에서 살펴 본 것처럼, 영산의 설교는 오중복음과 삼중축복을 중심으로 선포하고, 설교를 듣는 신앙적 청중들을 4차원 세계의 영성의 삶을 살도록 이끌고자 하는 분명한 목표를 가지고 있었다. 영산은 4차원의 영성으로 훈련된 성도가 항상 기도하고 성령충만하여 영적으로 성숙하면서 삶에서 성공적인 삶을 살도록 설교하였다.

2 영산의 치유 신학

앞에서 고찰하였듯이, 영산의 신학은 먼저 십자가의 신학이면서 동시에 기독론적 신학이었다. 그의 설교의 핵심은 바로 예수 그리스도였으며 그것에 기초하였다. 그 다음 영산의 설교와 목회의 신학적 기초는 치유의 신학이다. 영산의 목회와 설교는 철저하게 십자가와 예수 그리스도 중심이었을 뿐만 아니라, 치유의 사역과 메시지로 인해 놀라운 성공을 거두었다. 병에서 고침을 받는 것은 신앙의 역사이자, 성도에게 주어지는 축복이다.

영산은 치유에 대해 많은 설교를 했다. 그는 설교에서 그리스도의 치유사역을 강조하였다. 이런 점에서 배덕만 교수는 영산의 설교에서 기독론과 치유론의 긴밀한 연관성을 강조한다. 그는 영산의 치유 메시지와 그리스도의 이해와의 상관성을 몇 가지 입장에서 제시한다.[62]

---

61. "하나님을 믿으라 내가 진실로 너희에게 이르노니 누구든지 이 산더러 들리어 바다에 던져지라 하며 그 말하는 것이 이루어질 줄 믿고 마음에 의심하지 아니하면 그대로 되리라"(막11:22-23)

첫째, 영산은 질병의 일차적인 원인을 인간의 타락에서 찾는다. 인간이 타락한 이후에야 질병을 갖게 되었기 때문이다. 이런 의미에서 영산은 "인류가 필요로 하는 메시야는 죄와 질병 그리고 저주를 해방시켜주신 분"[63] 임을 주장한다.

둘째, 영산은 질병의 근본적인 원인을 사탄의 작용으로 이해한다. 오늘날 많은 사람은 이런 이해를 인정하지 않지만, 영산은 병의 다양한 원인 중에서 가장 근본적인 원인을 사탄의 작용으로 본다. 따라서 영산의 견해에 따르면 사탄에 의한 질병은 사탄의 축출과 함께 치유될 수 있고, 이 치유는 오직 예수 그리스도에 의해서만 가능하다.

> 오늘날 많은 사람이 사탄에 눌려 신음하고 있습니다. 사람들은 이런 고통에서 나음을 얻으려고 의사에게 치료를 받고 약도 먹어 보지만 고침을 받지 못하고 전전긍긍하고 있습니다. 이런 고통에서 해방을 하려면 근본적으로 사탄을 쫓아내야 합니다. 그런데 우리가 어떻게 사탄을 쫓아낼 수 있겠습니까? 오직 나사렛 예수님을 의지하는 길 밖에 없습니다.[64]

셋째, 영산은 치유를 예수님의 핵심사역으로 본다. 영산은 기독교를 치유의 종교로 보았을 뿐만 아니라, 치유를 예수님의 2가지 핵심사역 중 한 가지로 보았다. 구약성경에서 하나님을 치료하시는 야훼로 명명한다.(출15:26) 예수님 또한 치료자로서 치유의 사역을 하셨다. "보다 구체적으로 그리스도께서 지상에서 행한 사역의 2/3가 치유사역이었고, 자신의 12제자와 70인 제자를 파송하면서 치유를 명하셨다는 점(마10:8, 눅10:9), 그리고 승천 직전 제자들에게 다시 한 번 치유를 명하셨다는 점(막16:17)에 주목하면서, 영산은 치유를 기독교의 핵심으로 선언한다."[65]

넷째, 영산은 예수님에 대한 믿음을 통해 자신의 불치병을 치유 받았다. 이런 그의 치유의 체험은 치유에 대한 확신과 더 나아가 설교 사역에서도 중요한 영향을 미쳤다. 영산

---

62. 배덕만, "치료하시는 예수님, 치료자 예수 그리스도를 통해 본 영산의 기독론", 118-120.
63. 조용기, 『조용기 목사 설교전집』, vol. 9, 243.
64. 조용기, 『조용기 목사 설교전집』, vol. 11, 330.
65. 배덕만, "치료하시는 예수님, 치료자 예수 그리스도를 통해 본 영산의 기독론", 119-120.

은 폐병 말기 환자로 죽음의 문턱까지 갔던 자신이 어떻게 치유되었는지 밝히고 있다.

> 폐병으로 인하여 중태에 빠졌었고 신경쇠약, 심장병, 위장병 기타 중한 개복 수술 등을 받으며 수차례 죽음의 골짜기를 지나왔다. 그럴 때마다 하나님의 은혜와 말씀으로 질병을 이기고 건강한 생활을 할 뿐 아니라, 사회와 인류에 봉사하는 사람이 되어보겠다고 깊이 결심하여 하나님의 말씀을 찾아갔다. 치유의 은사를 받기 위해서 기도한 것보다도 살기 위해서 병 고치시는 하나님을 갈급히 찾았고 또 하나님을 그리스도 예수 안에서 발견하게 되고 넘치는 생명과 치료함을 받게 되었다.[66]

영산의 치유 신학은 신학적 연구나 사색의 논리적 귀결이 아닌 직접 예수 그리스도에 의해 자신의 병이 치유되는 직접적인 체험에서 기인한다. 영산은 자신의 치유 체험을 통해 예수 그리스도를 통한 구원이 영적인 차원, 정신적 차원, 그리고 육적인 차원 등 전인적 차원에서 실현된다는 것을 깨달았다. 또한 확신 가운데 치유하시는 예수님의 능력을, 그리고 모든 질병으로부터의 해방에 대한 치유 메시지를 강하게 전할 수 있었다.

마지막으로, 영산은 이 세상은 스스로 치유될 수 없는 죽음의 난치병에 걸려 죽어간다고 본다. 영산의 질병 이해는 육체와 영혼을 가진 개인적 차원으로만 제한되지 않고, 사회와 국가, 온 세계 그리고 모든 인류가 병들어 있다고 본다. 영산이 보기에 개인적 질병과 사회적 질병은 상호 관련되어 있다. "병든 인간이 병든 가족을 만들고 병든 사회를 만들고 병든 국가 속에 병든 세상"[67]을 만든다. "우리가 병든 세상을 어떻게 파악할 수 있는가? 이에 병든 인간이 모인 곳이 병든 세상이며, 또한 병든 세계가 인간을 병들게 만든다. 부정과 부패, 스포츠나 도박, 탐욕과 이기주의, 무절제와 음란, 방탕함, 가정에서의 폭력과 가정의 파괴 그리고 간음 등은 이 세상 자체가 병들어 있다는 증거이다."[68]

그러면 인간 개인의 존재뿐만 아니라 사회 그리고 세상이 어떻게 치유될 수 있는가? 영산은 개인의 존재뿐만 아니라, 세계와 모든 인류가 스스로 치료할 수 없는 불치병에

---

66. 조용기, 『병을 짊어지신 예수』, (서울:영산출판사, 1968), 머리말.
67. 조용기, "예수님과 함께 참여하는 신앙", 1988. 10. 9.
68. 홍록영, "영산 조용기 목사님이 만난 치유하시는 "예수 그리스도", 「영산신학저널」 제5호, 143.

걸려 있다고 본다. 영산은 개인의 구원과 치료가 예수 그리스도에 의해서만 가능하듯이 온 세계와 인류 또한 그에 의해서 구원받으며 치료받을 수 있다고 확신하며 설교한다.

> 가정이 병들고, 도덕이 병들고, 세계가 병들고 역사가 병들었습니다. 그리하여 가정으로부터 시작해서 사회, 세계 전체가 가시밭길을 걸어가며 피투성이가 되어가고 있는 것 입니다. 나라가 나라를 대적하여 일어나고, 민족이 민족을 대적하여 일어나며, 살상을 즐겨하고 미움과 분노, 시기와 질투, 원한과 원망이 온 세계에 가득 찼습니다. 인간을 치료해 주실 분은 오직 예수님 한 분밖에 없습니다. 우리는 예수님의 보혈과 이름을 통해 질병을 치료받고 강건하여 질 수 있으며, 저주를 속량하고 하나님의 풍성한 은총을 받아 누릴 수 있습니다.[69]

영산은 설교에서 인간과 세상의 병의 원인을 죄에서 보았고, 질병에서 근본적으로 치유를 받는 것은 인간의 모든 죄를 대신 씻어 주신 예수 그리스도의 십자가 보혈의 능력과 은혜 뿐 이라고 강조한다.

> 예수 그리스도만이 진정으로 우리의 죄를 청산해 주며 의의 옷을 입혀줍니다. 이 때문에 그 누구든 예수 그리스도의 보혈의 공로를 의지하지 않으면 결코 의롭다함을 얻을 수 없는 것입니다. 따라서 인간의 선한 행위를 통해 하나님께로부터 의로움을 얻어 보겠다고 생각하는 사람은 큰 과오를 범하는 사람입니다.[70]

이런 점에서 인간이 병에서 치유 받는 것은 단순히 육체적이고 정신적인 건강을 찾는 것이 아니라, 구원을 받는 동시에 병으로부터 고침을 받는 것을 말한다. 정리하자면 인간, 세계, 그리고 인류의 치유는 단순히 병으로부터 고침 받는 것만이 아니라 예수 그리스도의 믿음을 통해 그리스도의 십자가 보혈로 구원받으면서 병 고침을 받는 것을 의미한다. 예수 그리스도에 대한 믿음을 통한 구원과 치유의 상관성을 전한 영산의 설교는 순복음교회를 세계적인 교회로 성장시킨 원동력이 되었다.

---

69. 조용기,『조용기 목사 설교전집』, vol. 19, 291.
70. 조용기,『조용기 목사 설교전집』, vol. 13, 369.

영산은 치유의 역사를 예수님을 구주로 받아들여 구원을 받게 하는 가장 효과적인 방법으로 본다. 이런 점에서 복음을 증거 하는 것만이 아니라 병든 자를 치유하는 것도 설교자의 불가피한 의무이다. 영산에게 병든 자를 고치는 치유가 천국 임재의 증거가 되기 때문이다. 영산은 교회의 역사에서 치유의 의무를 등한시 하거나 치유의 능력이 나타나지 않았던 때는 교회의 부흥이 멈추었던 시기라고 지적하면서, 치유를 등한시 하고, 치유의 의식을 임종자를 위한 의식으로 바꾼 가톨릭교회를 비판했다. 가톨릭교회는 천국 임재의 증거인 치유의 의무를 소홀히 했고, 그 능력을 망각했기 때문이다. 영산은 치유가 천국 임재의 증거인 동시에 교회성장을 가져올 수 있는 성공적인 설교와 목회를 위한 전제 역할을 한다.

> 하나님의 은사가 다시 활발히 나타나고 하나님 나라가 우리 가운데 뚜렷해지기 위해서는 사탄을 쫓아내며 병을 고치는 역사가 있어야 합니다. 예수님께서는 "내가 하나님의 성령을 힘입어 사탄을 쫓아내면 하나님의 나라가 이미 너희에게 임하였느니라" (마 12:28)고 말씀하시면서 천국이 우리 가운데 임한 증거가 사탄을 쫓아내고 병을 고치는 것이라고 하셨습니다. 그러므로 치료는 천국 임재의 증거입니다… 설교자는 성경에 기록된 치유에 대한 것을 깊이 연구하고 신념을 마음속에 확고하게 가져야 합니다. 이렇게 할 때 설교에 획기적인 변화와 능력을 가져오게 되어 설교를 성공적으로 이끌어 갈 수 있습니다. 우리 교회가 이만큼 발전하게 된 것은 예수 그리스도의 복음의 메시지를 강조하고 그와 함께 꾸준히 병자를 위해 기도했기 때문입니다.[71]

이런 점에서 영산은 목회자가 치유의 복음을 증거하고 실천해야 함을 강조한다. 사람들을 병들게 하는 것은 사탄의 역사이지만, 병든 자를 고치는 역사는 성령을 통한 믿음의 역사이다. 하나님은 인간이 병으로 고통을 받고 신음하기를 원하는 것이 아니고, 오히려 병에서 치유되어 건강하게 살아가기를 원한다. 병든 자를 고치는 치유는 예수 그리스도의 사랑과 자비를 전달할 수 있는 가장 좋은 방법이다. 이런 점에서 영산은 설교자가 병괴 고통에서 신음하는 사람들에게 예수의 이름으로 치료와 해방을 경험할 수

---

71. 조용기, 『설교는 나의 인생』, 115.

있도록 치유의 복음을 담대히 전파하고 실천하는 것은 바로 오늘날에도 치유의 역사를 베풀고 계신 하나님께 순종하는 길임을 강조하였다.

03
설교자 영산의 성령론적 이해

설교는 구조상으로 인간의 언어 속에서 하나님의 말씀이 선포되는 것이다. 이런 점에서 설교는 단순히 인간의 언어적 작품으로만 끝나지 않는다. 구조적이고 본질적인 측면에서 설교가 설교일 수 있으려면 반드시 필요한 요소는 설교자의 언어, 하나님의 말씀(케리그마), 그리고 성령의 역사이다. 이런 입장에서 영산의 설교이해를 위한 내적인 요소인 성령과 하나님의 말씀(케리그마) 의 관계를 고찰할 것이다.

1 설교와 성령의 상관성

기독교의 설교가 본질적으로 하나님 말씀을 전하는 것이라면, 그것은 설교자의 노력만이 아니라 성령의 사역이 동반한다는 것이다.

정인교 교수는 설교의 역사, 특히 종교개혁자들의 견해를 고찰하면서 설교와 성령의 본질적인 관계를 강조한다. 그는 설교자의 언어 속에서 하나님의 말씀을 이해시키는 성령님의 역할을 강조하는 루터의 견해를 다음과 같이 제시한다.

성령님이 말씀을 계시하시고 설교하신다. 또한 말씀을 통하여 마음을 조명하시고 불 붙이사 우리의 마음이 말씀을 파악하고 수용하여 말씀에 밀착되어 말씀 안에서 지속 하게 하신다.[72]

종교개혁자 칼빈 또한 설교에서 하나님의 말씀을 듣게 하고 이해시키는 성령의 역할을 매우 중요한 것으로 본다.

우리가 설교를 듣거나 성서를 읽을 때, 듣고 읽는 모든 것을 우리 자신의 지혜로 쉽게 이해할 수 있을 것이라는 어리석은 생각을 하지 말고, 경외함으로 오로지 하나님이 말씀하시기를 기다리며 성령의 가르침을 받아야 합니다. 성령님의 도우심이 없이는 그의 말씀 속에 나타난 뜻을 결코 이해할 수 없다는 것을 자각 합시다.[73]

또 설교와 성령의 상관성을 강조한 현대 학자는 바로 루돌프 보렌이다. 1970년대에 보렌은 설교에서 하나님의 말씀을 전달하는 성령님의 역할을 무시하는 현대적 설교를 지적하면서 성령님의 역할을 부각시키고자 하였다. "보렌이 설교론을 성령론에 기초를 둔 것은 수직선과 수평선의 교점이라는 그의 성령에 관한 이해를 바탕으로 한다. '성령님은 설교자의 원천과 힘, 목표를 보여주고 있다. 내가 설교를 기적이라고 명명했을 때, 그것은 성령으로부터 성령 안에서 성령을 향해 설교하는 것을 의미했다.' 즉 성령론적 착점은 신학적 상위를 부인하지 않은 채 인간학적인 조망의 정당한 요구를 들어주는 것을 가능케 한다."[74]

설교학에 대한 역사적 고찰과 성경적인 근거에서 정인교는 설교와 성령의 관계를 핵심적으로 제시한다.

---

72. 루터의 『대교리 문답』 1529. The Book of Concord, trans. by Theodore G. Tappert, Philadelphia: Muhlenbery Press, 1595, 416. 정인교, 『설교학 총론』, 51에서 재인용.
73. 칼빈, 디모데전서 8:9 Sermon XXV CO 53, 300. Parker, H. T. John Calvin. A Biography, London: J. M. Dent & Sons LTD, 1975 79-80. 정인교, 『설교학 총론』, 52에서 재인용.
74. 정인교, 『설교학 총론』, 56.

성령님은 우리가 하나님에 대해 그리고 그분의 사역에 대해 말할 수 있는 근거를 제공하는 분이다. 성령님은 율법이나 물리적 세계의 어떤 범주에 의해 제한될 수 있는 분이 아니다.(요3:8) 성령은 모든 것 곧 하나님의 깊은 것까지 통달하시느니라(고전 2:10)는 성서의 증언은 설교가 바로 성령의 사역일 수밖에 없음을 반증하는 것이다. 성령님은 하나님의 말씀을 전달하며 하나님의 부르심에 대한 응답을 가능케 하신다. 설교의 유효성은 그리스도의 구원사역에 성령님이 참여하는 것과 믿는 심령에 역사하시는 성령의 사역, 이 두 가지 공조에 의해 가능해지는 것이다. 설교의 준비에서 전달 그리고 회중의 변화에 이르기까지 성령의 역사를 결여한 설교는 생각할 수 없다. 따라서 만일 설교에서 성령님의 사역이 배제된다면, 설교의 임무는 그 능력과 균형을 잃게 될 뿐만 아니라 한낱 인간의 연설로 전락하게 되는 것이다.[75]

2 성령과 설교자

1 영산의 성령이해

영산은 54년간의 목회생활을 하면서 숱한 역경을 이기면서 세계적인 목회자요 설교자가 되었다. 이것이 가능했던 것은 성령의 역사이고, 성령님의 능력으로 가능했던 것이다. 영산의 성공적인 목회와 설교의 사역은 성령의 임재와 동행의 역사로 이루어졌다.

> 성령님은 조용기 목사의 삶과 목회의 알파요 오메가이다. 조용기 목사는 자신이 '죄와 사망의 법'으로 인하여 병마로 고통을 당하고 있었을 때 성령님의 임재를 통하여 육신적으로 뿐만 아니라 영적으로도 완전한 치유함을 받았으며, 그 이후 삶과 목회는 '성령의 법'에 의한 것이었다.[76]

영산의 목회사역과 설교사역이 세계적일 수 있었던 것은 성령의 역사가 거듭남, 방언, 치유, 축복 등 다양한 방식으로 그의 목회 현장과 예배 현장에 실제적으로 있었기 때문이다. 이런 점에서 나사렛 대학교 신학대학원장을 지낸 임승안은 영산의 삶, 신학, 그

---

75. 정인교, 『설교학 총론』, 56-57.
76. 임승안, "영산 조용기 목사의 성령론", 「영산신학저널」 제 1호, 63.

리고 목회 및 설교를 제대로 이해하기 위해서는 성령론을 바로 알아야 함을 강조한다.

목회자이면서 설교자인 영산은 성령의 존재를 크게 3가지로 이해한다.

먼저, 영산은 성경에 따라 그리고 전통적인 입장에서 성령을 삼위일체의 한 분 하나님으로 이해한다. "성령은 성부 하나님, 성자 하나님과 함께 삼위일체의 다른 한 위가 되시는 하나님 이십니다."[77] 영산은 성경에 근거하여 성령이 하나님과 동등한 분이라고 주장한다. 영원하심(히9:14), 전지하심(고전2:10), 전능하심(눅1:35; 창1:2; 욥26:13; 시33:6) 그리고 무소부재하심(시139:7,8) 등이다.

둘째, 영산에게 성령은 인격적인 존재이다. 영산은 성경에 근거하여 성령님이 인격적인 존재라고 가르친다. 영산에게 보혜사이신 성령님은 막연하게 하나의 영이 아니다. 또 인간을 감동시키는 영향력도 아니다. 성령은 살아계신 하나님이다. 우리는 무의식적으로 성령님을 어떤 힘이나 에너지, 능력 정도로 인식하고 비인격체로 여기는 경향이 있다. 이렇듯 영산은 성령님을 비인격적인 능력이나 영향력 등으로 여기게 되면 신앙생활에 심각한 오류를 범하게 될 수 있다는 점을 지적하고, 더 나아가 이를 이론적으로 확립하여 가르칠 경우 이단이 될 위험성을 경고한다.[78] 류장현 박사는 성령의 인격성에 대한 영산의 강조가 갖는 중요성을 언급한다.

> 영산은 성령론 초판에서 아리안파, 사벨리파, 소시니안파를 비판하면서 성령을 철저하게 인격적 존재로 이해한다. 그는 성령론 초판에서 성령의 인격성을 지나치게 강조하였고, 이런 결점을 성령론 수정판에서 보완했다. 영산은 초판에는 없었던 "구약시대의 성령님의 역사(4장)" 라는 항목에서 성령을 힘과 능력으로 이해한다. 성령은 성부 하나님의 창조 활동에 참여한 동역자로서 하나님의 능력이요 생명의 원천으로서 생명을 주는 힘이다. 성령은 창조, 보존, 갱신에 참여하며, 죄를 억제하는 능력의 영이다. 이같이 영산은 인격적 존재로서의 성령과 힘, 능력으로서의 성령을 조화시켜서 성령에 대한 이해에 균형을 유지하였다.[79]

마지막으로, 영산은 성령님을 지속적으로 교제해야 할 존재로 인정한다. 영산은 성

---

77. 조용기, 『성령론』, (서울: 서울말씀사, 1998), 17.
78. 조용기, 『성령론』, 17.
79. 류장현, "영산의 성령론에 관한 신학적 고찰", 영산신학저널 창간호 제1호, 154.

령님을 인격적인 분이면서 동시에 우리가 지속적으로 교제해야할 존재라는 점을 강조한다. 영산에게 성령님과의 교제는 다른 기독교 전통에서 찾아볼 수 없는 탁월한 점이다. 목회와 설교에 있어서 영산을 인물로 만들어 준 것도 바로 성령님과의 교제이다. 여의도순복음교회 국제신학원장을 지낸 임형근은 영산의 목회에서 성령님과 교제의 중요성을 강조한다.

"조용기 목사에게 있어서 성령과의 교제는 교리적 이해의 차원에서 뿐 아니라, 목회와 교회성장 및 오늘날 그가 있게 만드는 데 가장 중요한 영향을 끼쳤던 교리적 인식이요 개인적 체험이며 교회적 사건이었다."[80] 영산은 성령과의 교제의 중요성을 깨달은 사건을 다음과 같이 증언한다. "1964년도는 제 인생에서 획기적인 해입니다. 그것은 제가 성령님을 발견한 해이기 때문입니다. 그전까지는 성령님을 하나의 능력으로 체험하였지, 인격적으로 모시지 않았습니다. 그러나 성령님을 저의 생활 전반에 걸쳐 간섭 하시는 영으로서, 변호사로, 선생님으로, 위로자로 인정하고 환영하고 모셔 들이고 의지하는 교통을 통해서 성령님을 예배하고 감사하고 함께 일해 왔습니다. 그러자 1964년도에 3,000명의 벽이 무너지고, 69년도에 재적 성도 18,000명 출석 성도 10,000명으로 부흥하게 되었습니다. 획기적인 역사였습니다.[81]

2 성령과 교제의 필요성

성령님과 교제한다는 것은 무슨 의미인가? 많은 사람이 성령님을 모시고 살면서도 그 교제의 의미를 제대로 모르는 경우가 많다. 영산이 강조한 성령님과의 교제는 내 안에 내주 하시는 성령님을 인정하고 그분과 친밀하게 지속적으로 대화하는 것이다.

> 많은 사람이 성령과의 교제의 의미를 모릅니다. 그들은 중생하고 성령세례(침례)를 받고난 후 사역에서 성령의 능력까지 체험했는데 '무엇이 더 필요합니까?'라고 묻습니다. 그것은 큰 잘못입니다. 나 스스로도 한 때 그렇게 생각했습니다. 나는 우리 교단의 설교자로서 필요한 모든 자격은 다 갖추었다고 생각했습니다. 중생하였고 성령세

---

80. 임형근, "조용기 목사의 성령이해: 성령과의 교제를 중심으로", 영산신학저널 제 1권 제 2호, 154.
81. 조용기, 『성령론』, 7-8.

례(침례)를 받았으며 방언도 말했습니다. 나는 속으로 '그것이 전부다'라고 생각했습니다. 그러나 하나님은 나의 태도를 바꾸어주시고 성령님은 중생의 영, 능력의 영 이상이라는 것을 보여주셨습니다. 성령님은 내 안에서 사시는 인격자이십니다. 인격자와 같이 산다는 것은 그와 같이 교제를 하는 것을 의미합니다. 그것은 서로서로를 인정하는 것을 말합니다. 그것은 친밀한 교제와 대화를 갖는 것을 의미합니다.[82]

그러면 왜 설교자가 성령님과 교제해야 하는가? 류장현 박사는 영산이 강조하는 성령님과 교제의 필요성을 3가지로 제시한다.[83]

첫째는 예수 그리스도의 은혜의 전달을 위해서이다. 성령님과의 교제는 신앙생활에 없어서는 안 되는 필수적인 전제이다. 영산에 의하면 인간은 성령님을 통해서만 하나님과의 교제가 가능하며, 그분의 사랑과 그리스도의 은혜를 체험할 수 있다. 성령의 도움이 없으면 어느 누구도 구원을 받을 수 없고, 예수님을 자신의 구주로 고백할 수도 없다. 또 성령님의 역사가 없으면 예수님의 부활을 역사적 사실로 믿을 수 없고, 더 나아가 하나님 나라에 대한 진정한 소망을 가질 수 없다.

둘째는 살아 있는 신앙을 만들기 위해서이다. 영산은 성령이 없으면, 신앙은 죽은 신앙이 되고 만다. 이런 견해를 가진 영산은 종교개혁자들과 같은 입장에 서 있다. 성령은 말씀과 성례전을 통해 인간을 회개시키고 바른 신앙을 갖게 하고 또 그 신앙을 보존하며 성장시킨다. 따라서 성령의 도움으로만 우리는 살아 있는 신앙을 갖을 수 있고, 유지하며 성장시킬 수 있는 것이다.

셋째는 성령과 복음사업을 함께 할 수 있는 것이다. 성령과의 교제를 상실하면 신앙은 물론이고, 신앙공동체 또한 몰락한다는 것을 역사에서 보여주었다. 영산은 성령과 교제의 상실을 유럽교회의 몰락원인으로 보았다. 그 때문에 그는 유럽교회의 재 부흥 또한 성령과의 새로운 교제를 통해서 가능하다고 말한다. "유럽교회가 다시 일어서려면 성령을 재발견하고 성령님과의 새로운 교제가 시작되어야 합니다. 아무리 신학적인 토론을 하고 교회 제도와 조직을 강화한다고 해도 교회의 본질인 성령을 저버리고는

---

82. Home Cell Groups, 119-200.
83. 류장현, "영산의 성령론에 관한 신학적 고찰", 149-154 참고.

절대 교회성장을 이룰 수는 없습니다."[84]

이렇듯이 성령님과의 교제는 신앙의 성장뿐만 아니라 교회성장과도 긴밀히 연관되어 있다. 영산은 1964년 성령체험 이후 성령과의 교제의 필요성을 더욱 강조하였다. 성령은 진리를 알리고, 구원을 실행하면서 완성시킨다.

3 성령과 설교자

성령님은 설교자들을 위해 어떤 일을 하시는가? 영산은 목회의 사역에서 이루어지는 성령과 설교자의 관계를 몇 가지로 제시한다.[85]

첫째, 성령님은 설교자를 거룩하게 하신다. 성령님은 불신자의 심령 속에서 모든 이성적 판단을 넘어서 예수님을 구주로 시인하게 만든다. "성령으로 아니하고는 누구든지 예수를 주시라 할 수 없느니라."(고전12:3) 우리가 그리스도인이 되고, 설교자의 직분으로 살아가는 것도 바로 성령님의 기적적인 도우심 덕택이다. 또 성경연구와 설교 사역을 통하며 더 깊은 진리의 세계로 들어갈 수 있다. 우리가 성령님과 동행하는 가운데서만 다른 사람을 위하여 기도할 수 있다. 그 외에도 성령님은 복음을 전하는 데에도 동행하신다. 또 설교자가 하나님을 기쁘시게 하고 하나님의 뜻을 이루는데 궁극적인 관심과 목적을 둘 때, 성령님은 설교자를 인도하사 의와 성결의 열매를 맺게 하신다. 마지막으로 성령님은 설교자로 하여금 하나님의 자녀 됨을 확정하시고 증거해 주신다. 성령의 능력으로 말미암아 설교자가 하나님의 자녀가 되었다는 믿음의 확실한 계시가 임하기 전에는 참된 자녀가 될 수 없다.

둘째로, 성령님은 설교자를 가르치시고 인도하신다. 어린 아이가 성인이 되기 위해서 육체와 마음이 지속적으로 성장해야 하듯이, 설교자도 믿음이 장성해지기 위해서는 계속 성장해야 한다. 성령님이 그리스도인이 그리스도의 모습을 닮아 성장하도록 교육시킨다. 또 설교자들이 영적인 세계에 계속하여 거하면서 현실적인 생활을 하는 것이 결코 쉬운 일은 아니다. 그러나 설교자가 연약할 때, 성령님은 전능하신 능력으로

---

84. 교회성장연구소 편, 『카리스 & 카리스마: 여의도순복음교회의 교회성장』, 교회성장연구소, 2003, 20.
85. 조용기, 『나는 이렇게 설교한다』, 172-180 참조.

설교자를 인도하여 주신다. 그러므로 성령님의 인도를 받으려면, 설교자와 성령님 사이에 올바른 관계가 정립되어야 한다. 이것을 위해서 설교자는 정욕적인 삶의 바탕을 버리고, 자신의 전 존재를 성령님께 전적으로 맡겨야 한다.

셋째로 성령님은 설교자를 도우신다. 성령님은 설교자를 위로하면서 더 나아가 그의 연약함을 도우신다. 설교자도 어려움을 당할 때 인간의 위로를 받을 수 있다. 그러나 때로 인간이 위로 할 수 없는 경우, 설교자는 성령님의 위로를 받을 수 있다. 또한 성령님은 하나님의 은혜로 설교자의 연약함을 도우셔서 승리하게 하신다. 성경에 의하면, 하나님은 설교자에게 의롭게 살 것을 요구하지 않으신다. 오히려 설교자가 오직 그의 은혜를 힘입어 믿음으로 승리하기를 원하신다. 이와 같이 성령님은 설교자의 연약함을 도우시고 그로 하여금 승리의 목회생활을 하게 하신다. 그래서 설교자는 성령님의 도우심을 지속적으로 간구해야 한다

3. 성령의 능력과 메시지

영산은 설교자의 근본적인 사명은 하나님의 말씀을 잘 전함으로 하나님을 수종 드는 것이라고 말한다: "우리의 가장 근본적인 사명은 구약의 레위인들이 하나님의 성소를 지키고 수종 든 것처럼 주님을 수종 드는 데 있습니다. 사실 우리가 복음 증거 하는 목적도 하나님을 수종드는 것에 있습니다."[86]

이렇듯, 영산은 설교자가 하나님을 수중들지 않고, 또 하나님의 마음을 얻기도 전에 인간적인 마음으로 복음을 전하는 것은 정상적인 일이 아닌 것으로 본다. 설교자가 정상적으로 그 사명을 다할 수 있는 것은 주님께서 설교자에게 성령의 영감과 능력으로 채우셔서, 그것에 힘입어 복음을 전하는 것이다. 설교자가 능력 있게 하나님의 말씀을 전하기 위한 선결 조건은 성령님의 은혜가 이슬처럼 설교자의 마음속에 맺혀져, 모든 성경말씀을 황금빛 나는 메시지로 만드는 것이다. 즉 설교자는 성령의 은사를 가지

---

86. 조용기, 『나는 이렇게 설교한다』, 181.

고 성경말씀을 능력 있게 전할 수 있다는 것이다. 영산은 성령의 권능과 메시지의 상관성을 주장한다.

> 그러나 성령의 은사가 떠나가 버리면 성경 전체를 들춰봐도 할 말이 하나도 없습니다. 그런 상황 속에서 말을 해봤자 말의 능력이나 효과도 없습니다. 이러므로 목회생활에서 중요한 것은 성령의 권능이 메시지를 따라야 한다는 것입니다. 예수님께서도 말씀하시기를 사도와 함께 모이사 그들에게 분부하여 이르시되 예루살렘을 떠나지 말고 내게서 들은 바 아버지께서 약속하신 것을 기다리라"(행1:4)고 했습니다.[87]

이렇듯 영산은 능력 있는 설교자 또는 위대한 설교자가 되는 조건을 인간적인 설교자의 측면에서 찾지 않는다. 그것은 인간의 탁월한 언어능력도 인간의 심오한 지식(철학적 지식, 법학적 지식, 신학적 지식)도 아니다. 그 조건은 바로 성령의 능력이다. 영산은 설교 메시지의 능력은 성령의 능력에 의해서만 가능하다는 점을 강조한다.

> 똑같은 설교라고 해도 성령이 기름 부으시면 말씀이 황금빛이 나고 새로워지며 그 인상이 더욱 깊어집니다. 그러나 성령의 기름 부음이 없으면 아무리 새로운 말을 해도 가치가 없고 지루하고 괴롭습니다. 이러므로 설교자는 심오한 철학이나 법학이나 신학적 학문이 있어서 위대한 설교자가 되는 것이 아닙니다. 오히려 학문적으로 깊은 사람들이 하나님의 위대한 설교자가 되지 못하는 것은 자신의 지식을 하나님 보다 더욱 의지한 나머지 하나님께 기도하지 않기 때문입니다.[88]

위대한 설교자는 자신의 지식을 의지하는 대신 하나님을 의지할 줄 아는 사람이다. 영산에 의하면 이런 설교자는 성령의 큰 권능을 입어서 귀하게 쓰임 받을 것이다. 왜냐하면 그는 비록 학문적인 지식이 많지 않을지라도, 목숨을 내걸고 주님께 엎드려서 성령의 기름부음을 간구하기 때문이다. 영산은 자신이 하나님을 의지하고 또 하나님이

---

87. 조용기, 『나는 이렇게 설교한다』, 181-182.
88. 조용기, 『나는 이렇게 설교한다』, 182.

자신을 성령의 능력으로 이끌어 주셨다고 고백한다. "가장 중요한 일은 끊임없이 성령님께 도움을 구하는 일입니다. 성령님은 양 무리의 총감독이시며 추수꾼의 주인이십니다. 성령님께서는 오늘날 교회 안에 거하시며 교회를 통해 역사하십니다. 성령님의 도우심 없이 성도에게 필요한 메시지를 전달한다는 것은 비행기를 타지 않고 태평양 위를 날려고 하는 것처럼 무모합니다. 설교자는 마치 배고픈 아기가 엄마의 젖가슴에 매달리듯 성령님께 매달려야만 합니다."[89]

---

89. 조용기, 『나는 이렇게 설교한다』, 293.

2부

목회 패러다임에 따른
영산 설교

04
개척초기에서 1970년대 영산 설교

이 시기에 영산은 가난한 자와 병든 자를 위한 위로와 희망의 목회 패러다임에 따라서 설교사역을 수행하였다.

1. 대조동 천막교회 시절의 영산 설교

1 설교자로서 출발

1955년 영산은 우연히 '켄 타이즈' 선교사의 부흥회에 참석하여 큰 은혜를 받아 건강이 회복된후 순복음 신학교에 입학하였다. 그리고 3년 간의 수학을 마치고 1958년 3월에 신학교를 졸업하였다.

신학교를 졸업한 후 영산은 서울의 변두리인 대조동에 교회를 개척함으로 설교자로서의 삶을 출발하였다. 영산은 뜨거운 가슴으로 매일 새벽기도회, 주일예배, 수요예배 그리고 금요철야 예배 등에서 몸과 마음을 아끼지 않고 모든 지식과 자료를 동원하여 설교하였다. 그러나 결과는 영산의 기대에 훨씬 못 미쳤다. 그 이유는 크게 두 가지로 들 수 있다. 하나는 영산은 학교에서 배운 지식을 중심으로 복음을 전하는 설교사역을 하였던 것이다. 그래서 그의 설교 자료는 매우 빈곤할 수밖에 없었다. 다른 하나는 복음과 설교에 대한 뜨거운 열정은 있었지만, 그것을 제대로 전할 수 있는 설교에 대한 철학이 바르게 서 있지 않았다.

> 설교 자료가 빈곤하고 저 자신이 어떻게 설교를 만들어야 할지 갈피를 잡지 못했기 때문에 그저 열심만으로 말씀을 증거하게 되었습니다. 그러니 교인들은 말할 필요도 없고 설교를 하는 자신도 무슨 말인지도 모르고 하는 경우가 많았습니다.[90]

영산은 자신의 설교가 어떤 상태였는지, 그리고 자신의 설교사역에서 무엇이 문제인지를 깨닫게 되었다. 설교철학이 분명히 세워지지 않은 채 말씀을 전하는 목회자의 문제점은 설교를 하는 목회자 자신이 무슨 말인지도 모르면서 설교를 한다는 점이다. 설교자에게 필요한 설교철학은 무엇보다도 '성경 66권을 한 눈에 꿰뚫을 수 있는 분명하고도 확실한' 설교관이다. 영산은 이런 설교관을 제대로 갖추기 위해서 노력을 시작했다.

> 그래서 그때부터 목회에 성공한 목회자들의 자서전과 그들의 설교집을 힘이 닿는 데까지 구해 탐독하기 시작했습니다. 같은 하나님과 같은 성경을 가지고 같은 복음을 전하는데, 왜 그들과 나는 차이가 있을까, 어떤 점을 배울까, 연구하기 시작했습니다.[91]

2 설교 주제의 전환

앞서 언급했듯이, 영산은 개척 초기에 설교철학 없이 설교를 했고, 그 결과는 매우 불만족스러운 것이었다고 인정한다. 신학교에서 배운 지식을 의지했던 영산 설교내용은 대부분 기독교의 윤리나 도덕, 천국과 지옥에 관한 것이었다. 영산은 이런 설교가 성도들의 영혼에 감동을 주고, 그들의 삶에 영향을 미치기는커녕 오히려 그들에게 외면당했다고 말한다.

---

90. 조용기, 『나는 이렇게 설교한다』, 398.
91. 조용기, 『나는 이렇게 설교한다』, 398.

그러나 교인들, 혹은 전도를 받은 사람들은 한결같이 이런 것들(윤리나 도덕, 천국과 지옥에 관한 것)에 대해 냉담하기만 했습니다. 그들은 너무나 가난하고 병들고 생활에 찌들며 살아가고 있었기 때문에 윤리라든가 도덕이라든가, 하물며 천국과 지옥은 하등 흥미가 없는 문제였습니다. 그들은 그러한 얘기는 배부르고 편한 사람들에게나 어울리는 하나의 장식품이나 사치스러운 것에 불과하다고 생각했습니다.[92]

영산에 의하면, 성도들이 가장 절실히 원하고 필요로 했던 것은 따뜻한 밥 한 공기와 약 한 봉지 즉 일용할 양식과 치료약이었다. 영산은 그것이 그들에게는 복음과 같은 것이었다고 말한다. 영산은 천국의 복음을 받아들이기에는 천국과 그들의 현실이 거리감이 너무 크다는 사실을 느낄 수 있었다. 전쟁의 상처로 인해 절망감과 허무감으로 살아가는 사람들에게 천국의 복음은 관심 밖의 일이라는 것을 영산은 누구보다도 절실하

---

92. 조용기, 『나는 이렇게 설교한다』, 399. 영산은 자신의 메시지가 현실에 적합하지 않았던 2가지 사례를 제시한다. 첫 번째 사례는 다음과 같다. "당시 열심히 전도하던 가정 중에는 술주정뱅이 가정이 있었습니다. 이 가정의 남편은 아편중독에서 술 중독으로 바뀐 사람으로 아침부터 밤늦게까지 술만 마셔댔습니다. 그 집에 가보니 아들만 열 명인데 방 한 칸에서 살고 있었습니다. 추운 겨울, 불기 없는 썰렁한 방에는 다 뭉쳐진 솜이불 하나만이 놓여 있었습니다. 끼니는 먹는 날보다 굶는 날이 더 많을 정도로 거지와 다름없는 생활을 하고 있었습니다. 이런 상황에 있는 부인에게 '예수를 믿고 천국에 가라'고 전도를 하니 코웃음만 칠뿐이었습니다. 당장 끼니를 때울 보리쌀 한 줌이 없고 불 땔 나무가 없는데 언제인지도 모르는 먼 훗날 천국에 가는 것이 무슨 소용이 있으며 죽은들 이러한 상황보다 지옥이 더하겠느냐는 것이었습니다. 그 부인은 배고픔과 고통과 절망으로 삶과 처절한 투쟁을 하고 있었습니다. 그에게 있어서 복음이란 먼 훗날의 천국이 아니라 현실적으로 배불리 먹고 입을 수 있는 것이었으며, 또 남편이 술을 끊는 것이었습니다. 그 부인은 저를 붙들고 오히려 죽여 달라고 몸부림쳤습니다. 이 부인에게 있어서는 천국의 행복도 지옥의 두려움도 모두 관심 밖이었던 것입니다."
다른 하나의 사례는 다음과 같다. "전도하는 가정 중의 다른 한 가정은 부인이 7년 동안 중풍으로 앓아 누워있는 가정이었습니다. 게다가 병든 부인이 아기를 낳았으니 집안 꼴은 말이 아니었습니다. 온 집안이 아기의 똥 냄새로 가득 차 더럽기 짝이 없었고, 그 남편은 밤낮 술만 먹고 밖으로만 돌았습니다. 부인은 자리에서 일어나지도 못하고 밥도 먹지 못하는 형편이었습니다. 하도 형편이 딱하여 동네 사람들이 일하러 나가는 길에 들러서 쌀을 씻고 가면, 다음에 지나가던 사람이 불을 때어 올려놓고, 그 다음 사람이 밥을 퍼 놓고, 또 그 다음 사람이 와서 밥을 먹여 주곤 했습니다. 이러한 상황 가운데서 저와 최자실 목사님이 전도를 하니 그 부인 역시 원망만 늘어놓았습니다. 하나님이 살아계신다면, 자기가 왜 이렇게 되었으며, 사랑의 하나님이 왜 이런 상황 가운데서 건져주지 않느냐는 것이었습니다. 그리고는 그런 종교는 배부르고 편한 사람들이나 갖는 것이라고 말했습니다."

고 다양하게 경험하였다. 그 중 하나는 교회에 와서 행패 부리는 사람을 전도하는 일이었다. 영산은 그 사람에 대해 어떻게 전도해야 되는지 깊은 고민을 하였다. 그 사람은 6.25 전쟁 당시 유격대로, 그리고 헌병으로 나라를 위해 목숨을 바치겠다는 일념으로 국가에 충성을 하였으나, 전쟁이 끝난 후 국가나 이웃으로부터 인정받지 못하자 현실을 비판하며 절망과 배신감으로 허송세월을 보냈다. 젊고 희망찬 나이에 하는 일없이 비관적으로 사는 사람에게 훗날의 천국은 전혀 관심사가 되지 못했다.

이런 환경 속에서 영산의 목회는 성공할 수 없었고, 오히려 더 어려워졌다. 영산은 이런 자신의 목회 상황에 좌절하거나 포기하지 않고, 무엇이 문제인지를 성찰하고 그 문제를 해결할 수 있는 분명한 목회철학과 설교철학을 갖기 시작했다. "그래서 저는 살아 계신 하나님이 지금 여기서, 즉 삶의 현장 가운데서 먹고, 입고, 사는 문제를 해결해 주실 수 있다는 사실을 증거해야 한다는 결론에 이르게 되었습니다. 그래야 설교와 듣는 사람의 마음이 서로 연결되어 관심을 갖고 교회에 나오게 되기 때문입니다."[93] 이렇게 영산의 설교 주제나 내용이 바뀌게 되었다. 그것은 단순히 현실에 적응하기 위한 것이 아니라, 예수님의 목회나 설교사역의 내용을 확실히 이해했기 때문이다.

> 예수님의 목회는 이 땅의 실존적인 인생 문제를 해결하신 목회였습니다. 천국에 갈 것을 기다리는 목회가 아니라 천국을 이 땅에 이루도록 하신 목회였습니다. 주님은 인생의 문제를 해결해 주시면서 『회개하라 천국이 가까웠느니라』(마4:17)고 복음을 전파하셨습니다.
> 또한 사도들 역시 예수님과 마찬가지로 문제 해결을 통해 복음을 전파하였습니다. 앉은뱅이를 고쳤으며(행3:6-9), 귀신들린 자를 고치는(행16:16-18) 등 현실적인 인간의 고통을 하나님의 위대하신 능력으로 직접 해결해 주었습니다. 그리스도의 메시지와 사도들의 메시지는 모두 영혼의 문제뿐 아니라 현실적인 문제를 해결해 주는 메시지였던 것입니다.[94]

영산은 복음의 현실 연관성을 강조하였다. 그에 의하면 현실적인 고통과 문제에 무

---

93. 조용기, 『나는 이렇게 설교한다』, 400.
94. 조용기, 『나는 이렇게 설교한다』, 400-401.

관한 복음은 하나의 장식품에 불과한 것이다. 단순히 천국을 전하는 복음이 아니라, 현실적인 고통과 문제를 해결해 주는 복음이야말로 기독교 복음인 것이다. 그래서 영산은 삶과 연관성이 없는 메시지는 그저 허공에 울리는 꽹과리에 불과한 것이라고 말한다.

3 설교의 원칙

영산은 자신의 설교가 현실적인 삶의 문제에 영향을 주지 못한다는 인정을 통해 자신만의 설교 원칙을 세워갔다. 이 설교원칙의 전제는 설교자의 메시지에 힘이 없으면 그 설교는 약할 수밖에 없다는 것이다. 영산은 삶에 영향을 줄 수 있는 메시지가 힘이 있다는 것을 깨닫고 자신의 설교원칙을 세웠다.

첫째는 카운셀링식 설교의 도입이다. 영산이 세운 첫 번째 카운셀링식 설교는 청중의 필요에 응해주는 설교다. 이러한 형식의 설교는 웅변이 아니라, 설교를 들음으로써 삶의 여러 가지 문제들이 해결되도록 하는 것이다. "저희 교회는 예배드리기 한 시간 전부터 문 앞에 서서 기다리는데, 이것은 그들이 설교를 들을 때 운명을 변화시킬만한 무슨 욕구가 채워지기 때문이다."[95] 영산은 설교를 들을 때, 삶의 문제로 어려움과 고통을 당하던 마음이 위로를 받고, 문제 해결을 받을 수 있는 것을 설교의 제1원칙으로 삼았다.

둘째는 문제 해결을 위한 메시지 중심의 설교이다. 영산은 제1원칙과 연관된 제2원칙으로 자신의 설교가 전적으로 문제 해결을 받게 하는 메시지가 중심이 되도록 하였다.

> 어떻게 하면 현실적으로 부딪치고 있는 영적, 정신적, 육체적, 사회적 문제로 고통을 당하는 사람에게 하나님의 말씀으로 문제를 해결해 줄 수 있을까, 또 어떻게 하면 교인들이 하나님을 잘 믿고 천국 백성이 됨과 동시에 이 세상에서 성공적으로 축복받고 살 수 있도록 할까에 중점을 두고 설교를 작성합니다. 그래서 교인들이 축복받고 성공할 수 있는 하나님의 말씀의 원리인 믿음, 소망, 사랑을 강력하게 마음속에 넣어줍니다.[96]

---

95. 조용기, 『나는 이렇게 설교한다』, 401.
96. 조용기, 『나는 이렇게 설교한다』, 403.

이처럼 영산은 천국복음의 핵심을 살아계신 하나님이 인생이 끝난 후뿐만 아니라 무엇보다 '지금 여기서'here and now 구체적인 삶의 문제를 해결해 주시는 분이라는 내용을 전하는 것으로 설교철학을 확실하게 세웠다. 이것은 설교와 청중이 연관성이 있어야 청중이 교회에 출석하여 설교를 들으며 믿음 생활을 할 수 있다는 것을 의미했다. 또 영산의 설교철학은 동시대 사람들의 삶과 밀접한 연관성이 있었던 사복음서에 나타난 예수님의 설교철학은 그대로 따르는 것이었다.[97]

2. 서대문 시대의 영산 설교

1 서대문 교회의 개척

영산이 서대문에서 교회를 다시 개척하고 사역을 하였던 시기는 여의도순복음교회로 도약하는데 징검다리 역할을 하였다. 군대에 입대한지 7개월이 지난 1961년 8월 25일에 영산은 의병제대로 대조동 천막교회로 돌아왔다. 영산은 군에서 수술을 받고 아직 회복되지 않은 상태에서도 목회사역을 하였다. 그러면서도 그는 서대문에서 부흥운동을 인도하는 샘 토드 목사의 통역을 맡았고, 몇 번에 걸쳐서 부흥회에서 설교도 하였다. 1개월의 기간 동안 지속되었던, 샘 토드와 함께한 부흥운동은 엄청난 성공을 거두었다. 이에 영산은 부흥회를 위해 대형천막을 쳤던 곳에 제 2의 교회를 개척하기로 결심하였다. 대조동 천막교회의 일부 교인들이 반대하였지만, 영산은 결심을 굽히지 않고, 서대문에 천막교회를 다시 개척하였다. 서대문 교회는 한 주일에 20-30명씩 교인들이 늘어나서,

---

97. 조용기, 『설교는 나의 인생』, 33. 영산은 복음과 삶의 연관성에 대한 자신의 깨달음을 다음과 같이 표현한다: "복음과 삶이 연관성이 있어야 한다는 깨달음을 얻은 후 나는 성경을 처음부터 다시 읽기로 했습니다. 한 번도 읽지 않은 자세로 완전히 새 마음을 갖고 읽기 시작했습니다. 그러자 나는 새로운 것을 깨닫게 되었습니다. 사복음서에 나타난 예수님의 메시지는 그 시대와 밀접한 연관이 있는 것이었습니다. 즉 예수님께서는 실제로 죄인의 죄를 용서하시고 그 자리에서 위로해 주셨으며(요8:1-11), 병든 자를 고쳐 주시고(마9:1-8), 배고픈 자들을 먹여 주셨고(막6:30-44), 죽은 자를 살리셨던 것입니다(요11:43-44). 예수님의 목회는 이 땅에서 사는 실존의 문제를 해결해 주신 목회였습니다. 천국에 가기를 기다리는 것뿐만 아니라 천국을 이 땅에 이루도록 하신 목회였습니다."

개척한 지 불과 1개월여 만에 300명이 넘는 교회로 성장하였다.

1962년 4월 26일 영산은 목사 안수를 받았고, 교회는 500여 명의 교인이 모이는 교회로 성장하였다. 교회의 명칭도 서대문교회에서 순복음중앙교회로 바꾸고 새로운 도약을 준비하였다. 서대문의 순복음중앙교회는 3년이 안되어 교인 수가 3천명에 이르게 되었으며, 치유의 기적과 현실의 문제를 이길 수 있게 하는 희망과 축복의 메시지 덕택에 서대문의 순복음중앙교회는 교세가 무려 8천명에 이르는 교회로 급속도록 성장하였다.

교인의 수가 너무 많아서 한 번에 예배를 드릴 수 없어 3부로 나누어서 예배를 드렸다. 그러나 이 때 3부로 예배를 드려도 자리가 없어서 비좁게 예배를 드렸고, 늦게 온 사람은 주차장이나 마당에 비닐과 신문지를 깔고 스피커를 통해 영산의 설교를 들어야 했다.

2 서대문 교회 시기의 설교내용

영산은 첫 번째로 개척한 대조동 천막교회는 제대로 성장시키지 못했지만 몇 안 되는 성도와 함께 개척한 서대문교회를 1만여 명의 교인을 가진 엄청난 교회로 성장시켰다. 성장의 비결은 영산 설교의 능력에 있었다. 영산의 설교는 크게 두 가지 초점을 가지고 있었다. 하나는 교회를 찾는 병들고 가난한 사람들에게 맞춰져 있는데 설교와 함께 치유의 역사가 나타났다. 치유의 역사는 다시 이 시기에만 나타난 것이 아니라, 영산의 목회와 설교사역 평생 동안 지속해서 나타났다. 다른 하나는 영산의 설교의 또 하나의 초점은 가난하고 버림받은 사람들에게 꿈과 희망을 주는 것이었다. 이 메시지도 역시 그의 목회와 설교 사역 내내 강조되고 실천되었다. 영산은 자신의 치유와 희망의 메시지의 뿌리를 성경 말씀에서 찾았다.

> 믿음의 조상이라는 아브라함은 약속 하나만 믿고 갈대아 우르라는 멋지고 부유한 문화의 도시를 등졌습니다. 지금 이 시간에 아브라함의 믿음으로 근심과 고통과 허무의 땅을 떠나시길 바랍니다. 축복의 가나안 땅, 영원히 잘되고 범사에 잘 되고 강건하게 되는 젖과 꿀이 흐르는 땅으로 오십시오. 여러분들은 현재 가난하지만, 여러분들께서는 산을 옮겨 놓을 믿은 믿음이 있고, 예수 그리스노의 사랑과 능력을 가진 성령님께서 여러분을 돕기 위해 지금 옆에 와 계십니다. 이 성령님을 환영하고 모셔 들일 때

여러분은 부자가 되고 건강하게 되며 하나님께서 귀하게 여기는 존재들이 될 것 입니다.[98]

영산은 병든 자들과 가난한 자들을 위한 치유[99]와 희망의 메시지를 전하는데 온 노력을 기울였다. 현세의 고통과 고달픔을 덜어 주려는 그의 목회와 설교사역은 설교를 들은 많은 성도들로부터 공감을 얻었고, 그들에게 지대한 영향을 미쳤다. 영산은 지금도 긍정적이고 창조적인 자세로 희망의 메시지를 전하려고 노력을 기울이고 있다.

나는 성도들에게 꿈과 희망을 주기 위해 언제나 긍정적이고 적극적이고 창조적이고 생산적인 메시지를 전하고 있습니다. 고단한 삶에 지친 사람들에게 정죄하는 설교를 하면 절망합니다. 그들이 지친 삶을 딛고 다시 일어나도록 하기 위해서는 어찌하든지 하나님을 믿는 신앙을 갖도록 해야 합니다. 신앙에는 긍정적이고 적극적이며 소망이 넘치는 삶의 태도가 담겨 있어야 합니다. 또 막연한 신앙은 심리학적인 효과에 불과하므로 그리스도의 대속의 은총에 기초한 신앙의 메시지를 전해야 합니다.
나는 하나님으로부터 받은 분명한 사명을 바탕으로 일관성 있게 꿈과 희망의 메시지를 전해 왔습니다. 설교를 통해 성도들이 궁극적인 생각을 갖고, 꿈을 꾸고, 희망을 소유하고, 믿음으로 행동하게 하였습니다.[100]

---

98. 박계점,『포올 조』, 184-185.
99. 국제신학연구원,『여의도의 목회자』, (서울: 서울말씀사, 2010), 379-382. 영산은 치유와 같은 이적을 통하여 서대문 시절의 순복음중앙교회가 부흥했다고 말한다. 그 한 사례로 귀신들린 소년을 고친 일이다. "서대문중앙교회는 날로 부흥했고 많은 기적과 이적이 났다. 한 번은 조용기 목사가 최자실 전도사와 함께 행동촌으로 심방을 가다가 길거리에 사람들이 모여 웅성거리는 모습을 보았다. 가까이 가서 보니 아이스께끼를 팔던 소년이 길에 쓰러져서 간질로 발작을 하고 있었다… 조용기 목사는 그 광경을 보고 너무나 가슴이 아파서 소년에게 다가갔다… 소년의 딱한 사정을 들은 조용기 목사는 그를 교회로 데려다가 깨끗하게 씻기고 교회의 직원으로 채용해서 교회 청소와 물건을 정리하는 일거리를 주었다. 그런데 이 소년은 교회에 처음 온 날부터 예배 중에 조목사가 설교를 시작하기만 하면 발작을 일으키며 괴성을 질러댔다. …조목사는 이 소년의 발작이 사탄의 짓이라는 사실을 알아채고… "사탄아, 당장 소년에게서 나오라"…조용기 목사는 계속해서 귀신을 꾸짖으며 큰 소리로 호통을 쳤다. "더럽고 악한 귀신아, 장난치지 말고 소년에게서 썩 나와라."…그 후로 소년은 다시는 간질로 고생하지 않게 되었다.

치유와 희망의 메시지를 중심[101]으로 설교한 결과 1968년에 이르러서는 교인의 수가 무려 8천 명에 달해 3부로 나누어 예배를 드려도 비좁은 지경에 이르렀다. 이제 더 큰 교회를 짓지 않으면 안 될 상황이 된 것이다. 그래서 영산은 여의도를 새 교회 건축지로 정하고 곧바로 새 교회 건축을 추진하였다. 그리하여 1969년 4월에 여의도순복음중앙교회 신축을 기공하고, 1973년 8월에 공사가 끝남으로 마침내 세계 최대 규모의 여의도성전이 완성되었다. 이때 성도의 수는 이미 10만에 이르렀다. 여의도순복음교회는 그 후로도 2년 마다 10만 명씩 성도의 수가 증가하는 부흥을 이어갔다.

3. 초기 여의도 시대(1973-1980년) 의 영산 설교

1 여의도 시대의 개막

3년 4개월 동안의 성전공사가 끝나고 1973년 8월 19일 영산의 첫 주일 설교를 시작으로 마침내 여의도 목회시대가 열렸다. 이 여의도 시대는 영산의 목회가 세계에서 가장 큰 목회로 성장해가는 시대였고, 동시에 본격적인 세계선교의 시대가 열렸음을 의미했다.[102] 이에 따라 영산의 설교내용도 달라졌다. 영산의 설교내용이 세계적인 부흥성장을 이끌 정도로 달라진 것이다.

개척 초기부터 영산의 설교는 전쟁 이후 가난과 삶의 어려움을 겪어내야만 했던 시대의 아픔에 동감했었다. 그래서 영산은 경제적, 사회적으로 어려움을 겪고 있는 계층에 초점을 맞추어 설교했다. 생활의 어려움뿐만 아니라, 정신적인 어려움까지도 치유하는데 설교와 목회에서 온 노력을 기울였다. 서울장신대 교수 김세광은 이런 영산의

---

100. 조용기, 『설교는 나의인생』, 49.
101. 이근미, 『큰 교회 큰 목사 이야기』, 월간조선사, 2005, 20. "세계가 관심을 기울이는 여의도순복음교회의 성장 비결에 대해 조용기 목사는 이렇게 말했다. "나는 두가지 초점에 맞추어 목회했습니다. 희망을 주는 메시지와 정죄하지 않는다는 점이죠. 사람은 누구나 크고 작은 절망을 안고 가슴앓이 하며 살아갑니다. 그들에게 그리스도 희망의 복음을 전해야 합니다……주의 종은 큰 꿈을 가져야 하며 사랑이 있어야 합니다."

설교적 특징을 다음과 같이 평가한다.

> (영산의 설교는) 민중을 향한 소망의 복음이었다는 점이다. 그의 설교는 개척초기부터 경제적· 사회적으로 소외된 계층을 향한 것이었다. 그는 전통적 교회 관습과 교단 전통의 교리에 충실한 설교를 하던 당시 여타의 교회들과는 달리, 민중의 아픔에 동참하면서 그들의 구원과 구체적인 회복을 위한 메시지를 중심주제로 하는 설교를 지속적으로 전해왔다. 이러한 그의 민중지향적 설교는 한국교회 설교사적으로 볼 때 중요한 위치를 차지한다고 평가할 수 있다.[103]

이런 설교의 경향은 설교자의 두 가지 요소 즉 삶의 경험과 시대 인식에 깊은 관련이 있다. 하나는 영산의 삶의 경험을 반영하는 것이고[104], 다른 하나는 목회자 또는 설교자의 시대적 책임 의식과 관련이 있다. 다시 말해 영산은 시대마다 그 시대에 맞게 청중

---

102. 영산의 해외 선교에 대한 본격적인 관심은 영산이 1964년에 미국에서 열린 하나님의 성회 창립 50주년에 참석하면서부터이다. 이어 1967년 5월 영산은 세계오순절총회에 아시아의 대표로 참석하였고, 그 뒤 100일의 계획으로 전 세계를 다니며 말씀을 전하였다. 영산의 국제적인 활동은 많은 열매를 맺었다. 1970년 미국 댈러스에서 열린 세계오순절대회(Pente costal World Service)에 참석하였다. 1975년 4월 영산은 "너희는 온 천하에 다니며 만민에게 복음을 전파하라"(막16:15)는 말씀에 따라 여의도순복음교회에서 순복음세계선교회를 발족시키고, 본격적으로 세계선교의 시대를 열었다.
103. 김세광, "삼박자 구원·오중복음에 묻혀버린 역사," 『한국교회 16인의 설교를 말한다』, (서울: 대한기독교서회, 2006), 62.
104. 정인교, 『설교자여 승부수를 던져라』, 320-322. 정인교는 설교와 설교자의 삶의 경험의 연관성 있다고 보면서 조용기 목사의 경우도 그 입장을 가지고 있는 것으로 본다. "설교는 설교자가 만든다. 성령의 사역이라는 영적인 차원을 잠시 접고 현실적으로 생각할 때 그렇다는 말이다. 말씀이 설교자라는 설교를 통과하면서 설교가 만들어지는 데 문제는 그 통로이다. 그 통로를 결정하는 것은 설교자의 삶의 경험, 성격, 신앙, 신학 등이다. 부흥강사나 성령운동을 하는 설교자의 대부분은 일반 목회자들과는 달리 독특한 신앙체험과 영적인 특질을 갖고 있는데 이것들이 생성되는 과정 역시 일반목회자들과는 분명한 차이가 있다. 이런 맥락에서 조 목사의 설교를 이해하려면……몇 가지 사항을 전체적으로 살펴보아야 한다. 첫째, 성격 형성과 관련된 것이다…둘째, 가세가 기울면서 조 목사는 부둣가에 나가 노동, 노점상 등 생계를 잇기 위해 여러 일들을 하였다. ….셋째, 조 목사의 영어 구사력은 그의 인생에서 매우 중요한 도구로 사용되었다.…넷째, 조 목사의 치유 경험이다. …다섯째, 교인들에 비친 조 목사의 위상은 거의 '반-신'(half-God)이라고 할 만큼 절대적이다.… 여섯째, 순복음교회는 다른 교단에 비해 방언을 절대적으로 강조한다.

에게 설교하였다. 가난하고 배고픈 자들에게 먹을 것을 채워주는 것이 복음이라고 강조했고, 병든 자에게는 병든 것으로부터 치유되는 것이 복음이라고 강조하였다. 이것이 바로 영산의 희망의 메시지였다. 한세대 교수인 배현성은 이점을 강조한다. '청중의 눈높이에 맞춘 설교, 희망의 메시지, '삶의 자리'에서의 필요를 채우는 설교, 성령에 대한 체험적 신앙 강조, 전인구원의 통전적 가치관에 대한 가르침 등이 조 목사의 설교가 가진 긍정적인 면'이다.[105]

2 초기 여의도 시대 주요 설교

1973년부터 시작된 초기 여의도 시대에서 1980년대까지 영산의 설교는 그 이전과 크게 달라지지 않았다. 단지 1970년대 영산의 설교는 더욱 안정적으로 긍정의 메시지를 전했고, 그 메시지의 영향으로 인해 여의도순복음교회가 비약적으로 성장하여 세계적인 교회로 발돋움하기 시작했다. 영산은 성령 안에서, 성령의 능력으로 "할 수 있다, 하면 된다"는 긍정의 메시지를 강조하였다.

긍정적인 메시지의 첫 번째 특징은 적극적인 자기회복이다. 영산은 하나님은 '할 수 없다'고 말하는 사람 대신 '할 수 있다'고 생각하는 사람을 쓰신다고 확신하고 성경에 나오는 믿음의 사람들은 모두 역경과 고난에 대하여 "할 수 있다"라는 긍정적인 태도로 승리를 거두었다고 말한다.[106] 영산의 긍정적 메시지의 핵심은 바로 긍정적인 자아상을 갖는 것이다. 인간은 죄로 인해서 일그러진 자아상을 가지고 있다. 일그러진 자아상은 자기자신을 용납하거나 존중할 수 없으며 이로 인해 자신을 비열하고 이기적인 인간으로 만든다. 인간에게는 이러한 자아상이 마음속에 내재해 있다. 반면 믿음으로 회복되고 변화된 자아상은 바로 긍정적 자아상이다. 영산은 긍정적 자아상을

---

105. 정인교, 『설교자여 승부수를 던져라』, 323.
106. 조용기, 『꿈과 성취』, (서울: 영산출판사, 1979), 30-36. 영산은 요6:1-15에 나오는 않는다.108) 영산은 인간의 자의지와 자의식에 달린 심리적이고 적은 빌립과 안드레를 그 예로 비교해서 설명한다. 같은 상황과 문제에 대해 빌립은 할 수 없다고 생각했고, 안드레는 할 수 있다고 생각했다. 그 둘을 비교해서 설명하자면, "안드레가 심고 거두는 믿음의 법칙을 알았기 때문에 보리떡 다섯 개와 물고기 두 마리를 예수님의 손에 심고 그리스도의 기적을 믿었다. 예수님께서 안드레가 심은 것에 축복하시니 그 많은 군중이 다 배불리 먹고 열 두 바구니가 남는 기적이 일어났던 것이다."

믿음의 자아상 또는 승리의 자아상으로 연결시킨다. 긍정적 자아상을 갖기 위해서는 믿음뿐만 아니라 입술로 시인하여 강하고 담대하게 자신의 변화된 모습을 선포해야 한다. 영산은 믿음 안에서 긍정적 자아상을 가질 수 있음을 설교하였다.

> 나는 예수님 안에서 의로운 사람이다. 나는 예수님 안에서 하나님의 자녀이다. 나는 예수님 안에서 생명의 성령의 법으로 묶인 사람이다. 나는 예수님 안에서 병 고침 받은 사람이다. 나는 예수님 안에서 저주에서 해방된 사람이다. 나는 예수님 안에서 마귀를 이긴 사람이다. 나는 예수님 안에서 영혼이 잘된 사람이다. 나는 예수님 안에서 범사가 잘된 사람이다. 나는 예수님 안에서 강건하게 된 사람이다. 나는 예수님 안에서 영생을 상속 받은 사람이다.[107]

할 수 있다고 생각하는 사람, 긍정적 자아상을 가진 사람은 바로 예수 안에서 변화된 자아상을 가진 사람이다. 이런 점에서 영산의 적극적 자아상은 심리적 의미의 적극적 자아상과 구별된다. 영산은 로버트 슐러 목사와의 교제를 통해 그의 가르침에 자극을 받았지만, 전적으로 그의 영향을 받아들이지는 않는다.[108] 영산은 인간의 자의지와 자의식에 의지한 심리적인 적극적 자아상 보다는 오히려 예수 안에서 회복된 적극적 자아상을 강조하였다. 영산은 설교를 통해 신분의 변화 즉 자아의 변화를 말한다. 예수 안에 있지 않은 사람은 지혜도 없고, 무능하며, 멸시받는다. 그는 지혜가 없는데, 자기 자신을 스스로 책임지려고 하다가 '나는 못해요, 안 됩니다.'라는 부정적인 말과 함께 실패를 거듭한다. 그러나 예수 안에서 변화된 자아는 주님을 의지할 줄 알고, 주

---

107. 조용기, 『어제의 사람 내일의 사람』, (서울: 영산출판사, 1981). 218-219.
108. 류동희, 『영산 조용기 목사의 목회사상사』, 180-184. 류동희 박사에 의하면 1980년대 영산은 로버트 슐러 목사와의 만남을 통하여 또 하나의 새로운 시도를 하였다.
"그것은 로버트 슐러 목사의 적극적인 사고방식의 도입이다… 로버트 슐러의 설교는 텔레비전을 통해서 전 미국과 세계에 중계되고 있으며, '적극적인 사고'에 대한 인간의 가능성을 목회에 도입하여 크게 성공했고 또 그가 쓴 책들은 베스트셀러가 되어 읽혀졌다. 하지만 영산은 슐러의 적극적인 사고방식을 전부 수용하지는 않는다. 그는 이러한 내용과 관련하여 다음과 같이 말한다: "나는 로버트 슐러 목사님의 모든 메시지를 탐독하고 있습니다. 비록 그의 가르침에 전적으로 동의하지는 않지만 그의 메시지에 긍정적인 자극을 받습니다.""

님을 의지하여 상상할 수 없는 지혜로 가정문제, 사업문제, 생활의 문제 등을 해결하는 적극적인 자아이다. 영산은 적극적 자아로서 예수 안에서 새롭게 변화된 자아로서 검증하는 기준으로 '하나님의 뜻에 합당함'을 제시한다. 영산은 하나님의 뜻을 분별하여 따르는 단계를 다섯 가지로 제시한다.

첫째, 하나님의 뜻에 순종하는 자세를 가진 자아이다. 믿음이 없는 세상적 자아는 나의 이해득실에 따라서 행동한다. 이와 달리 믿음의 자아는 이해득실과 상관없이 하나님의 뜻에 순종하려고 한다. 둘째, 하나님은 언제나 우리 마음속에 소원을 주신다. 셋째, 그 소원이 하나님 말씀과 일치하는지를 살펴본다. 넷째, 환경에 증거가 보이는가를 확인한다. 다섯째, 기도하는 가운데 마음이 평안한지를 점검한다.

반면 영산은 잠언4:23을 본문으로 하여 '생활을 실패로 이끄는 인격요소'라는 제목의 설교에서 부정적인 인격을 가진 자아의 특징에 대해 일곱 가지로 제시한다. 첫째로 좌절감, 패배의식, 절망감 등에 사로잡혀 '할 수 없다'는 생각에 기초를 두고 모든 일을 바라보는 자아이다. 둘째로 삶의 목적 달성이 여의치 못할 때 자제력, 인내심을 잃어버리고 파괴적인 인격으로 떨어져 버리는 자아이다. 셋째로 불안에 떨며 매사에 자신이 없는 자아이다. 넷째로 과도하게 고독 속에 사는 자아이다. 다섯째로 삶에 결단성이 없는 자아이다. 여섯째로 늘 분노 가운데 사는 자아이다. 마지막으로는 허무 가운데 마음과 생활의 절도를 잃고 허송세월을 보내는 자아이다.[109] 이러한 부정적 자아와 달리, 예수 안에 있는 적극적 자아는 하나님의 축복을 받아들이고 무엇보다도 믿음을 개발하여 [110] 성공적인 신앙생활을 하는 자아이다.

영산의 긍정적 메시지의 두 번째 특징은 영산의 메시지가 성령의 강림과 능력을 강조한다는 점이다. 영산의 메시지는 긍정적이다. 그러나 단순히 인간의 의지에 의한 긍정이 아니라, 성령의 역사와 능력으로 인해 할 수 있다는 긍정성을 강조한다. 설교전집 21권 중 1-3권에는 74년 첫 주일부터 80년까지의 설교 100편이 들어있다. 그 중에서 성령을 제목으로 삼은 설교가 총 11편이고, 다른 제목의 설교에서도 성령의 역사는 종종 강조된다. 영산은 특히 성령과 축복의 관계를 강조한다.

---

109. 조용기, 『생산적 믿음』, 173-178.
110. 류동희, 『영산 조용기 목사의 목회사상사』, 184. 영산은 믿음을 개발시키는 다섯 단계를 제시한다.

그러나 보혜사 성령께서 오시자 제자들은 담대히 복음을 전파하였고, 수많은 사람이 예수님 앞에 무릎을 꿇었습니다. 이러한 일이 일어나게 됨은 성령께서 예수님에 대해 올바로 해석해 주셨기 때문입니다.........성령께서 오셔서 우리가 잘못 알고 있는 것을 깨우쳐 주십니다.... 성령이 오시기 전에는 아무도 이러한 사실(우리 죄가 십자가를 통해 해결되었고, 새 하늘과 새 땅을 바라보고 살 수 있다는 사실)을 알지 못했지만 성령께서 오셔서 예수님과 우리의 관계를 확실하게 해석해 주셨던 것입니다.[111]

영산은 또 성령의 선물로서 은사를 강조한다. 성령의 은사가 교회와 성도의 신앙에 생명력을 불어넣어 준다고 말한다.

우리는 성령의 선물인 은사를 받아서 우리가 앉고 일어서는 곳에 하나님의 역사가 충만하도록 해야겠습니다. 오늘날 성령 운동의 역사가 활발하게 전개되고 있습니다. 이제 교회에서 일어나야 할 운동은 (성령의) 은사를 받는 운동입니다. 하나님의 성령의 선물인 은사를 구하여 받음으로 우리는 복을 누리는 동시에 그리스도의 사신 증거를 나타내야 할 것입니다.[112]

그 외에도 영산은 성령의 인도를 받는 자에게 주어지는 다양한 축복을 강조한다.

셋째로, 영산은 믿음의 현실성을 긍정적인 메시지로 전하였다. 영산은 믿음의 현실성은 감각에 의존하는 것이 아니고, 현실에서 벗어난 망상도 아니라고 주장한다. 영산은 감각적으로 믿는 것과 예수님을 믿는 것을 구분한다. 우리는 눈으로 보고, 귀로 듣고, 코로 냄새 맡고, 입으로 맛보고, 손으로 만져지는 오감을 통해 주변의 환경을 깨달아 알 수 있다. 그렇지만 도마처럼 오감으로 확인하고 믿는 것은 바른 기독교 신앙이 아니다. 영산은 도마처럼 감각적으로 믿는 사람은 깊은 신앙 속으로 들어갈 수 없다고 말한다. 영산은 참된 신앙은 오감을 넘어서서 믿는 것이라고 설교하였다.

---

111. 조용기, 『조용기 목사의 설교전집』, vol. 1, 135-145.
112. 조용기, 『조용기 목사의 설교전집』, vol. 2, 243-252.

눈에는 아무 증거 안보이고, 귀에는 아무 소리 안 들리고, 코로 냄새 맡아지지 않고, 손에 잡히는 것 없어도 하나님의 약속의 말씀에 기록되어 있고, 이 말씀을 성령께서 우리의 마음속에 믿게 해주시면 우리의 감각이 어떠하든지 간에 감각에 좌우되지 않고 주의 말씀대로 "믿습니다" 하고 나가는 사람이 참된 신앙인입니다……믿음이란 무엇일까요? 믿음이란 단순히 의심하지 않는 것이 아닙니다. 소망도 아닙니다. 믿음이란 눈에 안 보이고, 귀에 안 들리고, 손에 안 쥐어지는 데에도 불구하고 하나님의 말씀을 들음으로 없는 것이 있는 것처럼 생각되고, 보여지고, 믿어지는 것을 말합니다. 믿음은 눈 감고 막연히 나가는 것이 아니라 알고 나가는 것입니다. 믿음은 마음속에 응답되었음을 확신하는 것이며 없는 것을 있는 것처럼 소유되는 것입니다.[113]

영산은 오감으로 확인해야만 하는 감각적이고 현상주의적인 믿음을 거부하며, 또한 무조건적으로 믿기만 하는 망상적 믿음도 거부한다. 그러나 영산은 분명히 믿음의 현실성을 강조한다. 다시 말해 영산은 이를 보이는 믿음이라고 말한다. "씨앗이 있는 믿음, 증거가 있는 믿음이 주님께서 요구하시는 믿음입니다. 주님께서는 여러분과 나의 보이는 믿음을 보시고 역사하시지, 보이지 않는 믿음에는 역사하시지 않습니다. 보이지 않는 믿음은 믿음이 아니기 때문입니다."[114] '보이는 믿음과 입술의 고백', '보이는 믿음과 행함', '보이는 믿음과 십일조', '보이는 믿음과 믿음의 씨앗', 그리고 '보이는 믿음과 깨어진 자아'[115] 등 여러 설교에서 영산은 보이는 믿음, 즉 믿음의 현실성을 누누이 강조한다. 여기서 믿음의 현실성이란 살아있는 믿음이요, 보이는 신앙이요, 믿음으로 현실에서 하나님의 축복의 역사와 깊은 삶의 변화가 일어나는 것을 말한다.

---

113. 조용기,『조용기 목사의 설교전집』, vol. 3, 151-158.
114. 조용기,『조용기 목사의 설교전집』, vol. 3, 158.
115. 조용기,『조용기 목사의 설교전집』, vol. 3, 303-381.

05 세계 최대 교회 시대의 영산 설교

1. 설교 패러다임의 전환

여의도순복음교회가 세계최대교회로 성장한 80년대에 영산은 위로와 희망을 주는 목회에서 창조적 목회로 패러다임을 전환하고, 그에 맞게 설교사역을 수행하였다.

1 긍정의 메시지에서 창조적 메시지로의 전환

성도의 수가 갑자기 늘어나면서 순복음중앙교회는 새로운 예배 장소가 절실히 필요하게 되었다. 국제신학연구원의 자료에 따르면 1960년대에서 1980년대까지의 성도 수의 증가는 다음과 같다.

표 5. 〈1960년대에서 1980년대까지의 성도의 수의 증가현황〉

연 도	성도 수	연 도	성도 수
1964년	2천 명	1981년	20만 명
1968년	8천 명	1983년	30만 명

1977년	5만 명	1984년	40만 명
1979년	10만 명	1985년	50만 명

이 표에 따르면, 1964년부터 성도의 수가 증가해서 1968년에는 8천명에 달하게 되는데 이에 영산은 새로운 결단을 하게 된다. 1969년 4월, 서울, 갈대가 무성한 여의도 벌판에 기도와 함께 성전 공사를 시작하여 1973년 9월 23일에 마침내 여의도 대성전이 완공되었다. 앞서 살펴보았듯이, 시대의 요구에 따라 70년대 여의도 시대에 영산은 희망의 메시지를 전하였다. 그 결과 '희망의 신학'을 통해 절대절망에서 절대희망의 삶을 살게 된 성도들은 '긍정의 신학'을 통해 '할 수 있다, 하면 된다, 해보자'라는 적극적이고 긍정적인 신앙과 삶을 추구하게 되었다. 이로 인해 교인의 수는 기하급수적으로 늘어 1981년에 성도의 수는 20만 명에 이르렀고, 여의도순복음교회는 1985년에는 50만 명의 교인을 가진 세계 최대의 교회로 성장하였다. 이런 시대의 요구뿐만 아니라, 세계 최대 교회라는 상황에 맞게 영산의 설교 패러다임도 전환의 필요에 직면했다. "이런 시대적 요구에 의해 영산은 창조의 메시지를 선포다. 그것은 확실히 (목회와 설교의) 새로운 패러다임의 전환이었다."[116] 명성훈은 영산이 1987년 이후로 한국의 사회, 문화, 정치적 상황에 상당한 관심을 보이기 시작했다고 설명한다. 특히 1988년에 영산은 일간지 국민일보를 창간하여 사회에 밝은 소식과 희망을 불어넣고자 하였다. 『세계문화 World Culture』의 제 7장에서 저자 프랭크 레흐너 Franke J. Lechner와 존 보일 John Boil은 '세계문화의 확장'에 있어서 오순절교파의 역할에 대해 분석하며, 그 중심에서 견인차 역할을 했던 여의도순복음교회를 높이 평가하고 있다. 영국의 세계 기독교 통계학자이며 크리스쳔 리서치 Christian Research의 소장인 피터 브라이얼리 Peter Brieley에 의하면 현재 개신교 내에서 가장 큰 교단은 약 1억 1천만 명의 성도 수를 가진 오순절교단이다. 20세기 기독교 교단들의 성장과 관련된 가장 큰 특징은 루터교, 성공회, 감리교 등 제도적인 교회들이 쇠퇴하고, 그에 반해 오순절적 영성을 강조한 교회들이 성장하였다는 점이다. 이런 결과가 나올 수밖에 없었던 것은 기존의 제도적 교회들이 전통적인 교구조직, 불어난 교회자산, 하이어

---

116. 류동희, 『영산 조용기 목사의 목회사상사』, 225.
117. 류동희, 『영산 조용기 목사의 목회사상사』, 222-223.

라키hierarchy에 따른 교권의 관료정치 등에 굳어져서 변화하는 사회와 문화에 탄력적으로 대응할 수 있는 리더십을 가지지 못했기 때문이다. 그에 반해 오순절적 영성을 가진 교회들은 서민을 중심으로 사회, 문화에 적응하여 상황화시킬 수 있는 능력과 사회에 영향력을 미칠 수 있는 역동성을 가지고 있었다.

이런 연관성에서 류동희는 영산의 설교 패러다임의 전환 배경을 크게 두 가지로 제시한다.

> 하나는 교회가 성장하면서 타교인들도 개종改宗을 하고 교회로 들어왔다. 그런데 치유가 일어나고 귀신들이 쫓겨나는 축사를 보고 있던 그들이 교회에 다니기 전에 타종교에서도 경험했던 기적과 기독교의 성령운동과의 차이점이 무엇인가를 혼돈하며 대답을 요구하게 되면서 패러다임 전환이 요구되었다. 나무를 보던 시각에서 숲을 보는 시각으로 전환한 것이다. 다른 하나는 1996년에 몰아닥친 IMF한파로 사람들은 위기와 절망에 처하게 되었다. 영산은 1996년에 한국이 IMF의 외환 위기로 인하여 대기업이 도산하고 실업률이 심각한 상황에 처해 있을 때를 다음과 같이 진술하였다: '어디를 보아도 시원한 답이 보이지 않습니다. 답답하기만 합니다. 어쩌다 우리가 여기까지 왔나 믿어지질 않습니다. 이제 실망과 비관을 넘어 절망에 이르고 있는 국민 정서를 보면서 내가 할 일이 무엇인가 생각해 보았습니다.' 그래서 그들을 '생각, 믿음, 꿈, 말'을 통한 4차원의 영적 세계로 인도하여 좌절과 실망으로 꿈을 잃어버린 사람들을 다시 일으켜 세워 역동적인 창조의 역사를 세워나가게 된 것이다.[117]

이처럼 1970년대 말에 시작된 여의도순복음교회의 비약적인 성장에 맞춰 영산의 목회와 설교의 패러다임은 변화되었다. 설교 패러다임의 변화 핵심은 긍정의 메시지에서 창조적 메시지로의 변화였다. 즉 기존의 패러다임을 대치하는 단절적인 변화라기보다는 기존의 패러다임에 기초한 발전적인 변화였다. 긍정적 메시지를 기반으로 역동적인 창조적 역사를 이루어 나가자는 메시지를 전하였다.

2 영산 설교의 주제의 다양성

영산의 설교전집 총 21권에는 780여 편의 설교가 들어 있다. 이 설교집은 1974년부터 1996년까지의 설교를 모아 1996년에 설교전집으로 발간한 것이다. 21권 중 1-3권에는 1974년-1980년까지의 설교가 실려 있고, 4권부터 21권까지에는 1981년부터 1996년까지 설교가 실려 있다. 서정민 교수는 21권에 실려 있는 783편의 설교를 분석하며, '색인별 주제 찾기'를 표로 만들었다.

표 6. 〈색인별 주제 찾기〉

주제	설교횟수	주제	설교횟수	주제	설교횟수	주제	설교횟수
가정	22	감사	6	계명	8	고난	17
교회	4	구원	11	권면	2	권세	9
기도	31	기쁨	5	꿈	11	능력	5
두려움	10	마음	24	말씀	9	믿음	54
변화	14	보혈	4	복	5	복과 감사	19
봉사	2	부활	14	사랑	15	사탄	10
삶의 목적	14	새질서	22	새해	8	생각	10
선교	5	성결	6	성공	12	성도의 삶	62
성령	35	성장	12	소망	10	순종	11
시험과승리	37	신뢰와확신	15	치유	1	심판	4
십자가	14	예배	1	그리스도	28	욕심	1
은혜	15	의	3	이기주의	2	이웃	5
이해	2	인도	29	인생	27	절망	10
조국	5	죄	8	창조	3	천국	11
충정	9	치료	8	하나님	23	행복	6
헌금	2	회개	9	총계	783		

이런 분류에 대해 서정민은 다음과 같이 평한다: "조용기 목사의 설교를 주제별로 그 빈도수를 정리해 보면 다음과 같다. 우선 이 783편 설교에 대한 주제별 분류는 미리 일정한 주제의 틀을 정해 놓고 분류한 통계가 아니었음에도 기독교의 설교 주제로 포함될

수 있는 넓은 영역을 주제로 포함하고 있다는 점에서 조용기 설교의 넓은 '폭'을 읽어낼 수 있다" 이런 분석 외에도 서정민은 영산 설교의 분석에서 나타난 몇 가지 중요한 특징들을 긍정적으로 평가한다.[118]

첫째, 이 전집 전체에 해당하는 780여 편의 설교를 분류해 보면, '성도의 삶'(62회), '믿음'(54회), '시험과 승리'(37회), '성령'(35회), '기도'(31회), '인생'(27회) 등의 주제들이 가장 높은 빈도수를 차지하고 있다. 이것은 영산의 목회와 설교의 가장 두드러진 특징인 '고난 속의 민중'이 이 세상의 현실 속에서 어떤 '삶'을 살아가야 할 것인가에 대한 관심을 명확히 보여준다.

둘째, 이와 같은 민중의 현재 삶에 대한 관심에도 불구하고 '복'(5회), '복과 감사'(19회), '성공'(12회), '성장'(12회), '행복'(6회) 등에서 보는 바와 같이 단순한 축복, 소위 '기복적인' 설교는 극히 찾아보기 힘들다. 영산의 설교가 고난 받는 민중의 삶에 큰 관심을 기울인다 해도 그리스도인으로서의 성숙한 삶과 윤리, 믿음과 기도를 바탕으로 승리하는 삶이라는 주제에 더 큰 주안점을 두고 있다.

셋째, 이렇듯 객관적으로 볼때, 영산의 설교가 대체로 신유와 치병 일색으로 은사집회에 목회의 기조를 두고 있다는 선입견이 부당함을 알 수 있다. 실제로 설교 주제의 분석을 통해 나타난 바로는 '치유'에 대한 주제는 단 1회 밖에 없고, '치료'에 대한 주제도 8회 정도로 지극히 빈도수가 낮다. 서정민은 '은혜'(15회) 다른가 '능력'(5회) 같은 주제도 치유나 치병에 관련이 있다고 쳐도 영산의 설교에 대한 부당한 선입견을 충분히 지지할 만한 근거는 발견하기 어렵다.

넷째, '그리스도'(28), '하나님'(23), '십자가'(14회), '부활'(14회), '고난'(17회), '사랑'(15회) 등 기독교의 '케리그마'에서 가장 중심적 주제가 되는 설교의 빈도수가 매우 높다는 점이다. 일반적으로 '성령운동가', 또는 '신비주의자'로 지목되던 영산의 설교에서 이런 주제들이 높은 빈도수를 차지한다는 사실에 깊이 주목해야 한다. 이런 사실은 1981년부터 공식적으로 제기되어 온 영산에 대한 비판들[119]이 부당한 편견이었음을 보여준다. 특히 영산의 설교가 "삼위일체 하나님 가운데 성령만을 강조하는 설교, 개인의 복만을 강

---

118. 서정민, "한국교회 성령운동의 설교사 이해: 모성적, 민중적 성령운동가 조용기의 설교", 『한국교회 설교가 연구』, 한국교회사학 연구원 편, (서울: 한국교회사학 연구원, 2000), 76-78.

조하는 기복적 설교, 기적적 치유를 강조하는 극단적인 신비주의 설교"라는 극단적 비판이 가해졌는데, 이런 비판들은 영산의 설교를 부분적 또는 편파적으로 이해한 결과라고 할 수 있다.

다섯째, 영산은 강단에 '성령님'이란 호칭을 널리 유포시킨 한국 성령운동의 대표적인 설교가 답게 '성령'에 대한 주제로 35회나 설교했으며, 그 외에 다른 주제의 설교에서도 '성령의 역사'에 대해 빈번하게 강조한다. 이렇듯 성령에 대한 강조는 그의 설교에서 지속적으로 나타난다.

여섯째, '고난 받고 소외받는 민중에게 실현 가능한 꿈과 희망을 주는' 목회와 관련하여 영산의 설교에는 '기쁨'(5회), '꿈'(11회), '두려움'(10회), '마음'(24회), '생각'(10회), '소망'(10회), '절망'(10회)이 지속적으로 강조되고 있다.

이렇게 '모성적 성령운동가'라는 긍정적인 평가를 내리면서도, 한편으로 서정민은 설교전집의 분석에 나타난 주제의 빈도수를 근거로 영산 설교에서 결여되어 있는 점을 지적한다. 그리고 이런 지적은 영산 설교뿐만 아니라 한국교회 강단의 공통적인 결여라고 말한다.

> 조용기의 설교 주제를 총체적으로 분석할 때, '교회'(4회), '봉사'(2회), '예배'(1회), '의'(3회), '이웃'(5회), '조국'(5회), '회개'(9회) 등의 빈도수에서 보듯이 '성례전적인 공동체' '역사참여적인 교회', '민족교회'의 본분을 다하는 교회가 지닌 '이타성'의 강조가 비교적 약하다고 비평할 수 있다. 그러나 이와 같은 경향은 부흥성장기의 한국교회 강단이 공통적으로 안고 있던 면면이었고, 그 실증은 한국교회의 대표적인 설교가였던 한경직 목사의 설교와 급속도로 성장한 영락장로교회의 초기 강단에서도 공통적으로 발견되는 특성 중의 하나이다.[120]

---

119. 정인교, 『설교자여 승부수를 던져라』, 324. "사실 설교 이전에 조목사의 신학과 사역에 대한 비판이 1981년 5월 기독교대한하나님성회에서 제기되었다. 급기야 1983년에 대한예수교장로회 총회는 그의 설교와 사역 중에서 사이비적 요소가 있다고 규정하였다. 그 후 1994년 제 79회 총회에서 사이비성 시비가 마무리될 때까지 이 문제는 계속되었다. 그를 향한 비판의 핵심은 성도들을 광신적 감각적인 신앙생활로 유도할 위험이 있고, 현세중심, 성공중심, 물질중심의 기복신앙으로 전락시킬 위험이 있다는 것 등이다."

2. 믿음의 성숙을 위한 영산 설교

1980년대 영산은 창조적 메시지의 골격으로서 주로 믿음의 성숙에 관해 설교했다. 서정민은 80년대 이후 영산의 목회와 설교를 '모성적 치유'를 구축하였다고 평가한다. 모성적 성령운동가인 영산의 설교는 사회의 문제와 아픔에 직접 참여하는 이데올로기 운동이 아니고, 민중 공동체의 힘을 조직화하여 구조적으로 모순을 해소하려는 정치 신학을 표방한 것도 아니다. 그의 설교는 오직 '지금 여기에', 고난의 자리에 있는 자에게 위로와 축복의 성령을 선포하는 일이었다. 그리하여 성령의 위로를 받은 고통의 민중이 새 힘과 용기를 얻어 자신과 가정과 역사를 점진적으로 바꾸어 나가는 것에 중점을 두었다.

영산의 목회와 설교의 중심은 3중 축복이었다. 삼중축복 설교는 범사에 축복만을 추구하여, 기독교가 가진 고난의 영성과 가치가 소실될 위험이 있을 수 있다. 그러나 서정민은 영산의 설교에는 '영혼을 빛나게 하는 그리스도인의 모든 고뇌, 십자가, 주의 이름으로 인한 핍박이라는 전제가 있었다고 주장한다." "나는 누구인가?", "정말 당신은 자신을 사랑합니까?", "하나님의 복 주심과 깨어진 사람" 이라는 설교에서 영산은 모든 사람이 자기 자신에 대해 심각한 질문을 던지고, 그에 대해 답을 얻도록 하고 있다.

> '나는 누구인가?' 이것은 인류가 태고 때부터 오늘날까지 던져온 질문입니다. 그러나 이 질문에 대한 완전한 정답은 과학에서도 철학에서도 찾을 수가 없습니다. 그러면 누가 이 질문에 대한 정답을 제시해 줄 수 있겠습니까?…오늘날 대부분의 사람들은 자기가 누구인지 알지 못하고, 어디에서 와서 무엇 때문에 살며 어디로 가는지 알지 못하며, 이 세상에 사는 목적과 가치가 무엇이며 죽고 난 다음 죽음 건너편에 무엇이 있는가를 알지 못하면서 살아갑니다. 이러한 사람은 자기를 잃어버린 사람입니다.…자기를 잃어버린 사람은 삶의 근원적인 모든 질문에 대답할 수 없기 때문에 하루살이 인생을 살아가고 있습니다. 그러므로 나는 성경을 통해 우리 한 사람 한 사람이 과연 누구인가를 말씀드리고자 합니다.[121]

---

120. 서정민, "한국교회 성령운동의 설교사 이해: 모성적, 민중적 성령운동가 조용기의 설교", 78.
121. 조용기,『조용기 목사의 설교전집』, vol. 5, 181-182.

> 자아를 발견하기 위해서는 하나님의 사랑에 대한 인식과 하나님의 사랑을 통한 하나님과의 만남이 있어야 합니다…울어도 안 되고 힘써도 안 되고 참아도 안 됩니다. 그 때문에 하나님께서 우리를 만나시는 장소는 종교의 자리도 아니고 율법의 자리도 아니고 윤리와 수양과 도덕의 자리도 아닙니다. 하나님께서 우리와 만나는 장소는 갈보리 십자가 위입니다.[122]

이렇게 영산은 하나님과 인간이 만나는 자리인 십자가의 중요성을 강조했다. 영산은 총 21권의 설교집 중에서 '십자가'와 '은혜' 그리고 '보혈'에 관련된 설교를 총 33번이나 했을 정도로 십자가의 중요성을 자주 설교했다. 이런 점에서 영산의 메시지는 단순히 삶의 현장과 관련된 메시지이거나 인간적으로 꿈과 희망을 주는 메시지가 아니다. 영산의 메시지는 그 두 가지 메시지를 모두 강조하지만, 그 중심에는 십자가가 있다.

영산의 트레이드마크인 '순복음'은 예수 그리스도의 갈보리 십자가 사건에서 출발한다. 예수 그리스도 없는 복음은 복음이 아니다. 예수 그리스도만이 길이요, 진리이며, 생명이기 때문이다. 구약성경은 오실 예수 그리스도에 대한 예언이요, 신약성경은 그 예언의 성취로써 이 땅에 오신 예수 그리스도의 사역, 곧 십자가에 달리사 모든 인류를 구원하신 일에 대한 기록이다. 그러므로 우리 신앙의 근거는 예수 그리스도의 십자가에서 출발해야 한다.

순복음의 7대 신앙적 기초와 관련하여 영산은 예수 그리스도의 십자가 신앙을 복음의 중심이요 핵이며, 순복음 신앙의 기반이며 출발점이라고 명시한다. 영산은 십자가에 못 박혀 죽으신 예수님이 우리의 죄를 대속하시고 부활하신 것이 기독교의 가장 본질적인 사건임을 강조한다. 이처럼 십자가는 영산의 목회와 설교사역의 중심이요, 기초이다. 십자가 신앙이 그의 목회와 설교사역의 기초이자 출발점이 된 것은 영산의 신앙체험과 깊은 관련이 있다. 영산은 십자가 사건을 자신의 신앙으로 받아들이게 한 확실한 체험을 하였다. 이 체험 이후 영산은 십자가 신앙을 중심으로 설교하였다.[123] 영산은 "십자가 고난의 뜻"이라는 설교에서 십자가의 의미와 능력을 강조한다.

---

122. 조용기, 『조용기 목사의 설교전집』, vol. 5, 199-200.

예수님의 십자가는 용서의 대가가 무엇인지를 보여주고 있습니다. 예수 그리스도께서 십자가에 못 박혀 고난당하신 것을 생각해 보십시오. 이것은 예수님께서 여러분과 나를 용서해 주시기 위해서는, 값없이 되지 않고, 무서운 대가를 지불해야 된다는 것을 보여주고 있습니다.… 예수님께서 가시관을 쓰시고, 십자가에 달리심으로 나의 저주를 청산해 주셨습니다. 그러므로 나는 예수님을 통해 저주 대신에 복과 승리를 누릴 수 있습니다.…[124]

또 영산은 「설교전집7」에 있는 "무엇이 진정한 십자가인가?"라는 설교에서 십자가의 잘못된 의미와 진정한 의미를 구분해서 설교한다. 즉, 인간이 자기 죄로 말미암아 당하는 고난, 질병으로 인해 겪는 고난, 특별한 이유 없이 궁핍, 그리고 어떤 일의 실패는 십자가의 진정한 의미가 아니라고 말한다. .

예수님께서는 우리의 과거, 현재, 미래의 죄를 다 짊어지고 십자가 위에서 몸이 찢기고 피를 흘림으로 하나님 앞에서 우리의 모든 죄를 청산하셨습니다. 그러므로 우리가 죄로 인해 고통당하면서 '이것이 나의 십자가'라고 말하는 것은 절대적으로 잘못된 것입니다…
또한 예수님께서는 질병을 대속하셨습니다. 만일 질병이 십자가라면 의사에게 치료를 받아서도, 약을 먹어서도 안 될 것입니다. 예수 그리스도의 생애를 통해서 우리는 질병이 십자가가 아님을 알 수 있습니다. 예수님께서는 사역의 삼분의 이를 병을 치료하시는 데 보내셨습니다…특별한 이유 없이 우리가 궁핍한 것도 십자가가 아닙니다. 자기 자신이 게을렀거나, 하나님의 복을 구하지 않았거나, 십일조를 도적질했거나, 항상 부정적인 마음으로 부정적인 행동을 함으로 가난하게 된 것을 십자가라고 말할 수 없는 것입니다…자기가 능력이 없거나 잘못해서 낭패와 절망을 당하면서 '이것이 하나님께서 주신 십자가'라고 하는 것도 잘못입니다.[125]

---

123. 조용기, 『오중복음과 삼중축복』, 10-11.
124. 조용기, 『조용기 목사의 설교전집』, vol. 6, 236.
125. 조용기, 『조용기 목사의 설교전집』, vol. 7, 350-351.

이와 달리 영산은 십자가의 진정한 의미를 3가지로 설교한다. 첫 번째 는 자신을 극복하는 생활을 말한다. 두번째는, 주님을 쫓기 위해 자원해서 짊어지는 고난을 말한다. 사도 바울이 세상적으로 좋은 것을 다 버리고 복음증거를 위해 자원해서 고난의 길을 택한 것이 하나의 좋은 예이다. 마지막으로, 십자가의 진정한 의미는 주님으로 인해 핍박을 받는 것이다.

> 진정한 십자가란 주님 때문에 당하는 핍박을 말합니다. 자신의 문제로 당하는 핍박이 아닌, 예수님을 믿기 때문에 당하는 핍박이 진정한 십자가요, 하나님 앞에서 자랑해야 할 십자가인 것입니다…예수님을 믿고 복음을 전하기 때문에 가정에서 핍박을 당하고, 직장에서 쫓겨나고, 사회에서 소외되고, 캄캄한 감옥에 들어간다 할지라도 조금도 낙심하지 마십시오. 이런 십자가 뒤에는 반드시 하늘의 상급이 있습니다. 주께서 호령과 천사장의 소리와 하나님의 나팔로 친히 하늘로 쫓아 강림하실 때 하나님께서는 큰 상급을 주시며 찬란한 영광으로 감싸주실 것입니다.[126]

이처럼 영산의 설교에서는 성도의 삶에는 반드시 싸워 이겨야 할 고난이 있고, 짊어져야 할 고난도 있음을 강조한다. 영산은 모든 고난이 십자가의 의미에 맞는 것도 아니고, 그렇다고 모든 고난이 십자가와 무관해서 배척받아야 할 것도 아니라고 말한다. 영산은 십자가에 맞는 진정한 고난은 축복과 영광의 전제라고 말한다. 이런 의미의 고난에 대한 영산의 설교는 17편이나 전집에 실려 있다. 특히 전집 9권에 실려 있는 "고난이 우리를 엄습할 때", "심한 고난에 처하여", "고난당할 때" 등의 설교에서 영산은 고난 속에서도 꿈을 잃지 말 것과 하나님 사랑에 대한 신뢰를 유지할 것을 권면한다.

> 고난이 다가 올 때 이상한 일을 당한 것 같이 생각하지 마십시오. 지극히 정상적인 것으로 생각하고 감사함으로 받아들이십시오. 또한 고난이 다가왔을 때 사람이나 환경에 대해 심지어 하나님께 원한을 품지 마십시오. 이해와 동정과 용서와 사랑으로 마음을 가득 채우십시오. 나아가서 아무리 극심한 고난이라 할지라도 십자가에서 주신

---

126. 조용기, 『조용기 목사의 설교전집』, vol. 7, 358.

꿈을 절대로 놓지 마십시오. 뿐만 아니라 고난을 당할 때 하나님의 사랑에 대한 끈질긴 신뢰를 가지십시오. 그럴 때 그 고난은 천사로 변할 것입니다.[127]

우리는 고난을 당하지 않고 살아갈 수 없습니다. 여러분은 고난에 처할 때 어떤 태도를 취하겠습니까? 인간적인 수단과 방법을 취하겠습니까? 여호사밧의 방법을 취하겠습니까?

여호사밧은 고난을 당할 때 먼저 성전에 가서 금식기도를 했으며 온 백성들과 함께 하나님께 부르짖었습니다. 그는 믿음의 길을 택했던 것입니다. 여러분도 믿음의 길을 택하시기를 바랍니다. 성경은 『오직 나의 의인은 믿음으로 말미암아 살리라 또한 뒤로 물러가면 내 마음이 저를 기뻐하지 아니하리라』(히10:38)고 하였습니다. 나아가서 그는 마음의 평화를 가지고 긍정적인 자세로 하나님께 나아갔습니다. 그는 이런 마음과 자세를 얻기 위해 하나님의 위대함을 입술로 시인했습니다. 또한 눈에는 아무 증거 안 보이고, 손에는 잡히는 것 없고, 귀에는 아무 소리 안 들려도 하나님의 약속의 말씀을 힘차게 부여잡았습니다. 뿐만 아니라 그는 하나님의 응답이 올 때까지 기도를 포기하지 않았습니다.…크고 작은 고난을 당하지 않는 사람은 없지만 역사는 오직 고난을 극복한 사람에 의해 창조됩니다. 여러분은 어떤 고난을 당하든지 여호사밧의 방법으로 그 고난에 대처해 위대한 하나님의 역사를 체험하게 되시기를 예수님의 이름으로 축원합니다.[128]

영산은 여호사밧의 예를 통해 고난을 이긴 사람이 창조적인 믿음의 역사를 이룰 수 있다고 말한다. 그러면 어떻게 고난을 이길 수 있는가? 누가 고난을 이기는가? 꿈을 가진 사람만이 고난을 당할 때 주저앉지 않고, 좌절하지 않는다. 왜냐하면 꿈은 인간에게 고난을 이길 수 있는 용기와 기쁨을 주기 때문이다. 그래서 영산은 대속의 은총을 바탕으로 한 꿈을 가져야 한다고 강조한다.

따라서 고난의 인생길을 걷는 우리는 언제나 십자가 대속의 은총에 관한 꿈을 마음 깊이 간직하고 있어야 합니다. 이 꿈이 우리로 하여금 고난을 딛고 승리하게 합니다. 여러분에게 꿈이 있습니까? 꿈이 없는 사람만큼 비극적인 사람이 없습니다. 또한 꿈이

---

127. 조용기,『조용기 목사의 설교전집』, vol. 9, 80.
128. 조용기,『조용기 목사의 설교전집』, vol. 9, 99-100.

있다면 어떤 꿈을 가지고 있겠습니까? 예수 그리스도 은총을 바탕으로 한 꿈이 아니면 허황된 꿈이라는 것을 아시기 바랍니다. 오직 그 은총을 바탕으로 한 꿈을 가지십시오. 그럴 때만이 승리 할 수 있습니다.[129]

더 나아가 "고난을 승리로 바꿔 주시는 하나님"이라는 설교에서 영산은 요셉을 예로 들어 고난을 선으로 바꾸시는 하나님의 역사를 확신 있게 전한다.

하나님께서는 고난을 선으로 바꿔주십니다. 이것이 하나님의 위대한 섭리요, 주님을 믿는 사람이 누릴 특권입니다. 이러므로 여러분은 고난을 당할 때 인간적인 관점에서 해석하여 원망하거나 좌절하지 마십시오. 해를 갖다 주는 사람에 대해 원한을 품거나 분노하지 마십시오. 고난을 양식으로 삼고 하나님께 감사하십시오. 꿈과 믿음을 갖고 "온 세상이 나를 버려도 주님은 나를 버리지 아니하십니다. 나는 주님을 믿습니다. 하나님께서 주신 꿈을 포기하지 않습니다."라고 고백하십시오. 성경은 『하나님을 사랑하는 자 곧 그 뜻대로 부르심을 입은 자에게는 모든 것이 협력하여 선을 이루느니라』(롬8:29)고 했습니다.…하나님께서 이런 해들을 선으로 바꿔주실 줄 믿으십시오. 하나님께서는 여러분을 영원토록 사랑해 주십니다.[130]

지금까지 살펴보았듯이, 영산의 설교는 단순히 세상적인 그리고 물질적인 축복만을 강조하지 않는다. 오히려 믿음의 성숙을 전제로, 믿음의 성숙을 지향하는 3중 축복을 전한다. 이제 그의 3중 축복을 살펴보자.

3. 삼중축복의 설교

1 순복음 메시지의 핵심인 삼중축복

1984년 여의도순복음교회로 교명을 바꾼 이후 여의도순복음교회는 세계적인 교회로 비약적으로 성장하였고, 삼중축복은 영산 메시지의 중심을 차지했다. 삼

---

129. 조용기,『조용기 목사의 설교전집』, vol., 14, 49.
130. 조용기,『조용기 목사의 설교전집』, vol. 14, 55-56.

중축복은 단순히 3가지 축복을 의미하는 것이 아니다. 삼중축복은 영산이 강조한 '순복음'의 핵심내용이다. "순복음의 메시지"라는 설교에서 영산은 순복음의 메시지가 무엇이며, 무엇을 목표로 하는지를 간명하게 밝히고 있다. "순복음의 메시지는 오중복음의 터전 위에 삼중복음의 실천신앙을 갖고 꿈과 신념을 통해 맑고 밝고 환한 삶을 살면서 전력을 기울여 세계선교를 하는 것이다."[131] 이처럼 순복음 메시지의 중심에는 삼중축복이 자리 잡고 있고, 그 목표는 세계선교이다.

요한삼서1:2절을 근거로 영산이 강조하는 삼중축복이란 먼저 영혼이 잘되는 축복으로 영혼이 구원받는 중생의 축복을 말한다. 다음으로 범사가 잘되는 축복과 육체가 강건해지는 축복이다. 이러한 축복의 순서는 분명하다. 영혼이 먼저 잘된 후에야 비로소 범사가 형통하고, 육체가 건강해지는 것이다. 영혼의 문제가 제일 첫 번째이고, 범사의 형통과 육체의 건강은 그 다음이다. 영산이 강조하는 삼중축복은 그 순서가 반대로 될 수 없다. 이런 의미에서 영산은 영혼이 잘되지 않았으면서 범사가 잘되고 건강하게 사는 삶을 하나님께 축복받은 삶이라고 하지 않는다. 또 영산은 "고난이나 육체의 질병이 영혼의 잘됨을 위한 경우라면 하나님께서 주신 것으로 인정해야한다"고 말한다. 영산은 주를 위해 당하는 헌신적 고난이나 순교, 애매하게 당하는 고난과 같이 하나님의 선을 이루기 위한 질고를 그 예로 들고 있다. 그러나 영산은 이렇게 특별한 섭리에 따른 경우를 제외하고는 영혼이 잘되면 범사가 잘되고 강건하게 되는 것을 자연스러운 것으로 본다.

순복음의 핵심 메시지인 삼중축복은 오중복음에 기초하고 있으므로, 오중복음은 순복음의 실천적 신앙인 삼중축복의 터전이 된다. 이 둘은 서로 상관관계에 있는 것이다.

> 이처럼 순복음의 메시지를 "오중복음"과 "삼중축복"으로 나눈다면 "오중복음"은 기초 또는 터전base이라고 할 수 있고, "삼중축복"은 실천적 생활이라고 할 수 있습니다. 즉 중생의 복음과 성령충만의 복음과 재림의 복음은 영혼의 축복(네 영혼이 잘됨같이)의

---

131. 조용기,『조용기 목사의 설교전집』, vol. 7, 416. 이 메시지를 풀어서 말하면, "하나님은 네 장막을 넓히며, 휘장을 아낌없이, 널리 펴고, 좌우로 퍼지며, 네 자손을 보내어 열방을 얻게 하고, 황폐한 성읍들로 사람 살 곳이 되게 하라고 명령하셨습니다. 여러분은 이 하나님의 명령을 받아들여 그대로 실천하게 되시기를 예수님의 이름으로 축원합니다."

터전이 되고, 축복의 복음은 생활의 축복(범사에 잘되며)의 터전이 되며, 그리고 치유의 복음은 육체적 건강의 축복(강건하기를 간구하노라)의 터전이 되는 것입니다.[132]

2 삼중축복의 메시지

영산은 우리 성도의 삶의 터전을 푸른 초장으로 만들어 주시려는 것을 하나님의 섭리로 본다. 그래서 영산은 성경 말씀에 따라 『사랑하는 자여 네 영혼이 잘됨같이 네가 범사에 잘 되고 강건하기를 내가 간구하노라』(요삼1:2), 『도적이 오는 것은 도적질하고 죽이고 멸망시키려는 것뿐이요 내가 온 것은 양으로 생명을 얻게 하고 더 풍성히 얻게 하려는 것이라』(요10:10). 시편23편에서 목자가 양을 인도하듯이, 하나님은 은혜 가운데서 성도의 마음을 형통케하시고, 영혼을 형통케 하신다고 말한다. 뿐만 아니라 영산은 하나님은 우리의 일상생활을 형통하게 하고자 확신하신다는 것을 "평상시의 형통"이라는 설교에서 확신 있게 전한다.

> 이처럼 우리는 하나님의 은혜로 생활의 형통, 마음의 형통, 영혼의 형통을 얻을 수 있습니다. 하나님의 말씀과 성령이 우리에게 '물댄 동산'이 되십니다. 우리는 하나님의 은혜로 영혼이 잘됨같이 범사에 잘되며 강건할 수 있습니다. 성경은 『평강의 하나님이 친히 너희로 온전히 거룩하게 하시고 또 너희 온 영과 혼과 몸이 우리 주 예수 그리스도 강림하실 때에 흠 없게 보전되기를 원하노라』(데살로니가전서 5:23)고 말하였습니다.[133]

영산은 고난과 어려움 속에서도 낙망하거나 좌절하지 말고, 부요와 축복을 기대하고 구하라고 설교한다. 곧 삶의 상황이 중요한 것이 아니라 어떤 환경 속에서도 그것을 능히 극복하고 변화시킬 수 있는 믿음과 기대를 가지라고 도전한다.

> 우리의 환경이 어려워지고 괴로워질수록 하나님 앞에 나와서, 우리 하나님께서는 우리에게 부요와 복을 주시기 원한다는 사실을 철저하게 인식함으로 심고 거두는 법칙을 사용하여 시시각각으로 부요함과 풍성함으로 채워주시는 하나님의 기적을 기대하

---

132. 조용기, 『오중복음과 삼중축복』, 262.
133. 조용기, 『조용기 목사 설교전집』, vol., 18, 77-86.

며 살아야 되겠습니다. 이럴 때 성경은 말씀하십니다.『네 믿음대로 될지어다』(마태복음 8:13) 하나님의 뜻은 여러분의 영혼이 잘됨같이 범사가 잘되고 강건하며 생명을 얻되 넘치게 얻고, 남에게 꾸어주고, 나누어 주면서 그리스도를 사랑하는데 있습니다.[134]

영산은 고난과 어려운 삶 속에서도 영혼이 잘되고 범사가 잘되는 복을 받을 수 있는 비결은 하나님의 말씀을 지키고 하나님을 의지하는 것이라고 설교한다.

> 우리는 이 계명을 늘 마음에 새기고 항상 지켜야 합니다, 우리가 이런 삶을 살 때 하나님의 복을 받을 수 있습니다… 우리가 예수 그리스도를 의지하면 하나님께서 우리를 택해 주십니다. 그리고 우리가 쓴 물의 변화를 받아 규례를 지키면 하나님께서 우리의 영혼에 열두 샘을 주셔서 영혼이 잘되게 해주시는 것입니다. 샘물이 넘쳐흐르면 주위의 만물이 살아나는 것처럼 우리의 영혼이 잘되어 영혼의 복이 넘쳐나면 싱그러운 칠십 주의 종려나무가 서게 되는 것입니다…우리가 하나님을 전적으로 의지하고 살면 우리 영혼에 열 두 샘이 솟고 생활에 칠십 주의 종려나무가 심어져 영혼과 범사가 잘되는 복이 임하는 것 입니다. 이것이 바로 그리스도인들이 복 받는 비결입니다.[135]

3 기복신앙을 넘어선 삼중축복

영산의 설교에 대한 다양한 비판이 제시되어 왔다. 그 중에서 핵심은 성도들을 광신적, 감각적인 신앙생활에 빠지게 할 위험이 있고, 현세중심, 성공중심, 물질중심의 기복신앙으로 전락시킬 위험이 있다는 것이다. 그러나 앞서 살펴보았듯이, 영산은 이런 비판에 대해 명확하게 답을 제시한다. "복을 구하는 것이 잘못인가?"라는 설교에서 영산은 복을 구하는 것의 타당성에 대해 묻고 답한다.

> 오늘날 기복신앙에 대한 비판을 신문이나 잡지를 통해 읽게 됩니다. 성도들이 하나님께 나아가 복을 구하는 것이 정말 잘못된 것일까요? 어떤 종교학 교수님은 신문에서 다음과 같이 지적했습니다. '영혼의 잘됨, 범사의 형통, 몸의 강건이라고 하는 삼중복음이 목시님 교회의 주 메시지로 알고 있습니다. 그런데 그것은 친구를 위하여 목숨을 버

---

134. 조용기,『조용기 목사 설교전집』, vol. 4, 351.
135. 조용기,『조용기 목사 설교전집』, vol. 13, 404-405.

리면 이보다 더 큰 사랑이 없다는 희생정신이나 산상보훈의 복 개념과는 거리가 있다고 생각됩니다. 삼중복음이 주 이데올로기가 될 때 기독교는 이기적이고 교회 중심적인 태도를 가지게 되며 그렇게 될 때 성도는 사회적 성숙을 이루지 못한 채 소아마비를 앓는 거인 같은 괴물이 되지 않을까 하는 우려가 있습니다.'
여기에 대한 답변은 간단합니다. 즉 뿌리가 없는 나무는 그 윗부분이 아무리 이상적이고 찬란해도 곧 말라죽고 마는 것처럼 기독교 신앙에서 그리스도와의 개인적인 만남을 통해 가장 기초적이고도 근원적인 복을 받지 못하며 희생정신을 나타낼 힘도, 사회적인 성숙을 이룩할 마음의 여유도 갖지 못하게 되는 것입니다. 삼중축복이란 기독교 신앙이 아닙니다. 온전한 신앙으로 나아가는 기초적인 이데올로기입니다.[136]

영산은 삼중축복이 신앙의 기초라고 말한다. 영산의 신앙적 신념은 자기 몸을 사랑할 줄 모르고 혐오하고 학대하는 사람이 이웃을 사랑하기 어렵다는 것이다. 그래서 영산은 성도가 먼저 예수님과의 만남을 통해 자신이 변화받고 치유되는 복을 받아야 다른 사람을 위한 성숙한 신앙생활을 할 수 있다고 말한다. 이런 점에서 예수님과의 만남을 통한 변화, 치유 그리고 축복의 삶은 타인과 사회를 위해 행동할 수 있는 성숙한 신앙의 기초인 것이다.

> 씨를 뿌리면, 먼저 줄기가 나고 잎사귀가 난 다음에 열매가 맺힙니다. 그런데 줄기나 잎사귀가 나기도 전에 왜 열매를 맺지 않느냐고 질타한다면 어리석은 행위가 아닐 수 없습니다. 나 자신이 먼저 예수님을 만나 구원받고, 성령 받고, 병 고침을 받고, 복을 받아야 남도 구원시키고, 이웃과 사회도 변화시키며 십자가를 짊어지고 나갈 수 있습니다. 자신의 문제도 해결 받지 못하고 처참한 환경 가운데 있는 사람은 남을 도울 수 있는 힘과 자원이 없기 때문에 사회적 성숙을 꾀할 수도 없는 것입니다.[137]

이처럼 영산은 교회에 나와 하나님께 복을 구하는 것은 타당한 태도이며 행위이지만 복을 구하고 받는 것이 기독교 신앙의 전부는 아니라는 점을 명시하였다.

---

136. 조용기,『조용기 목사 설교전집』, vol. 13, 67-68.
137. 조용기,『조용기 목사 설교전집』, vol. 13, 68.

06
2000년-현재까지의 영산 설교

1. 섬김과 나눔의 목회 패러다임 이해

2000년 이후 영산은 섬김과 나눔의 목회 패러다임에 따라 설교사역을 수행하였다.

1 섬김과 나눔의 목회 패러다임 이해

영산이 강조해 온 삼중축복은 개인적인 차원으로 성숙한 신앙생활을 위한 기반이다. 사실 복 받은 개인의 성숙한 신앙생활은 이웃, 즉 타인과 바르게 관계 맺고, 섬기는 것이다. 영산은 "어떻게 하면 지속적인 성공을 하고 지속적인 승리를 얻으며 살아갈 것인가"라는 질문을 던지고 답한다. 인생이란 나만 성공했다고 해서 성공하는 것이 아니고, 성공한 만큼 나누어 주어야 한다는 것이다(마7:12). 참으로 인생을 성공하게 하는 것은 희생과 봉사이지 탐욕이 아니다. 예수님께서도 눅6:38절의 말씀을 통해 이 사실을 증거하고 있다.[138] 그래서 영산은 성도는 시간을 내어 구원의 말씀을 전하고 깨달은 진리의 말씀을 나누며, 가난하고 병든 자를 찾아가서 기도해 주면서 축복받은 풍성한 물질을 나누어 주어야 한다고 강조한다. 이것이 바로 영산이 말하는 축복 받은 자의 섬김과 나눔이다.

영산이 이처럼 나눔과 섬김의 정신을 강조하는 데는 사회적, 목회적 배경이 있다.

사회적 차원에서 살펴보면, 1990년대 가장 큰 시대적 화두는 1998년 IMF였다. 이후 경제적, 사회적 구조조정으로 인해 많은 사람이 직장을 잃었고, 경제적으로 빈곤해졌다. 이런 시대적 상황 가운데 사람들은 화려한 부흥과 발전의 어두운 그림자를 깨달아, 건강한 삶의 의미를 찾기 시작했다.

> 그리하여 소박한 삶을 살아도 그 속에서 행복은 찾기를 원하면서 시선이 문화콘텐츠로 옮겨가게 되었다. 사람들은 서로 사랑하는 행복한 삶, 사회봉사 등을 통해 삶의 가치와 의미를 추구하게 되었다. 즉 이전까지 자신의 유익을 위해 재물을 모으기에만 급급했던 마음이 이제는 남을 위해 배려하고 봉사하는 사랑과 나눔의 삶으로 바뀌었다. 결국 섬김과 나눔의 신학은 사회화, 산업화, 도시화의 경쟁에서 낙오하여 패배의식에 젖어 사는 사람들을 하나님의 사랑과 전인구원에 연결시켜 탄생하게 된 것이다.[139]

목회적인 차원에서 보면, 목회 방침의 대전환으로서 나눔과 섬김의 정신이 강조되었다. 영산은 1990년대 말부터 관심을 보여 오다가, 2005년 여의도순복음교회 신년 시무예배 메시지에서 나눔과 섬김을 목회 방침으로 선언한다. 그의 목회 방침은 요3:16

---

138. 조용기, 『조용기 목사의 설교예화 IV』, 139.
139. 류동희, 『영산 조용기 목사의 목회사상사』, 281.
140. 류동희, 『영산 조용기 목사의 목회사상사』, 406. 요한복음 3:16의 코스모스 즉 "세상"에 대한 영산의 기존 해석은 학자들의 일반적인 견해와 같이 철저하게 인간 중심적이다. 세상은 인간세상, 인류를 의미하는 것으로 이해되었고, 하나님은 독생하신 아들을 십자가에 내어주심으로써 모든 인간들에 대한 절대적이며 무조건적인 사랑을 최종적으로 나타내시며, 아들을 믿는 모든 자를 전인적으로 구원하기 원하시는 좋으신 하나님으로 선포되었다

절의 '세상'kosmos의 개념에 대한 폭넓은 이해에서 비롯된다. 영산은 "하나님이 사랑하는 세상을 종전의 또는 일반적인 해석[140]에서처럼 인간세계에 국한시키지 않고 포괄적인 의미의 세상으로 새롭게 이해함으로 여의도순복음교회의 구원론을 인간뿐 아니라 사회와 자연에까지 확장시켰다. 영산이 설교한 나눔과 섬김의 정신에 대해서 다양한 반응이 있었지만 그 중에서 가장 긍정적인 반응을 보인 사람은 독일 신학자 위르겐 몰트만 박사였다.

영산은 "예수님이 십자가 위에서 인류 구원뿐만 아니라 사회 구원을 위해서도 피를 흘리신 것"이라고 강조하면서 범사회 활동에 대해 강한 신념을 드러냈다. 환경보전 운동을 펼치고, 장학 사업을 적극적으로 전개하는 등 순복음의 정체성을 지키면서 선교활동을 더욱 넓히겠다는 의미이다. 이와 같은 영산의 메시지에 가장 반가운 반응을 보인 사람은 몰트만 박사였다. 몰트만 박사는 영산의 '목회사역 확대'를 고무적인 일이라고 환영하며 특별기고문을 〈순복음 가족신문〉에 보내왔다. 본지는 몰트만 박사의 영혼구원과 사회구원, 자연구원 등을 설명한 기고문 전문을 "인류·사회·자연 구원을 선도하는 교회되길"이라는 제목으로 〈순복음 가족신문〉에 실었다.[141]

영산의 설교는 개인구원을 넘어 사회구원과 자연구원에까지 확장되었다. 영산의 목회 철학에 따르면 예수님의 십자가 구속 사건은 개인의 영혼을 구원할 뿐만 아니라 사회와 자연까지 구원하기 때문이다. 이것이 바로 전인구원이다.

2 영산의 전인구원과 사회적 구원 신앙

아담의 범죄로 인해 인류를 덮고 있던 전인타락과 삼대 재앙은 예수님을 통해서 전인구원과 삼중축복으로 변화되었다.[142] 영산은 전인구원의 기초 위에 영혼이 잘됨같이 범사에 잘되고 강건하게 되는 삼중축복의 기둥을 세우고, 그 위에 오중복음의 들보가 놓여서 구원의 집이 완성되는 것으로 보았다.

---

141. 〈순복음 가족신문〉(2005. 2. 13), 9면.
142. 조용기, 『새로운 자화상』, (서울: 서울말씀사, 2003), 69.

영산의 섬김과 나눔의 목회 패러다임은 전인구원의 선포를 통해 구체화되었다. 영산은 전인구원의 신앙은 예수 그리스도의 십자가에서 시작한다고 보았다. 동시에 예수그리스도를 통한 전인구원과 삼중축복은 개인적인 차원뿐만 아니라 사회적 차원에서도 이루어진다고 보았다.

> 예수 그리스도는 히브리 전통을 배경으로 히브리인으로 태어나서 히브리 사상 가운데 복음을 증거 했기 때문에, 예수님의 구원이란 영혼의 구원만이 아닌 전인구원이었습니다. 그렇기 때문에 죽어서 천국가는 것이 완전한 구원이 아닙니다. 그리스도의 복음의 메시지는 전인구원입니다. 먼저 영혼이 잘되어야 하고, 그 다음으로 무엇을 먹을까, 무엇을 입을까, 무엇을 마실까 하는 문제를 해결 받아야 합니다.[143]

영산은 십자가에서 시작된 전인구원이 사회적 차원으로 나가야 한다고 설파한다. 십자가에서 시작된 개인구원의 사회적 확대는 하나님께 받은 사랑을 이웃과 사회에 나누는 것이다. 류동희는 이것이 의미하는 바를 이렇게 강조한다. "예수님께서도 하나님을 사랑하고, 이웃을 네 몸같이 사랑하라는 계명을 우리에게 주셨다. 이것은 하나님께 받은 사랑을 이웃과 나누도록 촉구하신 것이다. 즉, 하나님과의 수직적 우선성을 강조하면서 이웃과의 수평적 차원으로 복음을 확장시킨 것이다."[144]

요일4:10-12절 말씀에 근거하여 영산은 하나님을 사랑하는 우리가 내 이웃을 내 몸과 같이 사랑함으로, 그 사랑이 개인의 변화뿐만 아니라, 사회의 변화로 이어지게 해야 한다고 강조한다. 그러면서 영산은 그리스도의 정신에 입각한 사회적 구원, 제도적 개혁만이 참된 복음의 역사라고 주장하는 사람들에 대해 반대한다. 그런 입장은 너무나 유한하고, 인간적이며 세상적이기 때문이다. 영산은 영혼구원에 대한 관심 없이 사회질서와 제도의 개혁을 통해 이상적인 사회 구현을 추구하는 것을 강력히 거부하면서, 먼저 복음을 통해 인간이 구원 받고 변화될 때에만 이 변화된 인간을 통해 새로운 사회제도가 가능하다는 영혼구원의 절대 우선성을 역설한다. 십자가의 대속의 은혜로 전인

---

143. 조용기, 『새로운 자화상』, 81.
144. 류동희, 『영산 조용기 목사의 목회사상사』, 286.

구원을 받은 성도는 하나님의 사랑을 실천함으로써 사회구원을 이루어나가는 것이다.

3 사랑의 실천 운동

나눔과 섬김이라는 영산의 후기 목회적·설교적 패러다임의 기초는 사랑의 실천이다. 이것은 성경의 핵심 사상이면서 기독교의 핵심 사상이다. 모든 사람이 사랑을 실천하려고 하며 그 중요성 또한 알고 있다. 그러면 믿는 우리는 어떠한 사랑을 실천해야 하는가? 영산은 우리가 가장 먼저 실천해야 할 사랑은 하나님을 사랑하는 것이라고 단언한다. 그 다음으로 이웃을 사랑하고, 동시에 자기 자신을 사랑하는 것이다. 하나님을 믿고 하나님의 명령에 순종하면서 하나님께 영광을 돌리는 삶을 살 때 비로소 우리의 삶이 가치를 발한다. 하나님의 사랑이 배제된 삶은 자기 영광과 교만을 위한 삶이요, 헛된 삶이다.[145]

또한 영산은 하나님의 사랑으로 믿지 않는 이웃에게 복음을 증거 하는 것이 이웃에 향한 가장 진실한 사랑의 실천으로 본다. 이웃에게 가진 것을 나누어 주는 것도 역시 진실한 사랑의 실천이다. 또한 자신을 사랑하는 것은 이기적으로 자기를 돌보는 것이 아니라 자신의 영적, 지적, 그리고 사회적 성장을 위해 노력하는 것을 의미한다. 영산에 의하면 하나님에 대한, 이웃에 대한, 그리고 자기 자신에 대한 참된 사랑은 오직 '그리스도 몸' 안에서 하나님의 은혜를 통해 주어지는 믿음을서만 통해 가능하다.[146]

실제적으로 여의도순복음교회는 영산의 나눔과 섬김의 정신에 따라서 여러 전문 기관들을 통해 예수 그리스도의 사랑을 대규모로 실천하여 왔다. 그 실천을 통해 소외된 이웃과 장애아 등 사회에서 소외되고 어려움을 겪는 이들이 혜택을 받았다.

2008년 3월에는 조직적으로 소외된 이웃에게 하나님의 사랑과 희망을 심어주기 위해 "사랑과 행복 나눔재단"을 출범시켰다. 그 후 2011년에 5월, 창립 3주년 기념예배에서 영산은 성도들에게 예수님의 섬김과 나눔 사역에 대한 비전을 심어주려고 설교하였다. 영산은 나눔과 섬김의 사랑을 실천하는 우리의 자세와 그 결과에 대해 설교했다:

---

145. 조용기, 『가난해도 좋은 신자인가?』, 27-28.
146. 조용기, 『값싼 은혜냐, 값비싼 은혜냐』, 61-63.

여러분, 우리는 원하든 원치 않든 우리에게 주어진 인생을 살아가야 합니다. 사람들은 누구나 복된 인생을 살고 싶지, 불행한 인생을 살고 싶어 하지 않습니다. 그런데 복과 저주는 환경이 결정하는 것이 아닙니다. 우리의 마음 자세가 인생을 복되게 만들 수도 있고, 불행하게 만들 수도 있습니다. 기쁨과 성공의 삶이냐, 원망과 실패의 삶이냐? 는 바로 마음에 달려있는 것입니다. 그러므로 우리는 섬김을 삶의 목표로 삼아 하나님과 이웃을 섬기며, 십자가 밑에서 나 자신을 긍정하고, 환난과 고난 중에 믿음으로 감사하며 살아가야 합니다. 그리할 때 하나님께서 영혼이 잘됨같이 범사에 잘되며 강건하며 생명을 얻되 넘치게 얻는 복을 주시는 것입니다.[147]

영산의 사랑과 나눔 실천은 현실적으로 큰 규모로 이루어지고 있지만, 아쉬운 점은 영산이 목회적 차원에서 사랑의 실천정신을 강조하고 있지, 그 실천정신이 무엇인지를 신학적으로 명확하게 규정하고 있지 않다는 점이다. 서울신학대학교 교수인 김한옥은 기독교 사회봉사는 단순한 봉사가 아니라 신학적인 기반과 신학적인 신념에서 이루어져야 한다고 주장한다.

기독교의 사회봉사는 단순한 봉사활동이 아니라 신학적인 신념에서 나오는 사역이다. 사회봉사가 기독교 공동체의 사역이 되고, 성령의 능력을 힘입어 사역을 실천하려면 신학적으로 바른 길을 걸어야 한다. 신학적인 정도를 벗어난 사회봉사는 기독교의 이름으로 추진될 수는 있겠지만, 의미상으로는 기독교의 사회봉사가 아니다. 기독교의 사회봉사는 기독교 신학이라는 중요한 명제가 분명하게 살아있어야 한다. 그리고 그것이 탁상공론에 그치지 않고 실제로 추진되어야 한다.[148]

기독교의 사회봉사는 어떤 목적을 위한 수단이나 도구로 활용되는 것을 지양되어야 한다. 김한옥은 두 가지 점에서 이런 도구화의 경계를 지적한다. 첫째, 순수하게 예수님의 사랑의 실천을 위해서 봉사하는 것이 아니라 교회성장의 수단이나 도구로 활용되는 것이다. 둘째, 교회가 지역사회의 일원으로서 사회적 책임을 감당하기 위해서 사회

---

147. 조용기, 『사랑, 행복, 나눔』, (서울: 서울말씀사, 2011), 243.
148. 김한옥, 『기독교 사회봉사의 역사와 신학』, 부천: 실천신학연구소, 2006, 450.

봉사를 실천하는 것이 아니라 마지못해 하는 것이다. 영산은 교회성장이나 선교의 수단으로 사회봉사를 실천하지 말고, 성숙한 신앙의 실천으로 섬김과 나눔이라는 기독교의 사회봉사를 실행해야 한다고 말한다.

2. 영산 설교의 건전성과 연속성

영산 조용기 목사의 목회에서 가장 큰 비중을 차지하는 것은 설교사역이다. 영산은 설교를 위해 자신이 가진 거의 모든 에너지를 사용할 정도로 설교사역을 중시했다. 이런 점에서 여의도순복음교회의 가장 큰 성장 원동력이 영산 설교라는데 아무도 주저하지 않을 것이다. 우리가 앞서 부분적으로 살펴보았듯이, 2000년 이후 영산이 나눔과 섬김이라는 패러다임으로 설교 패러다임을 전환하기까지, 그의 설교가 교회성장에 큰 영향을 미칠 수 있었던 것은 지속적인 선교주제와 강조점에 있다. 그것은 바로 성령에 관한 설교이다.

영산 설교는 신비적이고 기복적이라고 오해하는 사람들이 있다. "조용기 목사의 설교는 청중의 필요에 기인함으로 인해 그 수용성이 넓으나 그런 점이 다분히 기복신앙이나 물질수의로 오인될 요소가 된다. 물론 그러나 본문과 상황사이에 다리 놓기에 대한 고민은 설교자 누구에게나 존재한다. 한편 오해는 두 가지 면을 가지고 있다는 점을 지적하지 않을 수 없다. 하나는 모두가 인정할 수 있는 오해냐는 것이고, 다른 하나는 입장과 관점의 차이에서 오는 오해냐 하는 것이다.

영산은 청중의 요구와 유익을 외면치 않고 그에 맞추어서 설교하는 설교자이다. 앞서 살펴보았듯이, 영산은 목회 초기에 윤리적이거나 교리적인, 전통적인 설교를 하기보다 청중이 처해 있는 삶의 문제에 관심을 가지고 설교했다. 또 영산은 치유를 위해 설교했다. 그의 치유설교는 내적인 치유뿐만 아니라 육신의 치유까지 전인적인 치유를 포함한다. 60년대와 70년대 치유의 복음 선포는 여의도순복음교회 성장의 주요 요인이 되었다.[149] 치유의 역사는 성령의 역사로 인해 나타나는 것이고, 치유를 믿음과 회개의 복음이 선포되었다. 박명수에 의하면 이런 점에서 영산의 치유목회와 설교에 대해 단순히 신비주의이자 샤머니즘이라고 비판할 수 없다.

> 조용기 목사는 질병의 치료를 위하여 믿음과 회개를 요청한다. 즉 하나님께서 우리를 건강케 해주기를 원하신다는 분명한 믿음이 있어야 하며, 동시에 과거의 죄를 회개해야 한다는 것이다. 먼저, 하나님은 좋으신 분이시며 우리를 건강케 하기 원하시고, 성령을 통하여 지금도 병을 고치시는 분임을 분명하게 믿어야 한다. 그리고 동시에 질병의 근원이 되는 죄의 회개를 말한다. 이 점이 조용기 목사의 치유가 일반 무속 신앙과 구별되는 점이다. 무속 신앙에서는 질병의 치유에만 관심이 있을 뿐 죄의 회개에 대해서는 별관심이 없다. 따라서 조용기 목사의 치유 운동이 그의 설교대로 회개운동과 바로 관련되어 진다면, 그의 치유 운동을 샤머니즘이라고 비판할 수는 없다.[150]

영산의 치유목회와 설교는 복음주의적이며, 상담과 힐링healing을 강조하는 오늘날의 입장에서 보더라도 시대의 문제와 함께하는 목회이자 설교인 것이다.

또 영산의 설교는 축복의 메시지였다. 영산이 지속적으로 강조한 오중복음에 기초한 삼중복음은 축복의 메시지이다. 이런 영산의 축복 메시지가 크게 성공할 수 있었던 것은 한국적 상황도 작용했다고 박명수 박사는 지적한다. '우선 한국인들의 축복 개념은 영적인 것이라기보다는 물질적이고, 현세적이다. 한국인들이 종교를 찾는 일반적인 동기도 주로 물질적인 것 때문이다. 그리고 조용기 목사의 물질적인 성공에 대한 강조는 박정희 대통령의 등장으로 경제적인 번영을 강조하던 시기와 일치한다.' 그러면서도 박명수는 영산의 축복 메시지가 단순히 물질적인 축복에만 머물지는 않는다고 지적한다.

> 그러나 조용기 목사의 축복 메시지는 단순히 물질적인 축복에서 머물지 않는다. 그는 가정의 축복과 사업의 축복을 또한 강조한다. 현대 사회의 문제가 단순히 굶주림의 문제를 넘어서서 가정의 문제와 사업의 문제 등 복잡한 문제로 확대되고 있다. 따라서 그

---

149. 교회의 치유기도를 통하여 병자가 고침 받는 치유의 역사는 오늘날 사람들에게 하나님 나라를 강력하게 증거합니다. 성령의 능력으로 나타나는 치료의 역사는 오늘 우리의 시대에도 변함없이 일어납니다. 우리 교회가 성장한 이유 중의 하나는 병든 사람들의 치유를 위해 줄기차게 기도해왔기 때문입니다. (55번)
150. 박명수, "오순절운동과 조용기 목사의 신학", 『한국교회 설교가 연구』, 45.

의 설교는 이런 변화하는 상황에 맞추어서 신속하게 변화하며, 적응해가고 있다고 생각한다. 또한 그의 축복의 복음이 너무 개인적인 축복에 치우친다는 비판을 의식하며, 교회가 가난한 자의 진료나, 걸식자의 급식, 양로원 문제 같은 문제에도 적극적으로 개입하려고 노력한다. 조용기 목사의 축복의 복음의 신학적 구조는 치유의 복음과 같다. 즉 인간의 죄악으로 인해서 풍요로운 세상에서 추방되고 저주받았으며, 그리스도의 십자가는 이것을 대신 담당했고, 믿음을 가지고 간구하면 하나님께서 원래 허락하셨던 축복을 회복할 수 있다는 것이다.[151]

이처럼 영산은 단순히 물질적인 축복만이 아니라, 축복을 자신의 내면과 삶의 환경과 타인이나 이웃의 축복에까지 연관시키고 있다. 결국 영산이 설교한 축복의 핵심은 바로 성령의 능력을 받는 것이다. 또 영산은 성공적인 삶의 조건으로 하나님의 말씀과 계명을 지키는 것과 강하고 담대한 믿음을 가지는 것을 제시한다.

가장 주목할 것은 영산 설교의 중심에는 예수 그리스도의 십자가가 있고, 그의 설교 전체를 관통하는 주제는 언제나 성령의 역사였다는 점이다. 설교에서 영산은 성령의 인도하심을 받으면서 성령의 역사를 지속적으로 강조하였다. 그래서 영산의 설교에서 '성령충만'은 지속적으로 선포되어 온 대주제였다. 이런 의미에서 서정민은 영산을 '모성적 성령운동가'로 부르고 있다. 그의 논문 "한국교회 성령운동의 설교사 이해"에서 서정민 교수는 한국교회 성령운동의 설교 전통을 분석하면서 '부성적 성령운동' 그룹과 '모성적 성령운동'의 그룹으로 나눈다. 전자에는 길선주 목사의 설교와 서남동의 신학이 속하고, 후자에는 이용도 목사의 설교와 조용기 목사의 설교가 속한다. 서정민 교수는 조용기 목사를 '모성적'인 성령운동가로 분류한 이유를 이렇게 제시하고 있다. "한국 성령운동의 설교사적 연원을 '부성적'인 유형과 '모성적'인 유형으로 나눌 때, 조용기의 민중목회를 '모성적'이라고 구분하는 것은 그 신앙운동이 '민중'과 직접적으로 손닿아 있다는 사실만으로도 충분히 타당성이 있다. 다만 유형적으로 볼 때, 민중의 '정황적 니드need'에 정서적으로 깊이 개입하고 그 안에 함께 은거한, '품안에 품어 온기를 나누어 주는 모성'으로서의 설교나 목회는 이용도 목사의 설교의 한 흐름과 궤를 같이하며 조용

---

151. 박명수, "오순절운동과 조용기 목사의 신학", 45.

기의 특징이라고도 할 수 있다."[152]

영산은 그의 목회 초기부터 성령의 역사를 설교했을 뿐만 아니라, 여의도 초기 시절부터 성령에 관해 많은 설교를 해 왔으며, 2000년 이후 나눔과 섬김의 목회에서도 성령에 관해 설교해 왔다. 1973년부터 1996년까지의 설교를 모아 놓은 21권의 영산 설교집에서 성령에 대한 설교를 살펴보면, 62개의 설교 주제 중에서 가장 많은 횟수(35회)를 차지하고 있다.

표 7. 〈성령에 대한 주제 분류표〉

번호	설교 주제	권	번호	설교 주제	권
1	기도와 성령의 역사	10	19	성령을 소멸치 말라	4
2	너희가 믿을 때 성령을 받았느냐?	15	20	성령을 소멸치 말라	7
3	다른 보혜사	14	21	성령의 보내심을 받은 교회	7
4	보혜사 성령	8	22	성령의 보내심을 받은 삶	1
5	생명의 성령의 법	15	23	성령의 선물	2
6	성령강림과 하나님 나라	16	24	성령의 인도함을 받는 삶	8
7	성령 강림의 복	1	25	성령의 체험	14
8	성령 강림의 의의	20	26	성령 충만의 단계	11
9	성령과 말씀과 기적	18	27	인격이신 성령	19
10	성령과의 교통	20	28	주의 성령이 내게 임하셨으니	19
11	성령과의 사역	15	29	진리의 영	9
12	성령과 함께 하는 삶	4	30	오순절날에 임하신 성령	18

---

152. 서정민, "한국교회 성령운동의 설교사 이해: 모성적, 민중적 성령운동가 조용기의 설교", 69.

13	성령께서 경영하시는 사람	16	31	오직 나의 신으로 되느니라	3
14	성령께서 계속하시는 예수님의 사역	2	32	왜 성령을 받아야 하는가?	13
15	성령께서 맺으시는 열매	18	33	용서와 사랑과 성령의 법	7
16	성령세례란 무엇인가?	19	34	이는 성령으로 말미암느니라	5
17	성령으로 살고 성령으로 행하자	16	35	참 믿음과 성령	19
18	성령의 인도함을 받는 자	3			

　2000년 이후에도 영산은 나눔과 섬김의 목회에서 성령의 인도와 성령충만의 중요성을 지속적으로 강조해왔다. 설교에서 영산은 성도가 사탄을 이기고 신앙생활에서 승리하기 위해서는 성령충만한 생활을 등한히 해서는 안 된다고 강조한다.

　　여러분 이 세상에서 우리가 살아 나가는데 도우미가 요사이 얼마나 필요합니까? 전시회에 가도 도우미가 있어 도와줍니다. 경기장에 가도 도우미가 안내를 해줍니다. 물품 구입할 때도 도우미가 도와줍니다. 아파트 분양할 때도 도우미가 도와줍니다. 요사이는 어디가도 도우미가 있습니다. 그런데 하늘에서 내려온 신령한 도우미가 계십니다. 그 신령하고 거룩한 도우미가 바로 성령 노우미이신 깃입니다. 우리를 도와주시는 하늘의 신령한 도우미, 성령께서 우리와 함께 거하시고 우리 안에 계십니다. 성령이 바로 이 자리에, 지금 함께 계신 것입니다. 성령은 여러분의 도움이 되시는 분입니다.…성령이 도와주셔서 기도할 수 있고, 전도할 수 있고, 믿음을 강하게 가질 수 있고, 말씀을 깨달을 수 있는 것입니다…여러분 속에 성령이 계시지만 여러분이 성령님께 의지하는 믿음의 스위치를 걸어야 하나님의 능력이 나타나는 것입니다. 성령이 곁에 계시는데도 내 힘으로, 인간의 수단과 방법과 노력으로, 지혜와 지식과 총명으로 하려고 하니까 땀만 나고 안 됩니다. 성령이 우리를 도와주시려고 오실 때는 성령님을 인정하고, 환영하고, 모셔 들이고, 의지하고, 기도하면 성령이 역사하여 주시는 것입니다. 성령 없는 신앙은 패배하고 마는 것입니다.[153]

---

153. 조용기, 2003년 9월 7일 주일2부 설교.

영산은 성도들이 성령을 신앙생활의 승리와 성공을 위해 꼭 받아야 한다고 강조한다. 즉 영산은 성도들이 성령을 통해 죄악의 문제와 죽음의 문제, 미움의 문제, 불안과 공포의 문제, 좌절의 문제를 해결 받을 수 있다고 주장한다. 영산은 인생의 성공이나 승리를 위해 성령을 받아야 한다고 강조했을 뿐만 아니라 복음 전하는 것과 사랑을 실천하는것, 권능 있는 증인이 되는 것도 성령을 받아야 가능하다고 설교했다. 더 나아가 성도 개인이 성령 충만을 받아야 할 뿐만 아니라 교회가 성령충만을 받아야 한다고 했다. 영산은 우리나라가 가장 원하는 남북간 민주적 통일을 위해, 현실과 세계를 변화시키기 위해, 그리고 어렵고 힘든 시대를 따뜻하게 사랑하기 위해서도 교회가 성령충만을 받을 것을 설교했다.[154] 이런 점에서 영산이 인생의 성공이나 승리를 위해서만 성령을 강조했다는 주장은 영산의 설교를 폭 넓게 이해하지 못하고 일부분만 가지고 파악한데서 오는 오류이다. 영산의 설교 전집 21권만 제대로 연구해도 이런 주장이 편협하다는 것을 알 수 있을 것이다.

3. 영산의 나눔과 섬김 설교

1 고난과 이웃과 사회에 대한 관심

영산의 긍정적이고 희망적인 메시지가 개인의 축복에만 관심이 있고, 이웃과 사회의 어려움과 고난에 대해서는 관심이 결여되어 있다고 비난하는 목소리가 종종 있어왔다. 영산의 설교가 개인주의적인 신앙과 축복만을 강조한다는 견해는 오히려 영산 설교에 대한 바른 이해가 결여된데서 나온다. 이영훈(여의도순복음교회 담임목사)은 영산의 중심 개념인 '좋으신 하나님'을 무교적 영향을 극복하고 성경적 축복관과 건전하게 연결시켜야 하는 과제가 있다고 지적하면서 영산의 설교가 강조하고 있는 고난의 의미를 제시한다.

'좋으신 하나님의 신앙'은 종종 축복에만 초점이 맞추어져 있고 고난에 대한 관심은 결

---

154. 조용기, 『조용기 목사의 설교전집』, vol. 13, 317-325.

여된 신앙이 아닌가 하는 지적을 받아 왔다. 그러나… '좋으신 하나님 신앙'은 고난을 간과하지 않고 오히려 고난을 절대 긍정의 신앙 안에서 재해석 한다. 고난까지도 하나님의 선하심을 이루는 되는 과정으로 보는 것이다. 축복이 그 자체로 목적이 아니라 하나님의 선하심을 깨닫게 되는 하나의 과정이라면, 마찬가지로 고난도 하나의 과정일 뿐이며, 하나님 안에서 이 모든 것이 긍극적으로 선이 되어 축복의 요인이 될 수 있음을 주지할 필요가 있다.[155]

이영훈의 견해에 따르면 '좋으신 하나님' 신앙이 이웃과 사회의 고난 문제에 어떻게 영향을 미쳤고, 또 사회의 구원과 변화에 어떻게 영향을 미쳤는지에 대한 후속 연구가 필요하다. 또 구조적인 악과 그것을 극복하는데 '좋으신 하나님' 신앙이 어떻게 연결되는지에 대한 것도 중요한 연구과제이다.

영산은 요 3:16절 '하나님이 세상을 이처럼 사랑하사'에서 '세상'이라는 개념 안에 사람뿐만 아니라, 하나님의 피조세계 전체를 포함시키고 있다. 이런 맥락에서 영산의 나눔과 섬김의 패러다임은 사회구원과 생태구원까지를 포함하고 있다.

2 사랑과 나눔에 대한 영산 설교

영산의 나눔과 섬김의 목회와 설교 패러다임은 두 가지 방향으로 자연스럽게 귀결된다. 하나는 시대에 대한 관심을 반영한 말씀 선포라는 것이고, 또 다른 하나는 십자가 신앙으로의 자연스러운 귀결인 것이다.

영산의 설교의 장점이 구체적인 삶의 상황 가운데 있는 청중과의 열린 소통이라는 점에는 어느 누구도 이의를 제기하지 않을 것이다. "조용기 목사가 설교에 있어서 탁월한 면이 있다면 그것은 커뮤니케이션에 대해 깊은 관심을 가졌다는 것이다. 그는 목회현장에서 그가 신학교에서 배운 이론들이 제대로 전달되지 않는다는 것을 실감하였고, 청중과의 접촉점을 찾기 위해 시도하였다."[156] 앞에서 살펴보았듯이, 영산의 목회와 설교 패러다임은 청중의 관심사와 구체적인 삶의 정황과 연관되어 있으며, 동시에 그 정황 속

---

155. 이영훈, 『성령과 교회』, (서울: 교회성장연구소, 2013), 259.
156. 이호열, "조용기 목사의 설교에 대한 목회학적 입장에서의 평가", 183.

에 있는 청중에게 맞게 복음을 전하려는 영산의 목회철학에서 나오는 것이다. 강동수는 시대의 요구와 설교의 상관성을 강조한다. "설교는 독백이 아니다. 상황 속에 존재하는 인간에 대한 선포이다. 그러나 전하는 자에 따라 엄청난 차이가 발생한다. 시대를 알아야 하고 말씀에 익숙한 신학이 필요하다. 아울러 설교자의 자세와 기술이 요구된다."[157] 2000년 이후 그의 목회와 설교는 개인의 구원과 신앙의 성장을 넘어 사회에 대한 깊은 관심과 책임감을 품고 있다.

영산은 하나님 나라를 구한다는 것과 사회적인 정의를 구현한다는 것이 같은 의미라고 말한다. 영산은 개인구원과 사회구원, 둘 다에 관심을 기울였다. 사실 이 둘은 별개의 것이 아니다. "사회구원은 개인에서 출발하여 개인이 속한 사회 전반으로 복음이 확장되어 그 사회가 구원을 얻게 하는 것을 일컫는다. 이런 의미에서 영산은 개인의 구원을 배제하고 오로지 사회적 구원, 제도적 개혁만을 참된 복음이라고 주장하는 것에 반대한다. 이런 주장에 담긴 사회구원이나 제도적 개혁은 중요하지만 유한하고 지상적인 것이다."[158]

2010년 첫 주일 "최대의 관심사(고전 2:1-2)"라는 설교에서 영산은 십자가의 의미가 무엇인가를 묻는다. 그리고 영산은 십자가, 믿음 그리고 사랑의 실천이 함께 묶여 있다고 설교한다.

> 예수님이 십자가를 통해서 구약성서의 우리를 정죄하는 율법을 다 청산해 버리시고 우리에게 와서 우리를 도적질하고 죽이고 멸망시키는 마귀와 귀신들을 무력화하여 구경거리로 삼으시고 십자가로 그들을 이겨버리고 만 것입니다. 그러므로 우리는 율법의 억압에서 벗어나고 마귀의 정사와 권세에서 해방되어 자유롭게 된 것입니다. 율법은 여러분의 행동을 요구합니다. 율법 아래 사는 사람이 의롭게 되기 위해서는 행해야 되는 것입니다. 일점일획도 놓침이 없이 다 행해야 되는 것입니다. 그러나 은혜는 여러분에게 믿음을 요구합니다. 믿음은 사랑의 행함을 요구하는 것입니다. 믿는 사람은 그 믿음의 증거로써 사랑을 나타내야 되는 것입니다. 얼마나 틀립니까? 신약시대에 구원받는 것은

---

157. 강동수, 「시대가 요구하는 설교를 하자」, 『이렇게 설교해야 교회가 성장한다』, (서울: 하나, 1994), 53.

믿음으로 사랑을 실천할 때 의롭다함을 입고 구약시대에는 율법을 실천하므로 의롭다 함을 입습니다. 의롭다함을 입지 않고는 하나님 앞에 설 수 없습니다. 그러면 구약시대에는 율법의 일점일획이라도 어기면 하나님 앞에 못섭니다. 그러나 신약시대에는 주님을 믿음으로 구원을 받고 사랑을 실천하므로 하나님의 영접을 받습니다. 그렇기 때문에 믿음이라는 것이 신약에는 의롭게 되는 증거가 되는 것입니다. 그러므로 십자가를 바라볼 때마다 그 대속의 의미를 깊이 생각해야 되는 것입니다.[159]

영산이 말하는 십자가 신앙은 개인의 죄 사함과, 구원만을 의미하지 않는다. 십자가를 믿는 신앙은 사랑을 실천하는 신앙이다. 이 신앙은 구약의 율법적 신앙과 분명하게 구분된다. 후자는 율법과 하나님의 말씀을 완전하게 지키는 것이다. 인간이 스스로 율법을 완벽하게 지키는 것은 가능하지 않고, 설사 지킨다고 해도 그것은 자기 스스로 의로워지는 것이다. 그에 반해 전자는 십자가의 은혜로, 성령의 능력으로 사랑을 실천하는 믿음이다. 믿음의 실천이란 바로 가난한 자, 소외된 자의 필요를 채워 주는 것이다.

사랑의 실천은 희망의 메시지이다. 영산은 목회 초기 시절부터 희망을 강조해 온 희망의 메신저이다.[160]

특히 1980년대에서 2000년까지 여의도순복음교회가 세계 초대형 교회로 성장하는 데 견인차 역할을 했던 설교의 중심 주제가 바로 희망의 메시지였다. 그 시기에 영산은

---

158. 류동희, 『영산 조용기 목사의 목회 사상사』, 287.
159. 영산 설교 2010년 1월 3일. 영산은 이 사랑 실천의 의미를 다음의 문학적인 예를 들어서 설명한다. : "빅톨 위고가 쓴 유명한 소설 「나인티 쓰리」라는 책에는 아주 인상깊은 이야기가 있습니다. 불란서 혁명 직후에 숲을 지나가던 병사들이 우연히 배고픔에 지친 어린 아이 셋을 데리고 있는 어머니가 앉아 있었습니다. 그래서 병사들 중에 한 상사가 빵 한 덩이를 끄집어내서 그 어머니에게 주자, 어머니는 지체할 시간도 없이 그 빵을 세 조각으로 나누어서 첫째 아들, 둘째 아들, 셋째 아들에게 나눠주었습니다. 그러니까 그 상사와 같이 그 광경을 보던 한 젊은 병사가 빵을 주던 상사에게 물었습니다. "저 여자는 배가 전혀 안 고픈 봅니다. 빵을 받자마자 아들 셋에게만 나누어주는 것 보니까요." 그러자 상사는 어깨를 탁 치면서 "야 이 사람아 그게 아니야, 어머니가 왜 배가 안 고프겠어? 그러나 어머니의 배고픔보다 그 속에 있는 자식에 대한 사랑이 더 강했기 때문에 배고픔을 억제하고 자기를 희생하여 사랑을 따라서 빵을 나누어 준 것이다."
그 말 참말이에요. 어머니라고 빵 안 먹고 싶겠습니까? 그러나 어머니는 사랑 때문에 자기는 굶어도 자식들은 먹어야 되겠다고 빵을 나누어 준 것입니다."

오중복음에 기초한 삼중축복을 강조하면서 어려운 환경에서 뿐만 아니라, 산업 시대에 성장과 발전을 위한 희망을 선포하였다. 그러나 과거의 희망의 메시지와 2000년 이후 나눔과 섬김의 목회 패러다임 시대의 희망의 메시지 사이에는 연속성이 있으면서 분명한 차이가 있다. 전자는 성도 개인이 희망을 받게 하는 메시지였다면, 후자는 사랑의 실천으로 희망을 주게 하는 메시지이다.

저는 늘 희망의 전도자가 되라는 사명을 마음에 품고 오중복음과 삼중축복의 메시지를 개발하여 사람들에게 희망을 주기 위해 힘을 썼습니다. 하나님은 모든 것을 희망으로 시작하여 희망으로 끝내라는 명령을 내렸었습니다. 절대로 희망으로 시작해서 절망으로 끝나지 마라 희망으로 시작해서 희망으로 끝내라고 말씀하셨습니다. 그러므로 희망의 메시지를 가지고 저는 한국에서 뿐만 아니라 온 천하만국으로 나가서 복음을 증거했습니다. 그러자 희망을 바라던 수많은 사람들이 구름 때 같이 몰려왔고 희망과 용기를 얻고 구원을 받고 변화를 받는 것을 보고 체험했습니다. 여러분 절망에 처한 사람에게 절실히 필요한 것은 바로 희망입니다. 저는 절망에 빠진 사람들에게 희망의 메시지를 힘차게 선포했고 그들이 현실에는 비록 아무것도 없었지만 가슴 속에 희망을 안

---

160. 2009년 10월 4일 설교 "삶과 희망"(행 2:25-29) 중에서. "저는 지나간 50년의 목회를 되돌아보면 하나님은 저에게 늘 희망의 전도자가 되라고 말씀해 주셨습니다.
제가 처음 목회하던 시절 우리나라는 가난하고 헐벗고 굶주린 사람들이 대부분이었습니다. 특히 저의 양무리들은 삶의 희망을 잃고 절망하여 인생을 포기한 사람들이 대다수였었습니다. 그러므로 저들에게 희망의 복음을 전할 수밖에 없고 복 주시는 좋으신 하나님을 전할 수밖에 없었습니다. 많은 사람들이 저보고 기복신앙을 전한다고 손가락질하고 욕을 했지만 우리 교회를 찾아오는 성도들은 다 가난하고 헐벗고 굶주리고 희망을 잃어버린 사람들이 찾아오는데 그 때 희망을 전하고 복음을 안전하면 그들이 살아남을 수 없는 것입니다. 천막교회 시절, 서대문 시절, 우리교회는 가난하고 헐벗고 굶주린 사람들이 떼를 지어 찾아왔습니다. 경상도, 전라도에서 한번 살아보겠다고 서울로 올라왔다가 못살게 되고 변두리에 쫓겨난 사람들이 오도 가도 못하고 절망에 있을 때 희망을 준다는 복음을 전하는 천막교회에 개미 떼 같이 모여든 것 입니다. 우리 교회는 그런 사람들이 구름 떼 같이 모여 왔습니다. 이들은 말씀 가운데서 하나님의 사랑을 깨닫고 구원받아 변화되어 기적을 체험하고 오늘날 여의도 순복음교회를 만든 것입니다. 가난하고 헐벗고 굶주린 그 분들이 헌금하고 노력해서 우리 교회를 만든 것 입니다. 저는 늘 희망의 전도자가 되라는 사명을 마음에 품고 오중복음과 삼중축복의 메시지를 개발하여 사람들에게 희망을 주기위해 힘을 썼습니다. 하나님은 모든 것을 희망으로 시작하여 희망으로 끝나라고 명령을 내렸었습니다."

고 일어나니깐 무에서 유를 창조하는 기적을 체험하게 되었습니다. 희망이 사라지면 꿈도 사라지고 믿음도 사라지고 절망과 죽음의 포로가 되는 것입니다. 희망이 사라지면 안 됩니다. 그러면 꿈도 사라지고 믿음도 사라지고 절망과 죽음 밖에는 기다리는 것이 없습니다. 하나님의 사랑과 예수님의 은혜와 성령님의 도우심을 끊임없이 감사하고 마음에 희망의 불꽃을 타게 해야 되는 것입니다. 희망의 불꽃이 타고 있는 이상 우리는 망하지 않습니다. 버림받지 않습니다. 패배하지 않습니다. 그러므로 우리 스스로가 희망을 가질 뿐 아니라 가는 곳마다 희망을 전달하는 우리가 되시기를 간절히 바랍니다.[161]

영산은 희망을 가지고 타인에게 희망을 주는 것을 십자가 중심의 사랑의 실천이라고 본다. 즉, 사랑의 실천은 세상에서 고통 받는 이웃에게 하나님의 사랑과 행복을 나누는 일이다. 십자가 사랑 실천인 사랑과 행복 나눔은 사회적 약자에게 미래의 희망을 제공하는 것이다. "그러므로 사랑과 행복 나눔은 죽어가는 영혼구원에만 관심을 기울이는 것이 아니라, 사회적 약자와 가난하고 소외된 자에게 미래를 향한 희망을 제공하는 운동이다. 십자가에서 사랑과 행복 나눔의 극치를 보여 주신 예수 그리스도께서 온 인류에게 바라는 삶이 바로 사랑과 행복을 나누면서 사는 십자가 사랑 실천의 삶이다."[162]

3 나눔과 섬김으로서의 참 신앙

은퇴 후 영산의 설교는 한층 더 강화된 복음적인 특성을 보여준다. 영산에게 있어서 나눔과 섬김은 더 이상 축복 받은 자의 의무가 아니다. 축복을 받고, 그 받은 것을 나눔으로 사랑을 실천하고 이웃을 섬기는 것이 곧 참 신앙의 징표인 것이다.

영산은 사랑이 없는 신앙은 형식적인 신앙이 아니라, 거짓 신앙이라고 설교한다. 영산은 고린도전서 13장 1-3절[163]을 근거로 참 신앙과 사랑의 본질적 관계를 강조한다.

---

161. 2009년 10월 4일 설교 "삶과 희망"(행 2:25-29) 중에서
162. 이영훈, 『성령과 교회』, 348.

무엇이 거짓된 신앙일까요? 사랑이 없는 신앙은 외형적으로 아무리 훌륭하게 믿어도 거짓되었다는 것을 성경은 말하고 있습니다…이 말씀을 통해서 보면 탁월하게 말을 잘 하고, 외국어를, 여러 나라 말을 유창히 해도 천사처럼 설득력이 있어 그 사람이 말을 하면 사람들이 다 수긍하는 것이 될지라도 그 생활 속에 사랑이 없으면 하나님이 보시기에는 시끄러운 소리와 꽹과리 소리에 불과하다. 인정 안한다는 것입니다. 각 나라말을 유창하게 구사하고 천사처럼 설득력 있게 말해도 하나님이 보시기에는 시끄러운 소리와 꽹과리 소리밖에 안된다니까 사랑이 얼마나 중요한 포스트를 가지고 있습니까? 그렇지 않으면 해박한 지식과 놀라운 신념의 소유자라도 사랑이 없으면 무가치하다. 공부를 많이 해서 세계적으로 유명한 대학에서 박사, 석사 학위를 받고 실제로 지식이 탁월한 사람도 그 생활 속에 사랑이 없으면 그 지식이 아무 가치가 없다고 말하고 있는 것입니다. 또 구제와 헌신이 눈부셔도 사랑이 아닌 다른 동기로 하면 유익이 없다. 진짜 사랑의 동기로 하지 않고 자기 유익을 얻기 위해서 인기를 얻기 위해서 지지를 받기 위해서 구제를 하고 헌신을 눈부시도록 나타내도 하나님은 그것은 소용없는 것이라고 말하고 있습니다.(2013년 3월 3일 영산의 주일설교 중에서.)

더 나아가 영산은 사랑하지 않는 신앙인은 하나님을 알지 못하고, 삶 속에서 하나님을 인정하지도 못한다고 말한다. 또 절대로 사랑 없이는 좋은 신앙을 가질 수 없다고 단언한다.

사랑을 하지 않고 무엇을 해도 실제 하나님은 인정하지 않고 또 하나님을 알지 못한다는 것입니다. 하나님은 사랑이기 때문에 사랑을 통하지 않고는 우리가 절대로 좋은 신앙을 가질 수가 없습니다. 사랑이 없는 종교는 무용지물입니다. 쓸데 없습니다. 우리 한국에 5만 교회가 있다고 하더라도 우리가 사랑을 실천하지 아니하면 하나님 보시기에는 아무 소용없는 모임이 되고 마는 것입니다.(2013년 3월 3일 영산의 주일설교 중에서)

---

163. 고전13: 1-3절에 "내가 사람의 방언과 천사의 말을 할지라도 사랑이 없으면 소리 나는 구리와 울리는 꽹과리가 되고 내가 예언하는 능력이 있어 모든 비밀과 모든 지식을 알고 또 산을 옮길 만한 모든 믿음이 있을지라도 사랑이 없으면 내가 아무 것도 아니요 내가 내게 있는 모든 것으로 구제하고 또 내 몸을 불사르게 내줄지라도 사랑이 없으면 내게 아무 유익이 없느니라."

영산은 참 신앙은 단순히 믿는 것으로 끝나지 않고 나눔과 섬김으로 드러난다는 점을 강조한다. 사랑을 실천하는, 나눔과 섬김을 구체적으로 실천하는 신앙이 바로 하나님을 제대로 아는 신앙이라는 것이다.

지금까지 58년간의 영산 설교를 시대적 목회 패러다임에 따라서 크게 3가지로 이해해 왔다. 첫 번째 시기에 영산은 목회 초창기에 복음 메시지를 윤리적 차원에서 또는 순수 교리적인 차원에서 전하다가 큰 실패를 경험하였고, 그로 인해 설교철학을 세웠다. 그 이후로 영산은 전통적 복음 메시지를 가난과 질병에 시달리는 청중의 상황과 연결시킴으로써 복음의 능력을 현실화시켰다. 두 번째 시기의 영산 설교는 여의도순복음교회를 세계적인 교회로 성장시키는데 견인차 역할을 하였다. 그의 창조적 메시지는 삼중축복과 함께 역동적 삶을 살 수 있다는 것을 확신시켰다. 그리고 마지막으로 세 번째 시기의 영산 설교는 나눔과 섬김을 강조하여 실천하는 성숙한 신앙의 모델을 확립하였다.

58년 동안 영산이 해 온 설교의 횟수나 정량에 있어서 그 규모가 엄청나다는 것은 말할 것도 없고, 전문가들이 분석을 통해 인정했듯이 설교의 주제와 범위 또한 매우 넓었다. 결정적으로 영산의 설교는 복음과 축복의 현실화를 추구했으며, 나아가 참신앙의 사표를 보여주었다.

3부

영산 설교의 설교학적 이해

07
영산 설교의 근본 요소

영산 설교는 케리그마 중심적이면서도, 삶의 자리에 적합한 설교였다. 그 결과 그의 설교는 청중에게 4차원적 영성을 형성시킬 수 있었다. 여기서는 영산 설교의 중심을 이루는 근본 요소를 살펴봄으로 영산 설교를 체계적으로 분석할 것이다.

1. 케리그마 중심의 설교

1 케리그마 중심의 설교자

김홍근은 케리그마적인 설교의 부재가 한국교회의 위기를 몰고 왔다고 주장한다. 한국교회의 설교 대부분은 교리적 설교, 도덕적 설교, 경험적인 설교에 집중되어 있고, 특히 많은 설교자들이 설교를 통해 교리적인 것을 가르치거나 또는 회중의 요구와 관심에 부응하는 설교를 하고 있다. 이에 반해 김홍근은 영산의 설교를 케리그마 중심의 설교라고 부른다. "그는 지난 53년간 꾸순히 케리그마적 실교를 하였다. 영산의 목회철학은 삼중구원이었으며 설교의 중심은 그리스도의 대속에 관한 깨달음이었다. 즉 그리스도 보혈의 권능이 모든 설교의 중심 주제가 되었다."

한일장신대 전 총장 정장복도 영산을 '세계를 놀라게 한 말씀의 종'으로 인정하면서 설교를 가르치는 신학교육이 열악한 시대, 성경에서 교리중심의 메시지를 전하는데 몰두하던 시대에 영산은 케리그마 중심의 설교를 하는데 전념을 다했다고 말한다.[164]

> 조용기 목사님은 주변의 시선에도 개의치 않고 꿋꿋한 확신 속에서 오직 십자가의 도를 전하였다. 예수님이 십자가 위에서 죄인 된 인류를 위하여 대속의 죽음을 담당해 주셨다는 진리를 매우 단순하고 직선적으로 전하였다. 그리고 예수님을 영접하면서 자신들의 죄를 뉘우치는 사람들에게 어디서도 들어볼 수 없는 위로와 희망의 메시지를 강력하게 외쳤다. 그 분은 이 단순한 메시지를 이 땅위에 집중적으로 전달하는 데 일편단심이었다. 그 결과는 한국을 놀라게 했고 세계를 놀라게 했다. 하나님이 충성된 종을 어떻게 활용하시는지를 세계의 교회 앞에 보여 주셨다. 이제는 한 교회를 섬기는 설교자가 아니라 세계 도처를 뛰면서 하나님의 말씀의 종으로 땀을 흘린다. 한국 교회의 지극한 자랑이다.[165]

영산은 54년 동안 설교를 하면서 절기에만 케리그마적 설교를 해 온 것이 아니다. 그의 모든 설교에는 케리그마적 메시지가 스며들어 있다. 케리그마적 메시지는 그의 설교의 기초이자 핵심 내용인 것이다. 이 때문에 그의 설교는 믿음과 생명의 역사를 일으키고, 죄인을 변화시키는 엄청난 결실을 가져왔다.

2 케리그마적 설교

그러면 케리그마적 설교란 무엇인가? 신약학자 도드 C.H. Dodd의 설명에 따르면, "예수 그리스도가 오심으로 모든 예언이 성취되었으며, 새 시대가 시작되었다는 것을 전하는 것이다. 또한 예수 그

---

164. 김홍근, 『영산의 설교와 케리그마』, 영산신학저널 Vol. 23, 143. 김홍근 교수는 "케리그마적 메시지를 담고 있지 않은 설교는 근본적으로 설교가 아니다"고 주장하면서, 케리그마적 메시지를 담고 있는 설교 모델로 사도행전에 나오는 사도 베드로의 설교, 스데반 집사의 설교, 사도 바울의 설교를 예로 들고 있다.
165. 조용기, 『설교는 나의 인생』, 추천사.

리스도가 기록된 대로 죽으시고 사흘만에 부활하셨다는 것과 예수 그리스도는 하나님의 아들로서 높임을 받아 하나님의 우편에 앉아 계시며, 산 자와 죽은 자의 주님이 되셨다는 것과 '인류의 심판주'와 '만민의 구세주'로 다시 오신다는 것이 케리그마의 핵심 내용이다."[166] 즉 예수 그리스도가 구약의 예언에 따라 이 땅에 오셨다는 것과 인간의 죄와 질병을 대속하기 위하여 십자가를 지심으로 속죄제물이 되셨다는 것과 죽음에서 사흘만에 다시 사신 것과 하늘로 승천하시어 다시 오신다는 것이다.

초대교회의 설교는 이런 케리그마를 중심으로 3가지로 구성된다. 첫째, 구약성경의 예언이 완성되었다는 것이다. 둘째, 예수님의 생애와 죽음, 그리고 부활과 높임 받으심을 역사적 정황에서 설명하려 한 것이다. 셋째, 회개하고 예수 그리스도 안에서 죄 사함을 받으라는 것이다. 초대교회 설교의 중심된 케리그마는 "인간의 죄를 위하여 십자가에 못 박히신 그리스도(고전1:23, 2:2-6)와 부활하신 그리스도"이다. 이 케리그마가 주는 메시지는 구원의 메시지로서 "기쁜 소식, 즉 하나님의 구원행위를 선포하는 것이며, 하나님께서 친히 당신의 백성을 찾아오셔서 구원하셨음을 선포하는 것이다."[167] 이 케리그마는 초대교회의 중심 메시지였을 뿐만 아니라, 현대 설교자들도 반드시 따라야 할 설교의 중심 메시지이다.

김홍근은 모든 설교자가 설교에서 케리그마를 강조해야만 하는 이유는 "케리그마 내용이 곧 예수 그리스도"이기 때문이라고 말한다. 김홍근에 의하면 신약성경에서 '선포하다'(κηρώσσω)의 핵심 내용은 '하나님 나라'(ἡ βασιλεία του θεου)와 '그리스도'(Χριστός)이다. 사도행전에서 사도들은 하나님 나라와 그리스도를 전하였고, 바울서신은 대체로 그리스도를 전하였다. 바울의 설교 내용은 "십자가에 못 박히신 그리스도"였다. 이와 연관해서 정용섭 박사는 바울 설교의 중심 케리그마는 그리스도의 죽음과 부활 사건을 종말론적으로 선포한 것이다.

영산은 신약성경와 기독교의 전통에 입각한 케리그마를 중심으로 설교하였다. 특히 십

---

166. 정용섭, 『교회갱신의 신학』, (서울: 대한기독교출판사, 1980), 69.
167. 김홍근, 『영산의 설교와 케리그마』, 147.

3 영산의 케리그마적 설교

자가 보혈의 권능은 영산의 모든 설교의 중심 메시지였다. 영산은 대속(십자가 보혈)의 복음을 바탕으로 오중복음 즉 중생, 성령충만, 치유, 축복, 재림 복음과 삼중축복 메시지를 전하였다. 영산은 그리스도의 대속의 보혈이 케리그마, 즉 복음 선포에 있어 자신의 신학적 기초임을 밝힌다.

인류는 하나님의 형상과 모양대로 지음받은 아담과 하와의 후손이다. 그런데 하와가 반역하여 에덴동산에서 하나님께 '사망 선고'를 받았다. 성경은 "죄의 삯은 사망이요"(롬6:23)라고 했다. 아담과 하와의 영혼은 범죄함으로 죽었다. 따라서 아담과 하와의 자손인 인간은 죄 중에 잉태되어 죄인으로 태어나게 되었다. 인간은 아무리 선한 일을 해도 죄에서 놓여날 수 없는 비극적 존재였다. 하지만 하나님께서 죄인인 인간을 구원하시려고 독생자 예수 그리스도를 이 땅에 보내셨다. "피 흘림이 없은즉 사함이 없느니라"(히9:22)라는 말씀처럼 죄 없으신 예수 그리스도께서 십자가에 달려 인류를 대신해서 피를 흘리심으로 구속의 은총을 베푸신 것이다. 그러므로 죄 사함은 오직 예수 그리스도의 보혈로만 가능하다. 예수 그리스도의 보혈을 의지하는 사람은 과거, 현재, 미래의 죄를 용서받고 하나님 앞에 담대히 설 수 있는 자격을 얻고 사탄의 참소를 받지 않는다. 죄 가운데 태어난 인간은 반드시 예수 그리스도의 보혈을 통해서만 의로움을 얻을 수 있다.

창조, 타락 그리고 그리스도의 보혈을 통한 구속은 타락한 인간을 구원하는 하나님의 은총을 의미한다. 이런 메시지, 즉 예수 그리스도의 보혈로 인한 구원의 은총에 대한 선포는 영산의 모든 설교에 나타난다. "모든 설교를(영산의 설교 작업처럼) 보혈의 공로와 연결하는 작업은 결코 쉬운 일이 아니다. 하지만 영산의 설교철학과 중심은 케리그마의 토대 위에 세워져 있었기에 그것이 가능했다."[168]

---

168. 김홍근, 『영산의 설교와 케리그마』, 151.

2. 영산의 삶의 현장적 설교

영산은 예수 그리스도의 보혈과 부활을 중심으로 오중복음과 삼중축복을 설교해 왔다. 성도들의 영, 혼, 육이 강건할 수 있는 목회현장을 이룰 수 있었던 것은 바로 영산의 케리그마 중심적인 설교 덕분이다. 영산이 세계 최고의 목회적 결실을 맺을 수 있었던 것은 영산의 설교가 예수 그리스도 중심이면서도 구체적인 삶의 현장과 연관되어 있었기 때문이다.

1 철저한 준비성

영산은 설교자의 성실성을 강조할 뿐만 아니라 직접 실천하였다. 설교자의 성실성이 묻어 있는 만큼 그 설교의 영향력은 크다. 영산은 스스로 인정하듯이 목회에서 설교 준비가 가장 힘들고 중요하다고 말한다. 영산은 좋은 설교를 준비하기 위한 설교자의 몇 가지 태도를 제시한다.

첫째, 성령의 도우심을 위해 기도로 준비하라

주부가 가족을 위해 좋은 음식을 준비하듯이, 설교자도 영의 음식을 대접하는 사람으로서 설교를 준비해야 한다. 설교자가 성도에게 영의 음식을 대접하기 위해 제일 먼저 해야 할 일은 기도하는 일이다. 영산은 설교를 준비할 때 기도하는 일을 첫 번째 일로 삼았다. "나는 항상 설교를 준비할 때 성령의 도우심을 바라며 기도합니다. 그리고 크고 작은 절망을 갖고 있는 사람들에게 희망을 주고 환희를 주겠다는 마음으로, 가족들의 건강을 생각하며 시장을 보는 마음으로 (설교를) 준비합니다."[169]

둘째, 즐거운 설교를 준비하라

연설의 3대 요건은 명확성, 정교함, 관심과 흥미를 획득하기이다. 어거스틴 이후로 설교의 효과적인 진행과 성공적인 전달을 위해 세 가지 수사학적 기법이 강조되어왔다. 첫째는 도케레 Docere 로, 이것은 듣는 사람의 생각을 말하는 사람의 의도에 따라 바꾸려는

---

169. 조용기,『설교는 나의 인생』, 프롤로그.

것이다. 둘째는 델렉타레Delectare로, 이것은 논쟁이나 정보 전달의 어법이 아닌 관심과 흥미를 유발하기 위해 친근한 분위기에서 행해지는 대화의 기법이다. 셋째는 모베레Movere로, 이것은 듣는 사람을 감동시킴으로서 그를 말하는 사람이 원하는 쪽으로 설득시키는 것이다.[170] 영산도 설교자의 역할은 좋은 내용의 설교를 준비하는 것으로 끝나지 않고, 맛있고 즐거운 설교가 되도록 준비하는 것까지를 포함한다고 말한다.

> 설교는 재미있어야 하고 들을 때 피곤하지 않아야 합니다. 내용과 재미가 잘 합쳐져야 합니다. 목회에서 구역 조직은 교회 성장의 한 방편이고, 가장 중요한 것은 설교입니다. 음식점이 아무리 외진 곳에 있어도 음식이 맛있으면 다 찾아가듯이, 설교도 은혜롭고 재미가 있어야 사람들이 교회에 모여드는 것입니다.[171]

영산은 맛있고 재미있는 설교를 하기 위해 두 가지 노력을 기울였다. 하나는 활기찬 표현과 재미있는 제스처를 활용하기 위해 많은 노력을 기울인 것이다. 영산은 젊었을 때부터 거울 앞에서 제스처 연습을 하고, 자신의 설교를 녹음해서 음성과 말투를 체크하며 바꾸려고 노력했다. 특히 영산은 경상도 억양 때문에 청중에게 편안하게 설교할 수 없었다. 그래서 영산은 지루하고 피곤하지 않은 편안한 설교를 하기 위해 쉬운 말을 사용하여 표준어로 설교하려고 많은 노력을 기울였다. 또 하나는 쉽고 재미있는 설교를 위해서 적절한 좋은 예화를 수집하여 사용하려고 했다. "예화는 조미료입니다. 나는 사람을 만날 때나 신문이나 잡지를 읽을 때 특이한 것이 있으면 메모해 두었다가 적절하게 사용합니다."[173] 이렇듯 좋은 설교를 위해 성실하게 시간을 관리하여 설교를 준비해야 합니다.

---

170. 정인교, 『설교 살리기』, (서울: 생명의 말씀사, 2000), 280.
171. 조용기, 『설교는 나의 인생』, 추천사.
172. 조용기, 『설교는 나의 인생』, 추천사.
173. 김운용, 『설교의 새로운 패러다임』, (서울: 장로교신학대학교출판부, 2005), 179.

2 삶의 현장에서 나오는 메시지

"어떠한 설교 형태를 취하든 간에 하나님 말씀은 오늘의 (삶의) 현장 속에 들려져야 한다는 점에서 언제나 창조적일 수밖에 없다. 이렇게 설교의 형태에 창조성을 시도하는 목적은 오늘날 회중에게 하나님의 말씀을 보다 효과적으로 들려지게 하기 위함이다."[173]

영산은 신학교를 갓 졸업한 목회 초년병 시절부터 예수 그리스도의 케리그마 중심으로 설교를 하면서도, 그 메시지가 삶과 분리되지 않게 하기 위해, 많은 노력을 기울였다. 영산은 스스로 고백하듯이 목회 초기에는 대부분 윤리와 도덕, 천국과 지옥에 관해서, 그리고 영적 축복과 은혜에 대해서만 설교했다. 그러나 영산은 이런 설교가 성도들로부터 외면당하는 것을 절실히 깨달았다. 왜 그런 일이 일어날 수밖에 없었는가? 좋고 은혜로운 설교가 듣는 사람의 관심을 끌 수 없었던 이유는 무엇인가? 그 당시 영산은 자신이 깨달은 이유를 이렇게 밝히고 있다.

> 그들은 너무나 가난하고 병들고 생활에 찌들려 살아가고 있었기 때문에 윤리와 도덕은 물론이고 천국과 지옥 같은 것은 하등의 의미가 없는 문제였습니다. 그들은 그러한 이야기는 배부르고 속 편한 사람들에게나 어울리는 장식품이며 사치품에 불과하다고 생각했습니다. 그들에게 가장 절실하고 필요한 것은 당장 허기를 채울 따뜻한 밥 한 공기, 약 한 봉지였습니다. 그것이 바로 그들에겐 복음이었습니다.[174]

영산은 이런 현실을 접하면서 복음과 삶의 연관성을 깨달았다. 그러하여 영산이 이르게 된 결론은 천국의 복음과 더불어 살아계신 하나님이 지금 여기서Now and Here 즉, 삶의 현장에서 의식주 같은 삶의 문제를 해결해 주시는 분임을 설교해야 한다는 점이다. 설교와 그것을 듣는 사람의 마음이 서로 연관성이 있어야 관심을 갖고 교회에 나오기 때문이다.

이것을 계기로 영산은 성경에서 복음과 삶의 연관성을 연구했다. 영산은 새로운 눈으로 성경을 읽으면서 목회를 폭발적으로 성장시킬 새로운 설교에 눈뜨게 되었다. 그것은

---

174. 김운용, 『설교의 새로운 패러다임』, 30.

말씀과 삶, 복음과 삶이 결코 따로따로 분리될 수 없다는 점이다. 사복음서에서 예수님의 메시지는 결코 그 시대의 삶과 유리되지 않았다.

> 예수님께서는 실제로 죄인의 죄를 용서하시고 그 자리에서 위로해 주셨으며(요8:1-11), 병든 자를 고쳐주시고(마9:8), 배고픈 자들을 먹여 주셨고(막6:30-44), 죽은 자를 살리셨던 것입니다(요11:43,44). 예수님의 목회는 이 땅의 실존적 문제를 해결해 주신 목회였습니다. 천국에 가기를 기다리는 것뿐만 아니라 천국을 이 땅에 이루도록 하신 목회였습니다. 주님은 인생의 문제를 해결해 주시면서 "회개하라 천국이 가까웠느니라"(마4:17)고 복음을 전파하셨습니다.[175]

영산은 예수님의 목회와 설교가 삶의 문제와 유리되지 않았고, 또 사도들 역시 앉은뱅이를 고치고(행3:6-9), 귀신들린 자를 고치는(행16:16-18) 등 현실의 문제 해결을 중요시했던 점을 지적한다. 이런 점을 근거로 영산도 삶의 문제 해결을 설교 메시지의 중심으로 삼았다. 현실적인 문제 해결과 무관한 설교는 울리는 꽹과리처럼 행함 없는 죽은 믿음과 같다. 영산은 현실적인 고통을 당하는 사람에게 도움을 줄 수 없는 설교는 하나의 장식품에 불과한 것으로 본다. 의식주를 해결해야 하는 인간의 현실적인 요구는 도외시 해서는 안된다. 이런 점에서 영산은 영적, 정신적, 육체적 그리고 사회적 문제로 고통을 당하는 사람들을 하나님의 말씀으로 해결해 주기 위해 많은 고민을 했다. 영산은 그의 목회 54년 동안 삶의 문제를 해결하는 설교를 해왔다. 영산은 삶의 현장에 맞는 설교를 성공적으로 수행하기 위해 3가지 원칙을 세우고 이를 실행 해 왔다. 첫째, 확고한 설교철학을 세워라. 둘째, 삶의 문제를 해결하는 설교를 하라. 그리고 마지막으로 약자를 위해 설교하라.

3 청중과 호흡하는 메시지

성경은 믿음이 들음에서 난다고 말한다. 들려지지 않으면 구원의 역사가 일어날 수 없다. 그러므로 우선 말씀을 듣게 하는 것을 중요하다. 이 때문에 "설교를 갱신하

---

175. 김운용, 『설교의 새로운 패러다임』, 33.

려는 관심과 설교를 새롭게 형성하여 전하려는 관심은 복음의 위임에 충실하려는 모든 설교자들의 가장 중심이 되는 관심이 되어왔다. 보다 효과적인 말씀 준비와 전달에 대한 관심은 말씀 사역을 위임받은 사람들의 당연한 관심이라고 할 수 있을 것이다. 설교의 역사를 통해서 볼 때, 설교자들은 그들이 살고 있는 시대 속에서 보다 효과적으로 말씀을 전달하기 위한 설교의 형태 혹은 방법론에 대한 추구도 전달해야 하는 말씀 내용과 함께 깊이 관심을 가져 온 내용이었다. 특별히 변화하는 시대 가운데서 살아가는 청중들이 시대의 변화와 함께 그들의 의식consciousness과 메시지를 받는 커뮤니케이션의 형태가 달라지고 있는 상황 가운데서, 하나님의 말씀의 효과적인 전달에 관심을 갖는 사람이라면 당연히 설교의 방법론에 대해서도 주목하게 될 것이다. 이러한 점 때문에 하나님 나라 복음의 가장 위대한 커뮤니케이터였던 예수님도 다양한 방법을 사용하여 말씀을 전하였으며, 청중에 따라 효과적인 방법들을 사용하셨다."[176]

이런 의미에서 영산은 설교 메시지는 청중과 생생하게 호흡하며 이해하기 쉽게 전달되어야 한다고 주장하고 이를 위해 노력을 기울였다. 쉽게 말한다는 것이 간단하게 말한다는 의미는 아니다. 쉽게 전달한다는 것은 청중이 그 메시지를 받아들일 수 있도록 청중에 맞게 말한다는 것이다. 그래서 영산에 의하면 설교자는 믿는 자와 믿지 않는 자를 구분하여 그에 맞는 언어를 사용해야 한다. "만일 청중이 예수 그리스도를 믿는 사람이라면 그들의 성장을 위한 말을 해야하며 그리스도를 전혀 모르는 사람이라면 아주 쉽고 간단한 말로 예수 그리스도를 소개해야 합니다."[177]

영산은 청중이 쉽게 알아들을 수 있는 설교를 하기 위해 몇 가지를 실천해왔다.[178]

첫째, 단순하게 전하라.

신학적인 용어나 전문적인 지식을 사용하여 수준 높은 설교를 하려는 경우가 있다. 영산은 신학적인 용어를 사용하고 철학적이고 전문지식으로 구성된 수준 높은 설교보다 단순하게 간단한 말로 전하는 설교가 더 낫다는 점을 지적한다. 왜냐하면 설교는 설교자를 위한 것이 아니라 청중을 위한 것이기 때문이다. 그래서 영산은 가난하고 무식한

---

176. 김운용, 『설교의 새로운 패러다임』, 173.
177. 조용기, 『설교는 나의 인생』, 306.
178. 조용기, 『설교는 나의 인생』, 328-332 참고.

청중에게 설교하신 예수님처럼 청중이 알아들을 수 있는 쉬운 말로 설교하고자 했다.

둘째, 청중의 상황을 분석하라.

영산은 설교자가 청중의 요구에 맞추어 효과적으로 설교하려면 청중의 상황을 분석할 줄 알아야 한다고 주장한다. 청중을 분석하는 일은 어렵다. 그렇다고 해서 설교자가 이 일을 간과해서는 안 된다. 왜냐하면 영산에 의하면 설교는 청중을 위해 존재하고, 청중을 고려하지 않은 설교는 아무런 가치가 없기 때문이다.

셋째, 언어로 그림을 그려라.

현대 설교학에서 언어의 매개성에 관심을 기울이듯이, 영산도 설교에서 언어가 가진 역할과 중요성을 잘 알았다. 언어의 측면에서 볼 때, 설교는 예술art이라기보다는 숙련된 기교에 의해서 형성되어 가는 공예craft로 이해할 수 있다. 설교를 정교하게 준비되어진 공예 작품considered craft으로 이해한다면, 설교자는 언어 선택에 있어서 유용성과 효과성을 함께 고려해야 한다. 마치 조각가가 돌덩이를 볼 수 있는 대상의 실제로 만들어 가듯이 설교는 일상의 언어를 통해 초월적인 하나님과 그 세계를 볼 수 있게 해야 한다. 언어를 소리로만 듣는 것이 아니라, 보고 이해할 수 있도록, 설교자는 언어에 능통한 연금사가 되어야 한다. 언어능력이 약하면, 그 만큼 설교의 내용도 빈약하게 전달될 수밖에 없다. 설교에 있어서 어떤 언어가 사용되고, 어떻게 묘사되는 가는 아주 중요하며 그것은 설교의 결과로 직접적으로 연결된다.[179]

영산은 설교자는 청중이 설교를 쉽게 이해할 수 있도록 언어로 그림을 그려야 한다고 말한다. 사람들은 자기 마음속에 그려질 수 있는 것만 이해한다. 마음에 그려지지 않는 것은 어떤 것도 이해 할 수 없다. 그래서 청중이 메시지를 제대로 이해하기 위해서는 설교자가 "청중의 마음을 한 폭의 캔버스로 생각하고 자신의 입술을 붓으로 생각하여 성

---

[179]. 김운용,『설교의 새로운 패러다임』, 362, 재인용. 해리 로빈스은 정교하게 다듬어진 언어와 그렇지 못한 언어의 특징을 다음과 같이 말한다: "열대 지방의 일출 광경과 같이 빛이 나는 밝은 언어가 있는가 하면, 빈혈증에 걸린 핏기 없는 여인과 같이 매력 없는 단조로운 언어도 있다. 프로 권투 선수가 펀치를 날리는 것과 같은 힘있는 언어가 있는가하면, 한 번 달여 먹은 녹차봉지로 끓인 차만큼이나 무미건조한 언어도 있다. 사람들을 편안하게 해주는 베개와 같은 말들도 있다. 어떤 언어들은 청중들을 하나님의 궁정으로 인도하나 어떤 말들은 하나님의 궁정은커녕 빈민굴로 가게 한다. 우리는 언어들에 의해서 살며, 언어들에 의해서 사랑하며, 언어로 기도하며, 그리고 언어 때문에 죽기도 한다."

경 말씀을 그림으로 그려 전달하라"고 강조한다.

설교자와 청중 사이에 소통이 이루어질 수 없고, 따라서 설교가 허공을 울리는 메아리가 되지 않도록 설교자는 청중과 함께 삶의 자리에서 생생하게 호흡할 수 있어야 한다.

3. 성령의 능력에 의존하는 설교

세계적인 목회자요 설교가인 영산은 철저하게 성령의 도움 가운데 설교했다. 그도 성령을 의지하면서 설교했다고 고백한다.

1 성령과의 교제의 중요성

임승안에 의하면 영산의 삶은 성령을 인격체로 섬기고 전적으로 의존한 삶이며, 그의 목회와 설교의 성공은 성령과 동행함으로 가능했다.[180] 영산은 인격체로 인정하고 수용할 만큼 성령의 실재reality에 대한 확실한 믿음을 가졌고, 더불어 강력한 성령의 역사를 체험하면서 능력 있는 설교를 할 수 있었다.

> 영산의 성령 이해에 있어 특히 특징적인 점은 영산은 성령을 인격적인 분으로 인식하고 성령과의 인격적인 교제와 인격적인 동역을 발한나는 짐이다. 영신의 설교는 철저히 성령께 의지하고 성령과 함께 하는 사역이다. 성령과의 교제는 설교자에게 있어서 가장 중요하다. 강단에서 설교하는 설교자는 다른 어떤 요소보다 성령과의 교제가 앞서야 한다. 설교자는 사람들의 마음을 감동시켜 깨뜨리고 하나님 앞으로 이끄는 힘이 있어야 한다. 오늘날 교회가 크게 성장하기 위해서는 개인과 교회 안에 성령의 운행하심이 탁월하게 있어야 한다. 그렇게 때문에 영산은 목회와 설교사역에 성령의 인도하심에 절대 의존한다.[181]

그렇지만 강력한 성령의 역사를 경험하고 증거한 영산조차도 목회사역 초기에는 성

---

180. 임승안, "역사신학의 입장에서 본 조용기 목사의 신학", 120.
181. 박평강, 「4차원의 영적 세계에 기초한 영산의 설교 연구」, 152.

령을 어떤 힘이나 에너지, 능력 정도로 단순히 이해하였다. 성령에 대한 그의 이해가 변하게 된 것은 1964년경이었다. 그 시기에 영산은 성도 수가 늘지 않고, 교회성장이 이루어지지 않으므로 목회에 어려움을 겪고 있었다. 그는 강력한 부흥을 위해 기도에 전념하던 중 성령의 조명을 통해 성령에 대한 새로운 이해를 얻게 되었다.

> 내 아들아, 너는 성령을 알고 있지만 그와 교제를 나눈 적이 없구나…너는 지금까지 성령을 체험적으로만 알아 왔다. 그러나 성령은 인격체이시다. 인격체는 결코 경험의 대상으로만 취급되어서는 안 된다. 너는 그를 한 인격체로 인식하고 환영하고 모셔 들이고 의지하며, 존경하며 감사하는 마음을 가지고 그분과 교제해야 한다.[182]

영산의 고백에 따르면, 이런 성령의 조명으로 영산의 성령 이해는 달라졌다. 그 이후로 영산은 성령을 인격체로 인정하고 모시게 되었으며, 성령과 더욱 깊은 교제를 나눌 수 있게 되었다. 그때부터 영산은 성령에 대한 인격적인 고백과 함께 성령을 중심으로 한 신앙의 생명성과 역동성을 설교하였다.

영산은 성령중심으로 살았고, 성령에 의지하여 목회와 설교를 하였으며, 성령의 신학을 견지하였다. 성령의 중요성을 강조하면서 성령을 의지하여 목회하고 설교한 영산의 입장은 바로 기독교 역사와 목회 전통을 전적으로 따르는 것이다. 교부시대의 감독들과 변증가들도 성령의 중요성 알고, 성령의 역사를 강조하였다. 서방교회의 어거스틴의 목회사역에서도, 동방교회의 카파도키아 교부들을 통하여서도 성령의 역사가 일어났다. 그리고 중세 수도원의 지도자들과 종교개혁자들은 성령의 능력에 힘입어 교회를 개혁할 수 있었다.[183]

1738년 5월 영국의 요한 웨슬레 목사는 올더스케이트에서 성령의 임재를 체험한 후 영국 교회와 사회를 개혁할 수 있었고, 1907년에 평양에서의 성령의 역사는 신앙 대부흥 운동으로 이어지기도 했다. "교회의 역사는 성령의 역사이며, 성령의 역사 없는 교회의 역사는 불가능하기 때문에 교회의 설교사 역시 성령의 역사"라고 말하는 데 아무

---

182. 조용기, 『성령론』, 8.
183. 임승안, "역사신학의 입장에서 본 조용기 목사의 신학", 121.

도 이의가 없을 것이다. 기독교의 역사가 곧 성령의 역사라면 영산의 성령의 역사는 기독교의 역사와 맥을 같이 하는 것이다.

2 성령의 능력을 의존

우리가 영산의 성령 이해에서 주목할 것은 성령과의 인격적인 교제와 동역을 강조한다는 점이다. 영산은 조직적으로 아무리 잘 준비된 설교라 할지라도 성령의 도움 없이는 실패할 수밖에 없다는 것을 확신하였다. 이런 확신에 따라 영산은 성령의 인도와 능력을 철저하게 의존하며 설교하였다.

> 설교는 조직적으로 해야 합니다. 그러나 동시에 우리 속에 계신 성령님이 어느 순간에 어떻게 역사 하실지 모르기 때문에 목표를 세우고도 바꾸어야 하는 경우가 있습니다. 예수님께서 성령의 역사를 바람에 비유해서 "바람이 임으로 불매 네가 그 소리를 들어도 어디서 오며 어디로 가든지 알지 못하나니 성령으로 난 사람은 다 이러하니라"(요3:8)라고 말씀하셨듯이, 설교에는 불가항력적인 우발성이 있는 것입니다. 그러므로 능력 있는 설교를 하려면 성령의 우발성을 받아들이고 성령을 의지해야 합니다.[184]

영산은 성령의 역사 방식이 일정한 것이 아니라, 우발적인 것으로 본다. 성령의 우발성으로 인해 영산은 설교자가 성령을 전적으로 의지해야 한다고 주장한다. 영산은 성령을 배제한 설교는 실패한 설교라고 단호하게 말한다. 영산에 의하면 많은 설교자가 설교 계획을 정연하게 짜 놓고 조금의 여지없이 진행해 나가면서, 성령의 인도를 배제한 설교는 이미 실패한 것이다. 성령의 인도가 없으면 예수님에 대한 바른 이해도 가질 수 없기 때문이다.

> 오늘날 성령의 도움 없이 인간의 학문과 지성으로 예수님을 해석하는 사람들이 있습니다. 이들은 유대인들이 예수님을 정치적, 사회적, 경제적 개혁을 가져올 분으로 착각했던 것처럼, 예수님은 학자이지 도덕가이며 종교가라고 말하며 심지어 신은 죽었다는 말

---

184. 조용기, 『설교는 나의 인생』, 185.

도 서슴지 않습니다…그러나 보혜사 성령께서 오시자 제자들은 담대히 복음을 전파하였고 수많은 사람이 예수님 앞에 무릎을 꿇었습니다. 이러한 일이 일어나게된 것은 성령께서 예수님에 대해 올바르게 해석해 주셨기 때문입니다.[185]

그렇다면 영산은 설교자가 설교를 조직적으로 구성하는 것을 거부하는 것인가? 영산은 설교자가 아무런 준비도 하지 않은 채 오로지 성령만을 의지해야 한다고 주장하는 것인가? 영산의 관점에서 설교자가 성령을 의지해야 하는 것과 설교를 잘 준비하는 것은 서로 양립할 수 없는 것이 아니라 좋은 설교를 위해서 2가지 모두 필요하다. 그러나 설교가 단순히 인간적인 위로나 격려의 차원이 아니라 용서와 구원을 주는 신앙을 일으키는 영적인 차원의 일이라면 설교에서 무엇보다도 중요한 것은 성령의 능력을 의지하고 성령의 인도를 받는 것이다.

물론 우리가 계획을 짜야 합니다. 예배의 순서를 꼭 짜서 하되 그러면서도 순서에 얽매이지 않고 예배할 줄 아는, 성령의 인도를 받는 설교자가 되어야 합니다. 그래서 설교자의 사명은 중대합니다. 강단에 서면 일단 지도자가 되어서 성령님의 운행하심을 날카로운 성령으로 깨달아야 합니다.[186]

영산은 설교자가 성령의 역사를 바로 깨달아, 성령의 인도를 받기 위해서는 기도와 훈련, 2가지가 모두 필요하다고 말한다. 설교자는 성령의 인도를 받기 위해서 기도해야 할 뿐만 아니라, 성령과 교통하는 훈련을 받아야 한다. 이런 훈련을 하지 못한 설교자가 성령의 역사에도 성령을 깨닫지 못하고 오히려 성령을 소멸시키게 된다. 영산에 의하면 설교자가 성령의 능력에 힘입어 설교하려면 성령의 역사 방식에 영적 훈련이 돼 있어야 한다. 친한 친구는 목소리만 들어도 쉽게 마음을 알듯이, 설교자는 예리한 영적 통찰력으로 성령의 역사를 알아차릴 수 있도록 하나님과 많은 대화를 나누는 훈련을 해야 한다.

---

185. 조용기, 『조용기 목사의 설교전집』, vol. 1, 138.
186. 조용기, 『설교는 나의 인생』, 185-186.

영산은 성령과의 교제가 설교자에게 가장 중요하다는 점을 알아서, 철저하게 실천하였다. 설교자는 성령과 교제하는 만큼 성령을 전적으로 의존할 수 있고, 성령의 능력에 따라 사람들의 마음을 감동시키고 깨뜨려 하나님 앞으로 이끌 수 있기 때문이다.

성경은 성령과의 교제를 명령한다. 특히 설교자는 성령과 인격적인 교제를 해야 한다. 성령과의 인격적인 교제란 무엇인가? 이것은 설교자가 성령님을 인정하고 환영하여 마음으로 모셔 들이고 교제하는 것을 말한다. 이런 교제가 있을 때만 설교자는 설교를 통해 성도들의 삶을 변화시킬 수 있다. 영산은 성령과의 인격적인 교제를 통해 능력 있는 설교사역을 감당할 수 있었다.

3 성령과 동역한 메시지

영산은 성령과 인격적으로 교제했을 뿐만 아니라, 성령을 전적으로 의존하면서 설교를 했다. 성령의 능력에 의존하여 설교한다는 것은 무슨 의미인가? 영산에 의하면, 성령의 능력을 따른다는 것은 설교자의 설교가 듣는 사람에게 감동적으로 전해져 그들의 현실적인 문제를 다룰 수 있게 되는 것이다. 영산은 성령의 능력에 전적으로 의지하여, 성도들의 현실적인 삶을 위해 설교했기 때문에 세계적인 교회성장을 이룰 수 있었다.

> 오늘날 교회가 크게 성장하기 위해서는 개인과 교회 안에 성령의 운행하심이 탁월하게 있어야 합니다. 그렇기 때문에 목회생활에서 성령의 인도하심에 절대적인 운명을 내걸고 있습니다…설교자는 성령의 인도하심을 굳게 믿고 용기 있게 전진해 나가야만 합니다.[187]

영산은 설교에서 성령세례보다는 성령충만을 강조했다.[188] 영산은 기도를 많이 하고 성령충만을 받아 설교를 했을 뿐만 아니라, 성도들이 성령충만한 삶을 살도록 강조했다. 우리는 그의 설교에서 성령의 충만에 대한 메시지들을 살펴볼 것이다. 영산이 성령에 대한 설교를 많이 한 것은 그의 설교 전집 21권에서 알 수 있다.

---

187. 조용기, 『나는 이렇게 설교한다』, 145-146.

표 8. 〈설교전집에 나타난 성령에 대한 설교주제〉

번호	설교주제	성경본문	권
1	내가 떠나는 것이 너희에게 유익이라	요 16:5~16	1
2	마게도냐로 건너와서 우리를 도우라	행 16:6~10	1
3	성령 강림의 복	요 16:5~15	1
4	성령의 보내심을 받은 삶	행 13:1~4	1
5	성령께서 계속하시는 예수님의 사역	요 16:12~16	2
6	성령으로 인도함을 받는 자	롬 8:14~16	3
7	성령과 함께 사는 삶	요 4:14	4
8	성령을 소멸치 말라	살전 5:19~22	4
9	나의 하는 일을 저도 할 것이요	요 14:11~14	5
10	생수의 강	겔 47:1~12	5
11	이는 성령으로 말미암느니라	슥 4:6,7	5
12	예수님의 가장 위대한 선물	눅 4:18,19	6
13	오순절의 의의	행 2:1~4	6
14	성령을 소멸치 말며	살전 5:19~22	7
15	보혜사 성령	요 14:15	8
16	성령의 인도함을 받는 삶	엡 5:15~18	8
17	참믿음과 성령	사 11:1~3	8
18	진리의 영	요 14:16~20	9
19	기도의 성령의 역사	행 13:1~5	10
20	신령한 사람	요 6:1~15	11
21	왜 성령을 받아야 하는가?	행 2:1~4	13

188. 윌리엄 W. 멘지즈, 조용기 목사의 성령충만 신학: 오순절 관점, 영산국제신학 심포지엄, 20 03, 19. "조목사는 "성령세례"(Baptism in the Spirit) 보다 "성령충만"(Fullness of the Spirit)이라는 술어를 더 선호하는 것으로 보인다. 이점에 있어서 무엇인가 중요한 의미가 암시된 것으로 보인다. "세례"라는 술어는 그 체험이후에 이어지는 삶의 패턴으로의 초기진입을 넘어서는 것을 가리킨다. 그 술어는 "성령으로 충만하게 된 삶"(Spirit-filled life)을 말하는 것으로 보인다. 강창수는 조목사는 후기에 "성령충만"이라는 술어를 선택하여 사용하였으며, 그가 생각하기에는, "성령세례"라는 술어보다는 "성령충만"이라는 술어가 성령을 최초로 받은 자의 삶의 패턴을 보다 선명하게 가리키고 있기 때문이라고 말한다.

22	다른 보혜사	요 14:16~20	14
23	성령의 체험	겔 47:1~9	14
24	너희가 믿을 때에 성령을 받았느냐?	행 19:1~7	15
25	성령과의 사역	행 4:8~12	15
26	평범한 생활 가운데 성령의 인도하심	롬 8:12~16	15
27	성령으로 살고 성령으로 행하자	갈 5:16~26	16
28	성령께서 맺으시는 열매	갈 5:22~24	18
29	성령과 말씀과 기적	창 1:1~5	18
30	오순절 날에 임하신 성령	행 2:1~4	18
31	성령세례란 무엇인가?	행 1:1~8	19
32	인격이신 성령	고후 13:13	19
33	주의 성령이 내게 임하셨으니	눅 4:16~21	19
34	성령 강림의 의의	행 2:1~4	20
35	성령과의 교통	고후 13:13	20

영산은 다른 주제에 비해 성령에 대한 설교를 많이 했다. 그 중에서도 특히 성령의 인도와 성령충만의 중요성을 강조하였다.

> 성령이 충만하게 되면 하나님이 살아계신 증거가 뚜렷해지기 때문에 "수고하고 무거운 짐"을 하나님께 내어맡겨 버립니다…성령이 충만하면 진실로 이러한 담력이 생깁니다.[189]

이렇듯 영산은 성령충만을 받으면 하나님의 살아계심에 대한 증거가 되며, 나아가 세상에 대해 담대해지고, 성도 자신의 무거운 짐도 과감히 맡길 수 있게 된다고 말한다. 더 나아가 영산은 성령충만을 복과 자유에 대한 복음 선포와 연결시킨다. 영산에 의하면 성령충만은 생명의 역사와 삼중축복을 가능하게 하는 전제조건인 것이다.

---

189. 조용기, 『조용기 목사의 설교전집』, vol. 4, 310.
190. 조용기, 『조용기 목사의 설교전집』, vol. 5, 152-153.

예수님께서도 성령의 생수가 당신을 통하여 흐르기 때문에 복과 자유에 대한 복음을 선포하신다고 하셨는데 하물며 여러분과 나 같은 사람이 성령충만을 받지 않고 어떻게 생명의 역사를 나타나게 하겠습니까?…성령의 능력으로 하나님께 항복하여 순복하고, 성령으로 말미암아 하나님을 내 능력으로 삼고, 하나님께 전폭적으로 내 인생을 맡김으로 성령의 물이 마치 바다같이 넘쳐 나오도록 하십시다. 그리하여 우리 개인과 가정과 사업과 생활 전체에 치료가 임하고 번창하게 하는 하나님의 역사가 일어나게 함으로 영혼이 잘됨 같이 범사에 잘되고 강건하며 생명을 얻되 넘치게 얻어 수많은 사람들에게 생명을 나눠 주십시다.[190]

  영산은 바르고, 능력 있는 설교를 위해서는 설교자가 먼저 성령충만을 받아야 한다고 한결같이 주장하였다. 영산의 설교에서 가장 핵심적인 것은 설교 메시지가 성령으로부터 나온다는 점이다. 성도들로 하여금 감동을 받아 말씀을 듣게 하고 기도하게 함으로 생명을 소생시키는 것은 바로 성령의 사역이다. 설교를 통해서 믿음과 생명을 소생시키는 것은 단순히 설교자의 설교 작성 능력에 달려 있는 것이 아니다. 물론 설교자가 설교를 잘 작성하는 것도 중요하다. 하지만 그보다 더 중요한 것은 설교자가 성령으로부터 메시지를 받아 설교하는 것이다.
  성령의 인도와 능력에 의존한 영산은 성령충만한 목회자로서 설교하였고, 성령충만의 역사를 다양하고 실제적인 목회현장에서 나타내었다.

08 영산 설교의 내용과 형식분석

설교는 시대의 사회상과 사조를 담고 있다. 영산의 메시지는 그의 신학과 삶을 반영하고 있다. 또한 영산이 이러한 시대적 상황을 어떤 본문을 통해 담아냈는지를 살펴보는 것은 매우 의미가 있다. 여기서 54년간 영산의 설교를 다 추적하여 살펴보는 것은 현실적으로 불가능하므로 앞서 나누었던 것처럼 시대를 세 개로 나누고, 그 시기를 대표할 수 있는 설교집을 표본으로 선택해서 분석할 것이다.

1. 영산 설교의 내용분석

1 정기 주일예배와 수요예배의 본문 경향성

먼저 영산의 설교 중에서 자료가 보존되어 있는 정기 주일설교와 수요예배의 본문 사용 경향성을 분석할 것이다.

표 9. 〈정기주일예배설교와 수요예배 설교들의 본문 경향성〉

성경	분류	책명	정기주일예배 (건)	정기수요예배 (건)	소계	합
구약성서	모세5경	창세기	75	46	121	221
		출애굽기	39	40	79	
		레위기	1	0	1	
		민수기	12	0	12	
		신명기	8	0	8	
	역사서	여호수아	12	1	13	89
		사사기	10	1	11	
		룻기	1	0	1	
		사무엘상	12	2	14	
		사무엘하	0	1	1	
		열왕기상	11	0	11	
		열왕기하	22	2	24	
		역대기상	0	0	0	
		역대기하	7	1	8	
		에스라	0	0	0	
		느헤미야	0	0	0	
		에스더	6	0	6	
	시가서	욥기	9	0	9	244
		시편	122	4	126	
		잠언	24	61	85	
		전도서	5	18	23	
		아가서	1	0	1	
	선지서	이사야	60	6	66	129
		예레미야	16	0	16	
		애가	0	0	0	
		에스겔	11	0	11	
		다니엘	8	0	8	
		호세아	3	0	3	
		요엘	1	0	1	
		아모스	0	0	0	
		오바댜	0	0	0	
		요나	15	1	16	
		미가	1	0	1	
		나훔	0	0	0	
		하박국	2	0	2	
		스바냐	0	0	0	
		학개	1	0	1	
		스가랴	1	0	1	
		말라기	3	0	3	
		소계	499	184	683	683

신약성서	사복음서	마태복음	183	74	257	802
		마가복음	58	26	84	
		누가복음	154	86	240	
		요한복음	160	61	221	
	역사서	사도행전	58	23	81	81
	바울서신	로마서	98	64	162	656
		고전	90	59	149	
		고후	84	34	118	
		갈라디아	34	7	41	
		에베소서	77	2	79	
		빌립보서	43	10	53	
		골로새서	17	0	17	
		살전	17	0	17	
		살후	1	0	1	
		딤전	0	2	2	
		딤후	10	2	12	
		디도서	0	3	3	
		빌레몬서	0	2	2	
	일반서신	히브리서	96	28	124	297
		야고보서	34	9	43	
		벧전	20	10	30	
		벧후	4	1	5	
		요한1서	12	7	19	
		요한2서	0	1	1	
		요한3서	10	0	10	
		유다서	1	0	1	
		계시록	17	47	64	
		소계	1278	558	1836	1836
계			1777	742	2519	2519

영산의 설교에 대한 공식적인 기록은 1962년 2월 부터이다. 1960년대(1962년 2월 - 1969년 12월)에 영산의 설교는 총 366건이 기록되어 있다. 이 숫자는 주일예배와 주일저녁예배를 포함한 교회 정기설교에 해당한다. 1970년대(1970년 1월 -1979년 12월)에 해당하는 영산의 설교는 총 880건이 기록되어 있다. 여기에는 주일예배, 수요예배, 국내 대규모 성회(조용기 목사 서울대전도대회), 실업인 선교정기예배, 교회기관 특별예배 등이 포함되어 있다. 1980년대(1980년 1월 -1989년 12월)에 해당하는 영산의 설교는 총 2266건이 기록되어 있다. 여기에는 주일예배, 수요예배, 국내 대규모 성회(조용기목사 서울대전도대회), 실업인 선교정기예배, 교회기관 특별예배, 아침 교직원예배, 금요철야, 평신도 지도자 세미나, 라디오방송 설교, 교단 내 특별예배 설교, 해외성회 설교 등이 포함되어 있다. 1990년대

(1990년 1월 -1999년 12월)에 해당하는 영산의 설교는 총 1258건이 기록되어 있다. 여기에는 주일예배, 수요예배, 국내 대규모성회 설교, 실업인 선교정기예배, 교회기관 특별예배, 아침 교직원예배, 금요철야, 평신도 지도자 세미나, 교단 내 특별예배, 해외성회 등이 포함되어 있다. 2000년대(2000년 1월 -2003년 6월)에 해당하는 영산의 설교는 총 307건이 기록되어 있다. 여기에는 주일예배, 수요예배, 실업인 선교정기예배, 교단 내 특별예배 등이 포함되어 있다. 그 외에도 년도미상의 설교 32건이 있다.[191]

2 설교집에 나타난 본문 경향성

(1) 1960년대 설교집 『믿음과 실상』 분석

본문 사용의 경향성을 분석함에 있어서 위의 기록을 중심으로 살펴보고자 한다.

표 10. 〈1960년대 표본 설교: 『믿음과 실상』(1968년)의 본문 분석〉

성경	주제	본문	설교 형식
구약 성경	신앙생활과 물질축복	창 28: 20-22	주제/대지설교
	온유한 자의 승리	시 37: 11	주제설교
	일과 인생	렘 33:1-3	주제/대지설교
신 약 성 경	좋으신 하나님	마 11: 28	주제설교
	항상 함께 계신 예수님	마 28: 18-20	주제설교
	명령의 창조적 힘	막 11: 20-23	주제설교
	운동력 있는 기도	눅 18: 1-8	주제/대지설교
	성령은 바람같이	요 3: 8	주제설교
	거짓말 장이	요 8: 44	주제설교
	우리 구주되신 예수님	요 10:10	대지설교
	기 적	요 14: 12-14	주제/대지설교
	내가 떠나는 것이 너희에게 유익이라	요 16: 7-8	주제/대지설교
	불의 혀같이	행 2: 1-4	주제설교
	하나님과 함께 사는 생활	행 17 : 24-28	주제설교
	꿈과 믿음이 없는 인간의 비극	행 2: 17	주제설교

---

191. 당회장 목회자료관, 『설교 색인집 2003』, 여의도순복음교회 당회장 목회자료관, 2003, 135-237 참조.

신약성경	죄에 대한 하나님의 해답	롬 6: 22-23	주제설교
	환난의 극복	롬 4: 5-6	주제/대지설교
	예수님을 주로 부르기까지	고전 12: 3	주제설교
	사망아 너의 이기는 것이 어디 있느냐	고전 15: 50-58	주제/대지설교
	세 가지 나	갈 2: 20	주제설교
	현대주의적 십자가와 주님의 십자가	갈 6: 14	주제설교
	율법과 은혜	갈 3: 1-14	주제설교
	앉아서 사는 인생	엡 2: 1-6	주제설교
	하나님의 평강	빌 4: 6-7	주제/대지설교
	공포에서 해방	딤후 1: 7	주제/대지설교
	시험을 참는 자의 복	약 1: 12	주제/대지설교
	정결한 신부인 성도	약 4:4-6	주제설교
	신앙과 질병치료	약 5: 13-16	주제설교
	안식의 새해	히 4: 1-11	주제설교
	믿음과 실상	히 11: 1-3	주제/대지설교
	속세계의 발견	히 11: 13	주제설교
	피의 대가	히 12: 24	주제/대지설교
	성령의 밝은 불빛	요한 1서 2:26-29	주제설교

이 설교집에는 교훈적인 주제설교 33편이 들어 있다. 그 중 3편은 구약을 본문으로 사용했고, 나머지 30편은 신약을 본문으로 사용했다. 『믿음과 실상』(1968)에서 영산의 설교는 전도설교는 0%, 교훈설교는 85%, 치유설교는 15%, 그리고 예언설교는 0%의 분포를 가지고 있다. 이점에서 볼 때 영산의 설교는 주로 교훈적인 주제설교를 한 것으로 나타났다.

2 설교전집(20권) 분석

영산의 설교전집 총 21권에는 780여 편의 설교가 들어 있다. 이 설교집은 1974년부터 1996년까지의 설교를 모아 1996년에 설교전집으로 발간한 것이다. 21권 중 1-3권에는 1974년-1980년까지의 설교들이 실려 있고, 4권부터 20권까지에는 1981년부터 1996년까지 설교들이 실려 있다. 서정민 교수는 21권에 실려 있는 783편의 설교를 대상으로 '색인편의 주제별 찾아 보기'를 주로 참고하여 분석하고 이를 표로 만들었다.

표 11. 〈색인편의 주제별 찾아보기〉

주제	설교 회수	주제	설교 회수	주제	설교 회수	주제	설교 회수
가정	22	감사	6	계명	8	고난	17
교회	4	구원	11	권면	2	권세	9
기도	31	기쁨	5	꿈	11	능력	5
두려움	10	마음	24	말씀	9	믿음	54
변화	14	보혈	4	복	5	복과감사	19
봉사	2	부활	14	사랑	15	사탄	10
삶의 목적	14	새질서	22	새해	8	생각	10
선교	5	성결	6	성공	12	성도의삶	62
성령	35	성장	12	소망	10	순종	11
시험과 승리	37	신뢰와 확신	15	치유	1	심판	4
십자가	14	예배	1	그리스도	28	욕심	1
은혜	15	의	3	이기주의	2	이웃	5
이해	2	인도	29	인생	27	절망	10
조국	5	죄	8	창조	3	천국	11
충정	9	치료	8	하나님	23	행복	6
헌금	2	회개	9	총계	783		

영산 설교의 특징은 주제의 폭넓은 종횡과 마찬가지로 성경본문의 선택에 있어서도 구약 24권, 신약20권 등 총 44권의 성서를 아우르고 있다는 것이다. 이는 성경 전체 66권(구약 39권, 신약 27권) 중 67%를 사용한 수준으로 비교적 넓은 범위이다. 그러나 그 선택 빈도수에 있어서는 구약이 전체 780회 중 193회 선택으로 25%, 신약이 587회 선택으로 75%를 차지하고 있다.

구약성경 중에서는 시편이 193회 중 46회로 단연 수위를 차지하고, 창세기 30회, 출애굽기 15회, 이사야 20회 등이 비교적 높은 빈도수를 보인다. 구약 중에서도 율법서, 역사서보다는 축복과 찬양, 탄원이 가득한 시편, 예언서 등에 치중된 선택을 보이고 있다. 여기서 주목할 것은 구약의 대표적 묵시록인 다니엘서를 수십 년 동안의 설교에서 단 3차례 선택한 데 그쳤다는 점이다.

"한편 신약성경의 선택 빈도수를 보면 총 선택 587회 중 마태복음이 76회, 누가복음이 73회, 요한복음이 54회, 마가복음이 31회로 단연 복음서 중심의 설교가 이어지고 있다. 여기에 로마서 52회, 고린도 전후서가 각각 41회와 36회, 에베소서 39회, 빌립보서 38회로 바울서신 역시 골고루 선택되고 있다. 이는 복음 중심의 메시지, 구원의 케리그마, 기독론의 정립, 교회론의 확고한 입론(立論)을 의도한 건강한 메시지의 기조(基調)를 살필 수 있는 증거가 된다. 한 가지 특기할 사실은 신약성경의 기타 문서, 작은 서신 중 히브리서의 선택 빈도수가 45회에 달하여 신약의 다른 중요 문서들과 동등한 빈도수를 보이고 있다는 점이다. 이는 역시 히브리서의 특성, 곧 신앙 가치에 대한 강력한 권고, 하나님의 아들로서의 그리스도 강조, 유대교의 완성으로서의 기독교 등 기독교인의 신앙정조에 대한 '설교'의 특성을 지닌 히브리서를 신앙생활의 지표로 자주 원용한 흔적이다. 결국 설교주제에 있어서 '성도의 삶'이 62회로 수위, '믿음'이 54회로 두 번째를 기록한 사실과 무관한 일이 아닌 것이다. 전체적인 면에서 신약 중심, 그 중에서도 복음서 중심의 성경본문 선택의 설교경향은 1970-80년대 한국교회의 전반적인 설교경향을 유지하는 특성이며, 지금껏 논의되어 온 조용기 설교의 전체적인 특성과 맥락에서 이탈하지 않는 결과이다."[192]

2. 영산 설교의 형식분석

설교자에게 있어서 "무엇을what 설교할 것인가?"하는 문제만큼 "어떻게How 설교할 것인가?"하는 문제도 중요하다. 설교자가 설교형식을 놓고 고민하는 이유는 설교에서 설교형식이 설교의 균형을 맞추어주기 때문이다. 같은 내용이라도 어떤 논리적 형식을 취하느냐에 따라 전달효과가 달라질 수 있기 때문이다.

---

192. 서정민, "한국교회의 성령 운동의 설교사 이해", 79-81.

1 설교의 기본 형태

성경의 메시지를 청중에 맞게 전달하기 위해서 설교의 형식 또한 중요하다. "형식 설교학이 지향하는 것은 설교의 구성을 통해 설교내용을 성공적으로 전달하는 것이다. 이런 취지는 당연히 회중과 상황의 다양성을 전제로 한다."[193] 설교의 자료사용을 기준으로 다양한 설교형태로 나눌 수 있다.

(1) 주제설교

주제설교Topical Sermon는 성서적 설교와 달리 설교자가 가진 시각과 통찰력, 식견, 지식과 지혜, 해당주제에 대한 정확한 판단 그리고 설교자의 인격 등이 매우 중요한 요소로 작용하는 설교형태이다. 이 설교형태에서는 설교자의 풍부한 체험과 고매한 인격 그리고 통찰력과 주제에 대한 정확한 정보가 설교를 가름하는 기준이 된다. 이런 점에서 주제설교에서는 상당한 지적훈련이나 경험을 가진, 그리고 좋은 인격을 가진 설교자가 좋은 영향을 미칠 수 있다. 이 설교형태에서 설교자는 본문에 매이지 않고 주제에 대해 자유롭게 설교를 할 수 있다. 그러나 이런 설교는 설교자가 본문에 대해서 철저하게 파악하고, 주제에 대해서 성실하게 준비하지 않는 경우 비성경적인 설교를 할 수 있다는 문제점을 내포하고 있다.

(2) 강해설교

강해설교Expository Sermon는 성경의 한 구절이나 몇 절에서 중요한 사상을 취하고 그것을 해석, 논리적으로 설명하여 실제 생활에 적용시키는 설교이다. 이 설교형태는 두 가지 장점이 있다. 하나는 하나님 말씀에 집중함으로 성경의 권위를 세워주며, 성경의 깊이를 잘 드러낼 수 있다는 점이다. 그리고 다른 하나는 본문설교에 비해 연설적 요소를 가미하는데 유리하여 회중의 흥미를 이끌어 낼 수 있다는 것이다.[194] 즉 강해설교는 성경을 연구하기에 가장 좋은 방법이며, 동시에 성경을 성도에게 흥미 있게 만들고 삶의 현실에 맞게 적용할 수 있도록 가르치기에 좋은 통로이다. 강해설교를 통해 설교자는 성경을

---

193. 정인교, 『설교학 총론』, 292.
194. 정인교, 『설교학 총론』, 286.

깊이 있게 읽고 하나님의 뜻을 발굴해 내어 실존적인 삶 속에 있는 성도에게 그 뜻을 전달할 수 있다. 그러나 이 일이 실제로 가능하기 위해서는 설교자에게 부단한 노력과 시간과 자원, 그리고 적극적인 학습이 요구된다.

(3) 본문설교

본문설교Textual Sermon는 한 절이나 두 절의 성경구절에 기초한 설교로서 주제와 대지를 모두 본문에서 취하는 것을 말한다. 본문설교에서는 내용이 언제나 본문과 일치해야 한다. 이 설교형태의 장점은 성경본문에 충실할 수 있다는 점이며, 설교가 설교자의 개인적인 사상을 말하는 데로 빠지는 것을 막아준다는 것이다. 본문설교를 하려는 설교자는 깊이 있는 성경연구를 할 수 있어야 한다. 이 설교형태가 갖는 약점은 긴 문맥의 전체적인 의미나 기록목적이 무시되어 설교자의 개인적인 주장을 강하게 역설하게 만드는 경향이 있다는 것이다. 성경을 자기주장의 방편으로 사용하면 순수한 성경의 권위는 상실되어 버린다.[195]

2 영산 설교의 형태분석

1958년에서 2013년까지 54년간의 영산 설교의 형태분석은 상당히 어려운 일이다. 기간과 설교의 양에 있어서 어떤 설교자의 것과도 비교할 수 없기 때문이다. 뿐만 아니라 영산의 설교를 하나의 형태만으로 볼 수도 없다. 현존하는 자료를 중심으로 영산의 설교형태를 분석하자면, 영산은 주제설교, 본문설교 그리고 강해설교 등 다양한 설교형태를 통해 설교하였다.

영산은 국제 기독교 선교대회(1978, 1980 등), 동경 복음성회(1979년) 대만 세미나(1981), 일본 세미나(1982), 중국 세미나(1982-1983), 호주 세미나(1978), 미주 교역자 세미나(1977-1978), 독일, 프랑스 등 서유럽 지역과 핀란드와 스웨덴 등 스칸디나비아 세미나 등 수 많은 해외성회에서 설교를 하였다. 그런데 해외성회에서 그의 설교의 특징은 본문을 정하지 않고, 자유롭게 주제설교를 하였다는 점이다. 또 신학교 졸업식, 교역자 및 임직원 세

---

195. 조귀삼,『영산 조용기 목사의 교회성장학』,(군포: 한세대학교말씀사, 2009), 268.

미나 등 교회기관 특별예배, 국내와 해외 대규모 복음화 성회에서도 역시 본문 없이 주제설교를 하였다.

영산은 강해설교를 하기도 하였다. 영산의 강해설교는 자료에 따르면 주로 정기 수요예배에서 이루어졌다. 수요예배 때 행해진 강해설교는 1978년 로마서 강해부터 시작되었다. 로마서 강해설교는 1978년 11월 15일부터 1979년 4월 18일까지 19차례 시행되었고, 그 뒤를 이어 1979년 5월 16일부터 1980년 11월 12일까지 고린도전후서 강해가 이루어졌다. 1982년 8월말과 9월초에 디모데후서 강해가 2번, 같은 해 9월에 디도서 강해가 3번, 1982년 9월과 11월에 야고보서 강해가 4번, 1982년 12월 15일에서 1983년 1월 12일까지 베드로전서 강해가 8번, 1983년 2월에 요한1서 강해가 1번, 같은 해 3월에 요한 2서 강해가 1번, 1983년 3월에서 12월까지 사도행전 강해가 19번, 1984년 1월 팔복강해가 1번, 1984년 1월에서 1986년 2월까지 요한복음 강해가 50번, 1986년 2월부터 같은 해 10월까지 요한계시록 강해가 20번, 1986년 10월에서 1987년 9월까지 마가복음 강해가 22번, 1987년 9월에서 1989년 4월까지 창세기 강해가 41번, 1989년 4월에서 1990년 8월까지 출애굽기 강해가 40번, 같은 해 9월에서 1992년 12월까지 잠언 강해가 60번, 1993년 1월에서 같은 해 10월까지 전도서 강해가 19번, 1993년 11월에서 1996년 10월까지 누가복음 강해가 78번, 1996년 11월에서 1997년 8월까지 히브리서 강해가 25회, 1997년 8월에서 1999년 10월까지 마태복음 강해가 69번, 1999년 11월에서 2000년 8월까지 요한계시록 강해가 다시(1986년 2월- 10월까지 요한계시록을 20번 강해함) 26번, 2000년 8월에서 2001년 8월 로마서 강해가 다시(로마서 강해설교는 1978년 11월 15일부터 1979년 4월 18일까지 19번 시행됨) 36번, 2001년 8월에서 2003년 6월 고린도전후서 강해가 다시(1979년 5월 - 1980년 11월까지 고린도전서 강해 23번 시행됨) 52번, 연도 미상으로 요한 1서 강해설교를 포함 20번을 시행하였다.

금요철야에서 영산은 1977년 10월 14일 야고보서를 강해설교하였고, 그 뒤로 히브리서 강해 1번, 에베소서 강해 4번, 골로새서 5번, 데살로니가전후서 9번, 고린도후서 2번, 디모데전후서 5번, 야고보서 1번, 베드로전서 1번, 유다서 1번, 그리고 사도행전 강해설교를 12번 하였다.

영산이 주로 사용한 설교형태는 본문설교이다. 1960년대는 주로 주제설교를 하다가 70년대 이후부터 주로 본문설교를 하였다. 특히 1974년 1월 첫 주일-1996년까지의 설교내용을 담고 있는 그의 설교전집에 들어 있는 설교들은 대부분 본문설교 형태를 취하고 있다.

3. 영산 설교의 구성 원칙

목회자 중에서도 많은 설교를 한 목회자이지만, 영산은 효과적인 설교를 위해서 6가지 구성 원칙을 지키며 설교를 준비했다. 영산은 설교의 본문과 구성을 늘 고민하는 설교자였다.

첫째, 성경본문의 충실성 원칙
영산은 성경본문의 이해에 충실하고자 하였다. 그것은 그가 성경본문이 설교에서 전달되어야 하는 일차 목표임을 확신했기 때문이다.

> 그러므로 설교자는 자신이 선택한 성경본문이 뜻하는 바를 깊이 생각하고, 그것을 전달하려는 목적에 부합하도록 설교를 구성해야 합니다. 설교는 성경말씀을 그대로 전달하는 것이지 결코 설교자의 인간적인 생각을 드러내는 것이 아닙니다.[196]

둘째, 주제에 대한 통일성 원칙
영산은 통일성을 가지고 설교를 구성하였다. 영산은 본문에서 주제를 잡고, 그 주제에 대해 서너 가지의 소주제로 나누어 이야기하면서도 소주제들이 하나의 주제에 집중되어야 함을 강조한다. 그렇게 할 때, 성도들이 설교자로부터 내용을 하나의 주제로 집약할 수 있을 것이다. 영산은 특히 젊은 설교자들이 이렇게 통일성을 가지고 설교를 구성할 것을 권고한다. "설교에 익숙하지 못한 젊은 설교자들은 설교에서 너무 많은 교훈을 전하려고 합니다. 그러나 아무리 좋은 말씀을 전한다 하더라도 그 말씀이 성도의 기

---

196. 조용기, 『설교는 나의 인생』, 308.

억 속에 남지 않으면 그 설교는 실패한 것입니다."[197]

셋째, 단순한 구성 원칙

영산은 설교에서 통일성을 지키려면 설교를 단순하게 구성해야 한다고 말한다. 설교자가 한 가지 중요한 사실을 전하기 위해 몇 가지 소주제를 전하는데, 그 관계가 복잡하거나 전문적이면 청중은 주제를 이해하기 어려워 지루해 할 것이다. 그런 설교는 역할을 다하지 못할 것이다. 그러므로 설교에서 어려운 신학적 논의나 철학적이고 사변적인 내용을 다루는 것은 바람직하지 못하다.

넷째, 질서의 구성 원칙

영산은 설교는 질서가 있어야 한다고 말한다. "사람의 몸이 맨 위에는 머리, 가운데는 몸통, 밑에는 다리가 있듯이 설교를 하는데 있어서도 순서가 있어야 합니다. 몸의 각 기관이 저마다의 역할이 있으면서 상호 연관성이 있듯이 설교도 마찬가지입니다."[198] 영산에 의하면, 설교자는 설교의 주제를 향해 설교내용 전체가 통일성있게 연관되면서, 각 대지들은 핵심주제에 맞고 질서 있게 유지해야 한다.

다섯째, 전체적인 균형을 위한 구성 원칙

영산은 설교의 중심주제만 아니라, 그 주제를 위해 나눈 소주제들 역시 편중되어 전달되어서는 안 된다고 말한다. 영산은 설교자들이 설교를 구성할 때 주제뿐만 아니라 소주제들도 각각의 역할을 할 수 있도록 균형을 이루어야 한다고 강조한다.

여섯째, 진행성의 구성 원칙

영산은 설교는 내용을 단순히 그대로 전달하는 것이 아니라고 말한다. 영산에 의하면 설교는 처음부터 청중의 시선을 사로잡을 수 있는 내용을 가지고 있어야 하고, 설교의 과정에서 점차적으로 절정을 향해 가는 내용구성이 있어야 한다. 효과적인 설교는

---

197. 조용기, 『설교는 나의 인생』, 308.
198. 조용기, 『설교는 나의 인생』, 309.

청중이 설교자가 의도하는 결론에 자연스럽게 도달하는 것이다.[199]

　영산은 설교자들이 전해야 하는 가장 중요한 메시지는 예수 그리스도의 복음이라고 강조한다. 청중이 생명의 복음을 생생하게 이해하고 받아들일 수 있도록 하기 위해서 설교자는 혼신의 힘을 기울여 좋은 설교를 작성해야 한다. 영산은 예수 그리스도의 복음을 효과적으로 전하기 위해 설교자가 생명을 걸고 성경을 연구하여 메시지를 발견하고, 창조적으로 설교를 구성하기 위해 철저하게 준비할 것을 할 것을 강조한다.

---

199. 조용기, 『설교는 나의 인생』, 308-309.

영산 설교의 설교학적 이해

09 청중을 위한 영산 설교 패러다임

위대한 설교자들과 설교학자들은 그들의 청중을 깊이 고려하면서 설교의 새로운 형태와 스타일을 창조하거나 최소한 과거의 방법을 새롭게라도 하려고 노력했다 - Amos Wilder -

1. 들려지는 설교의 중요성

1 설교의 궁극적인 목적

설교의 최종 목적이 무엇인가? 설교의 최종 목적은 하나님 말씀을 전하는 것이 아니다. J. 마세이(James E. Massey)는 설교의 궁극적인 목표는 설교를 듣는 사람과 하나님의 은총을 연결시키는 것이며, 청중의 삶 속에서 하나님의 은총이 충만하도록 하는 것으로 여긴다. 이 점이 설교에서 기본적인 목표가 되어야 하고, 이 목표 외에는 어떤 것도 설교를 올바로 평가할 수 없다. 마세이의 이런 지적은 설교가 더 이상 청중에게 큰 기대를 주지 못하는 시대에 시사하는 바가 크다.

김운용 교수는 청중에게 들려지지 않는 설교를 나쁜 설교 또는 악한설교Bad Preaching로 간주한다.

이런 점에서 볼 때, 청중에게 들려지지 않는 설교는 "나쁜 설교"이다. 청중을 실망시키고, 말씀의 사역자로 세우신 하나님을 실망시킨다는 점에서 들려지지 않는 설교는 "악한 설교"bad preaching이다. 그러므로 들려지지 않는 설교는 엄밀한 의미에서 설교라고 할 수 없다. 믿음은 들음에서 난다고 했다Faith comes from hearing, (히10:17). 다시 말해서 들려지지 않는 설교는 믿음을 불러일으킬 수 없으며 복음을 통한 구원의 역사를 일으킬 수 없다. 청중으로 하여금 하나님을 대면케 하는 역할을 전혀 기대할 수 없다.[200]

청중이 설교를 듣지 않는다는 것은 그들이 설교에 식상함을 느껴져 하나님의 말씀에 대한 식욕을 전혀 느끼지 않는다는 것을 말한다. 더 최악인 것은 보다 좋은 설교에 대한 희망마저 갖지 못하고, 설교에 대해 아무런 기대도 하지 않는다는 것이다. 이런 결과는 나쁜 설교로부터 일어난다. "하나님의 말씀을 듣기 위해서 예배에 참석한 청중에게 하나님의 말씀이 전혀 들려지지 않게 하고 오히려 그들로 하여금 설교에 대한 안타까움을 갖게 했으며, 설교에 대해 아무런 기대도 갖지 못하도록 만드는 악한 일을 자행하는 결과를 가져왔다."

2 들을 수 있는 설교 고려하기

청중이 모든 설교를 다 듣는 것은 아니다. 청중이 설교를 듣는다는 것은 그 만큼 설교가 청중의 관심사에 맞추어져 있다는 것이다. 이런 경우는 설교자가 청중에 대해 깊은 관심을 갖고 있는 경우에만 가능하다. 김운용 교수는 들려지는 설교를 할 수 있기 위해서 고려해야 할 몇 가지 사항을 제시한다.[201]

첫째, 설교에 있어서 청중의 역할에 대해서 깊이 고려하기

전통적인 설교관에서 청중은 설교 메시지를 수동적으로 받아들이는 존재로 이해되었다. 그와 달리 오늘날 설교를 듣는 청중은 단순한 청취자가 아니다. 오히려 청중은 설교자와 함께 설교의 여정을 함께 가는 파트너이다. 설교를 하나님과의 만남의 사건

---

200. 김운용, 『설교의 새로운 패러다임』, 381.
201. 김운용, 『설교의 새로운 패러다임』, 388-395.

the event of encounter을 보는 시각에서 보면, 그리고 설교를 청중으로 하여금 사역의 깊은 헌신자로 변화시키는 믿음의 사건으로 보면 청중의 가치와 중요성에 대해 새롭게 주목할 필요가 있다.

둘째, 설교의 언어에 대해 깊이 고려하기

언어는 하나님이 자신의 존재를 알릴 수 있고, 인간과 대화하는 자리이다. 그 때문에 설교자가 어떤 언어관을 가지고, 어떤 언어를 사용하느냐에 따라서 하나님의 말씀의 의미가 달리 전달될 수 있다. 그래서 김운용 교수는 설교에 있어서 어떠한 언어가 사용되느냐 하는 것은 설교의 결과를 결정짓는 중요한 요소라고 말한다. "언어는 단순하게 설교(자)의 생각을 담아 전달하는 것이며, 사람들로 하여금 존재의 실체reality에 이르도록 도와준다. 또한 사람들의 의식세계를 형성하도록 도와준다. 적절하게 사용된 언어가 인지기관과 영성을 터치할 때, 말씀과 하나님의 세계를 경험experience하게 해 준다..... 오늘의 시대에 '어떻게' 하나님의 말씀을 전달communication할 것인가에 대해 깊이 관심을 기울인다면 오늘의 청중이 어떻게 듣는가와 어떤 언어를 통해 효과적으로 전달되어지는가를 깊이 고려해야만 할 것이다."[202]

셋째, 설교의 형태에 대해 고려하기

설교의 형태는 설교의 효과성과 연관이 있다. 김운용 교수는 설교의 형태는 설교의 조직적인 계획organizational plan이고, 효과적인 설교를 위해 필수적인 요소라고 말한다. "설교자는 그동안 무엇을 전할 것인가에 대해서는 깊이 관심을 가져왔지만 어떻게 전달할 것인가에 대해서는 생각하지 못했다. 혹자는 이러한 현상을 "설교 방법론에 대한 학대"라고 지적한다. 어떻게 듣게 할 것인가에 대한 관심은 설교의 효과성을 높여 주지만, 설교 방법론에 대한 무관심은 지루함과 권태감을 야기하는 주원인이 되어진다… 지루함과 권태감은 설교에 대해서 무관심하게 만들고, 하찮은 것으로 생각하게 하며 믿음의 세계와 하나님의 말씀에 대해서 정면으로 대항하고 거부하는 세력이 되게 한다."[203]

마지막으로, 설교에서 복음에 대한 분명한 경험이 강조되는 것에 대해 고려하기.

오늘날 많은 설교자 시도하고 있는 청중에게 부담을 주지 않는 편안한 설교는 설교

---

202. 김운용, 『설교의 새로운 패러다임』, 393.
203. 김운용, 『설교의 새로운 패러다임』, 394.

학적인 시각에서 보면 많은 문제점을 지니고 있다. 청중이 편하게 들을 수 있는 설교 메시지에 중점을 두고, 그 대신 부담스러워하는 주제, 죄, 심판, 지옥 같은 것에 대해서 회피하게 되면, 설교에서 복음의 확실성과 명료성이 약해질 것이다. 이런 문제점을 인식하고, 복음의 메시지를 강조하는 새로운 설교 패러다임에 따라 설교하려는 목회자는 "복음에 대한 확실성을 가지고 복음을 경험하게 하는 구조를 만들고 청중을 초대하여 그들로 하여금 복음의 분명한 진리를 맛보게 하려는 노력이 있어야 한다."[204] 설교에서 논증하는 것이 중요한 것이 아니라, 복음의 말씀을 생생하게 경험할 수 있게 해주어야 한다.

영산의 설교는 바로 이런 설교의 청중을 고려하고 있고, 다양한 설교의 형태를 사용하여 하나님의 말씀을 효과적으로 전달해왔다. 설교를 전달하는 것에 있어서 언어적 커뮤니케이션의 역할이 당연히 중요하지만, 비언어적 커뮤니케이션 역할 또한 중요하다. 영산의 설교사역이 큰 성공을 거두는데 이 2가지 역할이 균형 있게 작용하였다.

2. 언어적 요소

영산은 설교자의 측면에서 설교준비의 중요성도 잘 알았지만, 설교를 듣는 청중에 대한 이해에 대해서도 매우 중요시 하였다. 영산은 성도뿐만 아니라, 예수 그리스도를 전혀 모르는 불신자까지도 쉽게 알아듣고, 설교 메시지를 자연스럽게 받아들일 수 있도록 언어를 사용하고자 하였다. 언어 사용의 탁월성으로 인해 영산은 세계적인 설교자이면서 동시에 세계 제일의 교회를 성장시킬 수 있었다.

영산의 전달에서 가장 중요한 원칙은 청중이 이해할 수 있는 말을 사용하여 설교하는 것이다. 영산에 의하면, 설교의 내용이 아무리 좋아도 청중이 이해할 수 없다면 아무 소용이 없다. 영산은 바울의 고린도전서 14장 19절 말을 인용하면서 "청중이 들어서 깨달을 수 있는 말로 설교하는 것이 청중이 알아들을 수 없는 신학적인 용어나 지적인 내용의 설교를 하는 것보다 낫습니다"[205]라고 강조하였다. 영산은 설교에서 언어적 표현과

---

204. 김운용, 『설교의 새로운 패러다임』, 395.

청중의 효과적 이해의 상관성이 중요함을 깊이 인식하였다. 좋은 표현은 청중들의 이해에 큰 효과가 있을 수 있다는 점이다. 이런 인식하에서 영산은 설교할 때 효과적으로 표현하기 위한 원칙을 제시한다.

첫째 원칙은 정확하게 표현하라는 것이다. 설교자들이 많은 말이나 용어를 사용하여 설교하는데, 그 중에서 많은 것은 의미가 분명하지 않은 채 사용되고 있다. 설교자가 의미를 전달하는 것에 있어서 혼동을 일으키는 애매성이나, 너무 막연한 범위를 제시하는 모호성에 빠지기 쉽다. 영산은 자신의 설교에서 말이나 용어가 가진 의미를 명확하게 사용하고자 하였고, 또 말이 가진 사용 범위를 가능하면 구체적으로 정확하게 표현하여 설교하고자 하였다.

둘째 원칙은 간결하고 쉬운 말을 사용하라는 것이다. 수준 높은 설교를 하고 싶은 설교자는 때때로 복합적인 의미를 가진 개념을 사용하고 또 때로는 전문적인 용어를 사용한다. 이 경우 수준이 높은 설교의 내용이지만, 설교인지 전문적인 강연인지 구분할 수가 없다. 영산은 이런 설교는 청중을 위한 설교가 아니라고 말한다. 예수님께서 배운 사람이든 무식한 사람이든 모두가 알아들을 수 있는 쉬운 말을 사용하셨듯이, 영산도 청중들이 설교의 내용을 이해할 수 있도록 간결하고 쉬운 말로 설교하였다.

셋째 원칙은 감각적인 표현을 사용하라는 것이다. 설교자는 언제나 자기 마음속에 그림을 그려서 이해해야 한다. 설교자가 감각적인 표현을 하면, 그 말을 듣는 청중은 자신의 마음속에 그림을 그릴 수 있다. 영산은 청중이 설교자의 말을 듣고 마음속에 그림을 그리는 것은 이해한다는 것이고, 그렇지 못한 것은 쉽게 이해할 수 없다고 말한다. 영산은 청중이 그림을 그릴 수 있는 감각적 표현의 사용에 관한 자신의 예를 다음과 같이 말한다.

> 나는 설교하기 전에 먼저 눈을 최대한 그림을 그려보고 그것을 성도에게 이야기합니다. 예를 들면, "야곱이 위골이 되었습니다"라는 것보다 "야곱이 위골이 되어 다리를 절뚝절뚝 절게 되었습니다."라는 표현을 쓴다면 훨씬 좋은 효과를 줍니다. 이러한 감각적 표현은 청중이 그 상황으로 돌아가 그림을 보듯 공감을 느낄 수 있게 합니다. 사람

---

205. 조용기, 『설교는 나의 인생』, 306-307.

들의 마음을 한 폭의 캔버스로 생각하고 여러분의 입술을 하나의 붓으로 생각하여 그림을 그리십시오.[206]

넷째 원칙은 이해가 빠르도록 수식어를 다각도로 사용해야 한다. 설교는 하나의 사건이나 상황, 그리고 상태에 대해서 다양한 표현을 통해, 청중을 효과적으로 이해시킬 수 있다. 예를 들어, 하나의 병에 대해서도 다각도로 표현할 수 있다. 영적인 병, 정신적인 병, 육체적인 병 등에 대해 다각도로 표현함으로써 청중이 갖고 있는 문제와 연결시켜서 이해할 수 있다.

다섯째 원칙은 극적인 대조를 활용해야 한다. 영산은 한 가지 사실에 대해 극적인 대조를 함으로써 설교의 효과를 높였다. 예를 들면, "인간적으로 볼 때 유복했던 삭개오는 누구보다 행복하고 즐거워했어야 할 것입니다. 그러나 아무도 모르게 그의 마음속은 병들어 있었습니다." 영산은 이러한 대조가 그 대상의 확실성과 가치를 더해주며, 청중에게 자신의 상황을 극복할 수 있는 동기를 유발시킬 수 있다고 보았다.

여섯째 원칙은 열거식으로 여러 측면을 서술해야 한다. 영산은 하나의 예를 제시한다. "자신의 소질과 천직에 따라 살아가는 사람만큼 행복한 사람은 없습니다. 목사면 목사로서, 교사면 교사로서, 노동자면 노동자로서 그 외 어떤 직업을 가졌든지 간에 직업은 하나님께서 나에게 주신 것이라고 생각하는 사람이 가장 행복한 사람입니다."[207] 영산에 의하면 열거식 표현은 전체적이고 포괄적인 의미를 줌으로, 이런 표현을 통해 설교자는 설교에서 모든 면을 다 포괄하고 있다는 확신을 청중에게 심어줄 수 있다.

일곱째 원칙은 상황전개를 현재진행형으로 표현해야 한다. 영산에 의하면 성경의 이야기나 어떠한 예화를 들 때, 설교자는 마치 지금 일어나고 있는 일처럼, 혹은 자신이나 청중이 그 장소에 함께 있는 것처럼 표현해야 한다.

여덟째 원칙은 대화식 표현을 사용하여 사실적인 느낌을 주어야 한다. 영산에 의하면 설교를 할 때 설교자가 누군가와 대화하는 식으로 표현하면, 청중은 그 대화를 옆에서 듣는 사람처럼 대화 주제에 대해 나름대로 생각하는 기회를 가진다는 것이다. 이

---

206. 조용기,『설교는 나의 인생』, 310-311.
207. 조용기,『설교는 나의 인생』, 311-312.

런 경우 청중은 설교에 관심을 갖고, 설교 주제에 참여자가 된다.

이외에도 영산은 특정한 주제에 대해 설교자와 청중을 분리하지 말고 '우리'라는 포괄적인 말을 사용하라고 권한다. 특히 죄의 문제나 인간의 부족함을 말하는 경우, 설교자는 청중과 자신을 분리하지 말고 자신을 포함한 '우리'라는 표현을 사용하는 것이 더 효과적이다. 영산에 의하면, "예를 들어 '여러분은 죄인입니다.'라고만 말한다면, 자신도 의식하지 못하는 순간에 설교자는 교만한 자리에 앉게 됩니다. 그러므로 이럴 때는 '저와 여러분은 모두 죄인입니다.'라고 표현해야 합니다."[208] 마지막으로 영산은 설교를 할 때 가정이나 의혹이 있는 표현은 피하고 확신에 찬 말을 해야 한다고 강조한다. 영산은 설교자로서 언제나 확신에 차서 설교하였다.

3. 비언어적 요소

전가화에 의하면 설교에서 비언적 커뮤니케이션의 중심 범위는 목소리, 몸, 물체, 환경이다.

첫째, 사람의 목소리를 보자. 유사언어의 범주에 속한 인간의 음성은 언어적인 것과 비언어적인 것의 경계선이다. 설교에서 설교자가 내는 소리는 언어적인 말과 관계되지만 직접적으로 포함되는 것은 아니다.

둘째, 몸의 움직임은 무엇인가를 전달해주는 영향력을 가지고 있다. 인간의 몸은 눈, 입, 손, 머리, 팔, 다리, 몸통, 얼굴모양 등의 표현을 통해 사상과 감정을 광범위하게 전달해 주는 만능의 수단이다.

머라비안은 인간의 비언어적 행동이 감정이나 태도를 다른 사람에게 전함에 있어 말보다도 더 효과적이라고 주장하면서 다음의 등식으로 그의 견해를 설명한다. 전체감 = 언어(7%)+목소리(38%)+얼굴표정(55%)

"눈의 작용과 같이 머리, 팔, 다리, 손, 몸통 등 몸을 사용하는 것은 커뮤니케이션의 중요한 부분이다. 이 같은 육체의 언어는 사람들 내면에 있는 의미를 자극하여 언어적

---

208. 조용기, 『설교는 나의 인생』, 312.

음성적 표현을 보충해준다. 육체언어의 비언어적인 자극의 또 다른 차원은 육체적인 외모와 옷차림이 가지는 기능이다. 비언어적 커뮤니케이션의 전체 구조 속에서 육체적 외모와 옷차림이 주는 정확한 역할은 알려지지 않았지만 확실히 설교에 영향을 준다. 그 이유는 육체적 외모가 보기에 거북하거나, 설교자의 옷이 지나치게 화려할 때, 성도 중에는 설교자의 메시지에 관심을 잃고 마는 사람들이 있기 때문이다."[209]

영산도 효과적인 설교를 위해서 설교자가 비언적 커뮤니케이션의 요소를 잘 사용해야 한다는 것을 인식했고, 그것에 깊은 관심을 쏟았다. 비언어적인 커뮤니케이션을 잘 구사하기 위해 영산은 늘 청중을 분석하는 일을 게을리 하지 않았다.

> 청중의 요구에 효과적으로 대처하려면 청중의 상황을 분석할 줄 알아야 합니다. 설교자가 자신의 설교를 듣는 청중을 분석한다는 것은 쉬운 일이 아닙니다. 우리 속담에 "열 길 물속은 알아도 한 길 사람 속은 모른다"는 말이 있습니다. 그러니 수천수만 명의 성도 앞에서 설교하는 설교자에게는 더욱 어려운 일입니다.[210]

영산은 효과적인 설교를 위해서 몇 가지 설교에서 비언적인 요소를 강조한다.

첫째, 설교자는 바람직한 용모를 가지도록 노력해야 한다. 특히 복장에 있어서 설교자는 유행을 지나치게 따라해서는 안 된다. 또한 영산은 특이한 색깔이나 화려한 복장 등도 삼가 할 것을 권한다.

둘째, 설교자는 안정되고 자연스럽게 태도를 취해야 한다.

영산은 설교자가 권위를 가지고 하나님의 말씀을 전하려면, 시종일관 안정된 태도를 지닐 것을 권면한다. 설교자가 취해야 할 태도는 먼저 자연스러운 태도, 청중에 대한 공정한 시선, 그리고 부드러운 표정을 짓는 것이다. 설교자의 부드러운 표정을 보면 청중은 편안한 마음으로 설교를 거부감 없이 들을 수 있을 것이다.

---

209. 전가화, "비언어적 커뮤니케이션-설교에 있어서의 제스처의 기능", 『신학논문총서 6』, (서울: 학술정보자료사, 2004), 337-338.
210. 조용기, 『설교는 나의 인생』, 316.
211. 조용기, 『설교는 나의 인생』, 322.

셋째, 몸의 언어를 적절하게 활용해야 한다.

영산은 말 중에서도 몸이 하는 말이 있다고 지적한다. 그는 몸으로 설교를 전달하는 것이 때로는 언어보다 더 효과적인 매체가 된다는 것을 인식하였다. 몸으로 하는 말인 "행동은 우리가 설교를 전달하는 데 언어인 말보다 더 효과적일 수 있습니다."[211] 영산은 설교를 할 때 몸을 적절하게 움직이는 방법에 몇 가지 주의사항을 제시했다. 첫째, 자연스럽게 몸을 움직여라. 둘째, 상황에 맞게 적절한 때에 몸짓을 행해라. 셋째, 몸짓에 다양한 변화를 주어라.

4부

21세기 새로운 설교 모델

10 교회성장을 이끈 설교모델

설교와 교회성장의 관계는 절대 불가분의 관계에 있다. 여의도순복음교회의 조용기 목사는 '설교는 교회성장의 열쇠'라고 강조하며 이렇게 말했다. "교회는 기필코 성장해야 합니다. 예수님께서 말씀하신 것 같이 우리는 예루살렘과 온 유대와 사마리아와 땅끝까지 이르러 예수님의 증인이 되어야 합니다. 그러기 위해서는 모든 교회가 차고 넘치도록 성장해야 합니다." 이렇듯이 교회가 성장하기 위해서는 무엇보다도 말씀이 좋아야 한다. 성장하는 모든 교회의 목회자들 역시 설교가 교회성장의 제일 중요한 요소라고 강조하고 있다.[212]

1. 곽선희 목사의 설교론

1933년 황해도 출생. 단국대 영문과. 장로회신학대학교, 프린스턴신학교 조직신학 석사, 풀러신학교 선교신학박사, 군복음화후원회 이사장, 중국연변과학기술대학 이사장, 연세대 신학대학 개원교수, 현 소망교회 원로목사

---

212. 김창규, 『교회성장과 설교 방법론』, (서울: 쿰란출판사, 1992), 181.

1 설교론 기본이해

(1) 설교의 정의

곽선희 목사는 한국 최고의 명설교자 중의 한 사람으로 인정받고 있다. 자타가 인정하듯이, 소망교회를 한국에서 인정받는 대형교회로 성장시킨 데에는 그의 설교가 지대한 영향을 미쳤다. 그는 설교를 "오늘 선포되는 하나님 말씀"으로 정의한다.

"설교는 하나님의 말씀으로 하나님의 말씀이 되게 하는 것입니다. 설교를 잘하는 것은 성결을 하나님의 말씀으로 믿게 하는 것입니다. 2000년 전에 쓰여진 하나님의 말씀을 현대인이 이해할 수 있도록 오늘의 말씀으로 통역하는 것이 설교자의 역할입니다. 순수한 하나님의 말씀을 가장 현대적이며 효과적인 말로 재해석해 주어 영적중생과 성화가 이루어져야 합니다."[213]

이런 설교의 정의는 전하는 자(설교자)와 듣는 자(청중)를 하나님의 말씀 앞에 세운다. 즉 말하는 자도 하나님의 말씀을 전한다는 확신을 갖고 전해야 하고, 듣는 자도 설교를 하나님의 말씀으로 들어야 한다. 이런 기본적인 설교 규정은 설교란 "하나님의 말씀으로 하나님의 말씀되게 하는 것" 즉 객관적인 말씀이 주관적인 말씀이 되게 하는 과정"을 포함한다. 성경은 객관적으로 하나님의 말씀인데, 그 말씀이 설교를 통해 오늘 자신에게 주관적으로 하나님의 말씀이 주어지는 것이다.

곽선희 목사는 설교에서 2가지의 중요한 요소를 강조한다. 하나는 성경본문text이고, 다른 하나는 세상, 즉 상황context이다. 그는 이 2가지 요소를 가장 적합하게 연결시켜 설교한 탁월한 설교자이다. "설교는 성결과 세상을 만나게 해서 둘 사이에 생의 의미를 찾게 하는 것이다. 그러므로 설교자는 성결이 무엇을 말하고 있는지를 잘 알아야한다. 다음으로 세상이 어떻게 돌아가는지를 잘 알아야 한다… 하나님의 말씀과 세상을 잘 알아서 이 둘을 합쳐 오늘의 문제에 대한 성경적인 해답을 오늘의 언어로 풀어주는 것이 바로 설교"[214]라는 설교관을 곽선희 목사는 줄 곧 강조해 왔다.

---

213. 『한국교회 설교분석』, 193.
214. 곽선희, 『최종승리의 비결』, 머리말.

곽선희 목사의 설교에서 이런 설교관을 종종 확인할 수 있다. 그는 설교에서 성경말씀과 그 말씀을 듣는 청중의 삶의 상황을 연결시키려고 노력했다. 즉 곽선희 목사는 하나님의 말씀과 세상의 만남이 바로 설교라는 기본적인 설교에 대한 이해를 분명히 가진 설교자였다.

설교는 하나님 말씀에 대한 계속적인 재해석이다. 또한 설교는 복음에 대한 단순한 선포와 증거여야 한다. 그리고 이 복음을 듣기 위해 몰려드는 청중으로 인하여 교회는 부흥하며 성장한다. 그리스도는 곧 하나님이시며 우리의 구주이신 것이다. 단순하고 뚜렷하며 분명한 신앙고백과 함께 확실한 신앙체계를 이룰 때에 능력이 있는 것이다.[215]

곽선희 목사는 하나님의 말씀과 인간의 실존적 삶의 분리가 아닌 그 둘을 연결시키는 설교를 했다. 이런 면에서 장신대 교수인 주승종은 곽선희 목사의 설교를 복음적이면서도 실존적이라고 평가한다. "그의 설교가 회중에게 큰 도전을 주는 이유 중에 하나는 그가 본문의 내용을 하나의 주제 아래서 파악한 후 끊임없이 예증, 논리로 청중에게 도전을 주기 때문이다."[216]

(2) 설교의 목적

곽선희 목사의 설교를 읽어 보면, 성경 본문과 삶의 상황을 적절하게 연결시키려는 그의 설교는 한 가지 주제를 다루면서 분명한 목적을 향하고 있는 것을 알 수 있다. 그의 설교에는 분명한 목적이 있다. 설교의 목적은 설교를 행한 후에 그 설교를 들은 청중의 삶 가운데 실질적으로 변화가 일어나게 하는 것이다.

설교의 목적을 중요시하는 곽선희 목사는 3가지의 설교 목적을 말한다. 첫째, 설교의 목적은 구원받게 하는 것이다. 즉 설교의 목적은 소극적으로 세상을 살아가면서 죄와 사망과 사탄과 율법과 진노로부터 구원을 받고 자유롭게 하는 것이고, 적극적으로는 설교를 듣는 자가 천국에 갈 수 있도록 하는 것이다. 둘째, 예배가 설교의 목적이다. 예

---

215. 문성모, 『곽선희 목사에게 배우는 설교』, 두란노, 2008, 27.
216. 주승종, 「곽선희 목사의 설교세계」, 194.

배는 하나님과 만나는 것이다. 따라서 설교자는 예배자들을 하나님과 만날 수 있도록 설교를 해야 한다. 셋째, 설교의 목적은 성도를 양육하는 것이다. 설교의 목적은 설교를 듣는 성도에게 영적인 양식을 공급하여 더 성숙한 신앙인으로 성장하게 하는 것이다.

2 설교의 준비과정

(1) 설교자의 자기 훈련

곽선희 목사는 영향력 있는 설교를 하기 위해 성령님을 의존했을 뿐만 아니라, 끊임없이 공부하며 자신을 훈련한 설교자이다. 그는 설교학에 대한 책을 읽었을 뿐만 아니라, 다른 설교도 가능하면 많이 들으면서 자신의 설교를 점검하였다.

"제가 가르친 제자 한 명은 10년 동안 목회를 했는데 부흥이 안되었습니다. 스스가 생각했을 때 자신은 설교를 잘하고 있는데 교인들은 설교시간에 졸기만 하여 힘이 든다는 것입니다. 그래서 저는 그 제자에게 한국 교회에서 모범적으로 목회를 잘하는 목사님들의 설교집을 읽은적이 있냐고 물었더니 남의 설교집을 읽을 필요가 있느냐는 반응이었습니다. 그래서 저는 소설을 쓰는 사람도 한 권의 소설을 쓰기 위해 다른 사람의 소설 200권 이상을 읽는다는데 남의 설교를 안 읽고 설교를 하겠다는 생각은 말이 안된다고 일러주었습니다. 좋은 설교자가 되기 위해서 부지런히 설교에 관하여 공부하고 훈련하십시오. 처음부터 타고난 설교자는 없습니다. 저는 지금도 TV나 라디오를 통해서 시간 날 때마다 다른 사람의 설교를 듣고 있습니다".[217]

곽선희 목사는 능력 있는 좋은 설교를 하기 위해서 지적으로 끊임없이 배워야 할 뿐만 아니라, 좋은 설교자의 설교를 들으며 자신의 설교를 점검해야 해야 한다고 말한다. 영향력이 있는 설교를 하기 위해서 성경말씀을 연구하는 것만으로는 충분하지 않다. 오늘을 사는 사람들에게 성경말씀을 적합하게 전달하기 위한 또 하나의 준비 작업이 필요하다. 현대적인 삶의 방식과 정황을 이해하기 위한 최선의 방법이 곽선희 목사

---

217. 문성모,『곽선희 목사에게 배우는 설교』, 359-360.
218. 문성모,『곽선희 목사에게 배우는 설교』, 365.

에게는 독서였다. 곽선희 목사는 설교를 듣는 현대 청중의 삶을 다양한 방식으로 이해하고자 꾸준히 독서를 했다.

"저는 새벽기도 후에 설교 준비를 합니다. 새벽기도 후의 그 영력으로 설교를 준비하면 많은 시간이 필요 없습니다. 그래서 저에게 새벽 시간은 가장 귀한 시간입니다. 주일설교도 토요일에 새벽기도를 한 후에 45분 정도만 준비합니다. 길어야 1시간을 넘지 않습니다. 여기에 무슨 특별한 방법이 있는 것이 아닙니다. 평소에 설교에 도움이 될 만한 책을 많이 읽기 때문에 가능한 것 입니다."[218]

곽선희 목사는 성경을 연구하고, 그 설교를 듣는 청중의 삶을 다양한 방법을 통해 이해하는 것이 설교 준비의 핵심과정을 이라고 말했다.

(2) 설교를 위한 본문 해석 원리

곽선희 목사는 성경에 대해 확고한 신학적 입장을 가지고 있었다. 그것은 바로 '성경의 저자는 하나님이시며, 우리는 오직 성경을 통해서만 하나님을 알 수 있다고 믿는다'는 것이다. 곽선희 목사는 성경은 성령님 안에서 해석되어야 한다는 확신 하에서 설교를 위해 몇 가지 해석 원칙을 가지고 설교를 작성했다.

첫째, 곽선희 목사는 하나님의 섭리와 경륜을 해석학적 틀로 사용해 상황에 가장 적절한 구속적 메시지를 선포한다. 이런 원칙에 따라 그는 많은 설교에서 모든 문제는 하나님의 경륜과 섭리 가운데 있음을 말했다. 그는 자신을 향한 하나님의 경륜을 아는 것이 중요하다고 말했다.

둘째, 곽선희 목사의 설교는 종말론적인 해석학의 틀을 따르고 있다. 그의 종말론적인 설교는 남녀노소, 빈부귀천을 하나로 아우르는 복음의 놀라운 접촉점이 되었다. 그래서 곽선희 목사는 설교자가 종말론을 잘 연구해서 복음적으로 설교할 수 있어야 한다고 주장한다. 설교에서 종말이라는 주제를 가장 효과적인 복음의 선포로 접촉점을 삼은 것은 곽선희 목사이 탁월한 면이다.

셋째로, 곽선희 목사의 설교는 그리스도 중심적인 해석학의 틀에 따라서 수행되었다.

그는 구약이든 신약이든 모든 성경 구절을 그리스도 중심으로 바라보고 해석하여 설교를 수행했다. "그는 설교자가 성경을 읽을 때 언제든지 예수 그리스도 중심으로 볼 수 있어야 한다고 강조한다. 구약이 존재하는 것은 예수 그리스도를 위함이고, 구약의 모든 내용은 예수 그리스도 안에서 성취되었다는 것이다. 따라서 구약에 나타난 모든 일을 예수 그리스도의 사건을 설명하는 예표로 보았다."[219]

그리고 마지막으로, 곽선희 목사의 설교를 위한 해석학적 틀은 복음서 중심이다. 그는 복음서 중심으로 본문을 전해서 설교를 했다. 모든 성경말씀이 다 중요하지만, 그 중에서도 복음서를 가장 중요하게 여겼다. 그것이 예수 그리스도에 대해서 가장 가깝게 이야기하고 있기 때문이다.

(3) 설교와 성령의 역사

곽선희 목사는 성경이 하나님의 말씀되게 하는 것은 설교자의 능력이 아니라, 오직 성령님의 조명하심과 역사하심이라고 굳게 믿었다. 그는 모든 목회사역에서 성령님의 역사를 믿었지만, 특히 설교사역에서 성령님의 역사를 확신했다. 아무리 좋은 설교라고 할지라도 성령님이 역사하지 않으면, 그것은 인간의 지식이요, 언어적인 놀이밖에 되지 않는다. 성령님이 함께하시지 않는 설교에는 어떤 구원도 치유도 생명의 역사도 나타나지 않는다. 곽선희 목사는 설교자가 그 소임을 다하려면 먼저 성령님의 사람이 되어야 한다고 확신했다.

3 설교의 형태와 전달 스타일

(1) 설교 형태

그의 설교 형태는 크게 두 가지로 구분된다. 하나는 주제설교이고, 다른 하나는 강해설교이다. 이 형태 구분은 그의 설교집에서도 뚜렷하게 나타난다. 그의 설교집은 크게 두 종류로 분류된다. 하나는 주일 낮 예배 때 선포된 말씀을 중심으로 발간한 것이고, 또 다른 하나는 수요예배와 주일 저녁예배 또는 새벽기도회 시간에 선포된 말씀을 모아서 발간한 것이다. 후자

---

219. 주승중,「곽선희 목사의 설교세계」, 195.

는 주로 강해설교를 한 것이다. "곽선희 목사의 수요예배와 새벽기도회 때의 설교는 주일 낮 예배와 전혀 다른 분위기다. 이때는 주로 성경중심의 강해설교의 형식을 취한다. 수요일에는 강해설교를 하되 감성적이고 부흥회적인 접근을 하고, 매일 새벽 기도회 때에는 강해 설교를 하되 20여분 동안 주석적인 분석을 하면서 명상적으로 접근한다."[220]

그와 달리 곽선희 목사는 주일 낮 예배는 주제설교를 하였다. "그의 주일 낮 예배의 설교는 하나의 주제가 물 흐르듯이 자연스럽게 전개되는 것이 특징이다. 그런데 곽선희 목사는 의도적으로 주일 낮 예배 설교를 할 때는 주제 설교를 한다. 주일 설교는 주로 예수님을 믿지 않는 사람들을 대상으로 하기 때문이다. 그래서 주일 설교에선 소위 구도자를 위한 설교를 한다. 그래서 주일 설교에 많은 예화가 등장하고 세상적인 지식과 영화, 철학, 소설, 역사, 드라마 등 다양한 자료가 동원된다. 그리고 성경 본문에서 주제만 가져오는 경향이 있다."[221]

(2) 설교의 구성전개

곽선희 목사의 설교 구성은 주제 설교의 경우 기본적으로 같은 형식을 취한다. 20분에서 25분 정도로 구성된 그의 설교는 도입부와 본문 그리고 말미부 등 크게 3부분으로 구성된다.

설교의 도입부는 설교의 제목을 기억나게 하는 질문이나 문제 제기를 하고, 설교의 본문은 도입부에서 제기된 문제나 질문을 해설하면서 성경에서 말하는 원리로 사람들의 관심을 이끌어 가고 있으며, 결론은 본문이 제공해 주는 해결방법을 제공하거나 본문을 해석하면서 마친다.

곽선희 목사는 설교를 구성할 때, 설교의 서론 즉 도입부를 중시한다. 도입부에서 본론으로 넘어가기 위한 간략한 소개의 역할만을 하지 않고, 설교의 주제에 대한 청중의 전적인 관심과 동의를 이끌어내고자 한다. 그래서 그는 도입부에서 청중이 쉽게 이해

---

220. 주승종, 「곽선희 목사의 설교세계」, 197.
221. 주승종, 「곽선희 목사의 설교세계」, 197.

하고 긍정적으로 받아들일 수 있는 많은 예화를 사용한다. 그 예화를 사용하여 청중의 공감을 이끌어 낸 후, 그 공감대를 기반으로 설교 본문에 들어간다. 그는 설교 본문에서 많은 자료와 이야기를 사용해 주제를 나누어서 예증하거나 논증한다. 그는 긴 서론에 비해 결론은 확실하고 간결하게 끝을 맺는다. 즉 결론에서 그는 본문이 제시하는 해결방법을 강조하거나 성경구절로 끝을 맺는 경우가 많다. 그는 자신의 설교 주제에 대해 청중이 확신을 갖게 하고 설교를 마치기 때문에 그의 설교는 청중의 삶에 큰 영향을 미친다.

(3) 청중과 소통하는 설교

본문과 상황을 잘 연결시킨 곽선희 목사의 설교는 청중이 듣고 싶어 하는 설교이자 청중의 삶에 지대한 영향을 미친 설교로 인정받아왔다. 그것은 곽선희 목사가 설교에서 성경연구의 중요성만이 아니라, 청중의 삶에 대한 상황의 이해의 중요성을 인지하였기 때문이다. 그래서 그의 설교에서 항상 성경본문만이 아니라, 삶을 이해하려는 다양한 이야기가 등장한다.

"곽선희 목사의 설교에는 헤아릴 수 없는 많은 실화, 역사, 경험담이 즐비하다. 그리고 그것은 모두 하나하나 살아 있는 생명의 숨결로서 청중의 가슴을 파고든다. 그는 하나님의 말씀을 청중이 듣고 싶어 하는 이야기에 담아서 전달하는 데 있어서 탁월하다."[222]

곽선희 목사의 설교가 청중의 귀를 사로잡는 이유는 무엇인가? 이형기 교수는 곽선희 목사는 설득력 있는 목소리로 설교를 전달하는데 타고난 자질을 갖추고 있다고 말한다. 또 김현진은 그의 학위논문에서 곽선희 목사의 설교의 강점을 그의 삶과 그의 단순성에 있다고 보고, 더 나아가 설교를 통해 단순한 사상을 전달하려고 한 것이 아니

---

222. 주승중,「곽선희 목사의 설교세계」, 200.
223. 김현진,「현대 한국교회 설교자 연구」, 석사학위 논문, 서울신학대학교 신학대학원, 2009, 27. "그의 설교는 항상 단순성을 유지하여 전혀 사변적이지 않으며, 이론이나 지식을 자랑하지 않는다는 것에 강점을 지니고 있다...곽선희 목사는 삶이나 그의 글에서 단순성을 보일 뿐만 아니라, 매우 실천적이고 실용적이라고 평가를 받고 있다....그는 설교를 통해 단순한 사상을 전달하려는 것이 아니라 청중의 삶을 변화시켜 주는 말씀을 전하고자 하는 설교자이다."

라 청중의 삶을 변화시켜 주는 말씀을 전하려고 한 것이 그의 설교라고 평가한다.[223]

곽선희 목사는 단순히 청중에게 들려지는 설교를 한 것이 아니었다. 그는 설교를 통해 성경이 청중의 삶에 영향을 주었고, 그 삶을 변화시키기 위해 하나님의 말씀을 열심히 전해 왔으며 그 결과 교회를 성장시킨 모범적인 설교자였다. 이런 점에서 그의 설교가 21세기 교회성장을 위한 하나의 중요한 모델이 될 것이다.

2. 김삼환 목사의 설교론

1945년 경상북도 영양군 출생. 경안성서학원 졸업, 피어선신학교 졸업(현 평택대학교), 장로회신학대학교 신학대학원 졸업, 아세아연합신학대학교 대학원 졸업, 1980년 명성교회 설립, 2009년 대한예수교장로회(통합) 총회장, 한국기독교교회협의회(NCCK) 회장, 현 대한예수교장로회(통합) 소속 명성교회의 담임목사

1 설교론의 기본이해

(1) 김삼환 목사의 설교의 근본 특징

김삼환 목사는 사랑과 희망의 설교를 통해 교회를 크게 성장시킨 명설교자이다. 짧은 기간 내에 비약적인 교회성장을 이루어 낸 김삼환 목사의 목회와 설교에 교계와 학계가 지대한 관심을 보여 왔다. 그 중에서도 김삼환 목사의 설교에 대해 다양한 평가가 있다. 민경배 박사는 김삼환 목사의 설교가 "설교의 구조나 레토릭, 성경의 깊은 뜻의 석의와 현실 문맥의 포착에서 놀라운 투시력을 보여주었으며 현대 한국교회 설교 패러다임의 획기적인 전환으로 평가받고 있다"고 지적했다. 주재용 박사는 김삼환 목사의 설교를 "교회 중심의 설교로 명명하고, 교인이 성경말씀을 가지고 현실 생활에 적용하도록 하는 디다케 설교이며 동시에 설교의 내용이나 어휘가 어렵지 않게 주변의 이야기가 삽입되어 재미도 있다"고 평가했다. 김중기 교수는 "김삼환 목사의 설교는 복음주의적 신앙과 신학 위에서 성경 계시의 말씀을 오늘의 일상의 삶 속에 적용시키는 설교"라고 평가하였다. 또 김상현 교수는 "김삼환 목사의 설교는 성경석인 기반에 근거해 삼위일체의 하나님이 임재하는 실교이고, 김 목사 인에 역사하시는 하나님의 은혜를 직접 볼 수 있을 정도로 투명하며 무엇보다도 구원에 대한 확신

을 가지고 설교한다"고 주장하였다.[224]

김삼환 목사의 설교의 가장 큰 특징이자 강점은 바로 본질적으로 신앙부흥을 지향한다는 점이다. 즉 "열기가 식어버린 교회에 믿음의 열정을 불어넣어 주고, 하나님을 온전히 섬기려는 열망을 잃어버린 성도에게 섬김의 열정을 불어넣어 주며 신앙 공동체에 하나님의 말씀과 뜻을 선명하게 들려주고, 병든 사회와 문화를 회복시켜 나가야 한다는 점에서 설교는 본질적으로 부흥을 지향한다."[225] 명성교회는 이런 김삼환 목사의 부흥 지향적 설교를 통해 부흥되어 왔다.

(2) 설교자의 태도

김삼환 목사의 설교에서 설교자의 태도를 명확히 읽을 수 있다. 그는 목회와 설교에서 자신을 주님의 머슴으로 여겼다. 그는 주님을 섬기는 머슴의 자세와 정신으로 목회 사역과 설교사역을 했다. "이것은 그의 설교와 목회에 대한 사명 의식의 표현이요, 자기 정체성의 다른 표현이다. 그는 '철저한 주님의 종', '다른 사람을 섬기도록 부름을 받은 종'으로 스스로를 인식한다. 진정한 목사(설교자)의 가치는 얼마나 자신을 낮추고 머슴처럼 봉사 정신으로 사느냐에 모든 것이 달렸다. 이것은 하나님을 위한 봉사요, 교회와 세상을 위한 봉사이다. 그가 강조하는 설교자로서 사역의 자세는 한마디로 요약하면 '머슴의 자세로'다."[226]

김운용 교수는 김삼환 목사가 '머슴의 정신'을 어렸을 때 자신의 집에서 함께 살았던 머슴으로부터 배웠으며, 그것을 설교자의 삶과 사역의 중요한 원리로 연결시켰음을 지적한다. 그 원리의 내용을 6가지로 제시한다. "첫째, 머슴은 이해가 되든 되지 않든 간에 주인의 뜻과 명령에 절대 복종한다. 둘째, 머슴은 근심 걱정하지 않고, 주인이 자신에게 맡겨 주신 일을 하면서 항상 기쁘게 산다. 셋째 정신은 머슴은 전문적인 능력을 가지고 주인이 맡겨 주신 일을 감당한다. 넷째, 머슴은 복잡하게 살지 않고, 단순하게 살아간다. 다섯째, 머슴은 주인에게 뿐만 아니라, 주인의 자녀에게도 충성한다. 여섯번째, 머슴은 성실과 지혜로움으로 살아간다."[227]

---

224. 정인교, 『설교자여 승부수를 던져라』, 124-125.
225. 김운용, 『설교의 새로운 패러다임』, 204.

김삼환 목사는 머슴을 바로 자신의 정체성으로 받아들였고, 머슴의 정신의 목회사역 뿐만 아니라, 설교사역을 겸손히 감당했다. 그는 머슴의 정신에 대해 다음과 같이 강조한다. "오늘 우리의 문제가 무엇입니까? 내가 높아지려고 하면 교회는 낮아지는 것입니다. 나도 낮아져야 합니다. 내가 힘주면 교회가 힘이 빠지고 하나님의 나라는 안 되게 되어 있습니다. 성도는 끝까지 하나님의 머슴입니다. 의도적으로 내 얼굴을 숨겨야 되고 낮추어야 되고 '나는 중요하지 않아, 나는 아무 것도 아니야, 주님을 높여야 돼'라고 생각해야 합니다. 하나님만 잘되면 그분 덕택에 나는 배부르게 되어 있습니다."[228]

그는 머슴의 자세로 '7년을 하루 같이'라는 교회 표어에 따라 많은 어려움을 극복하고 새벽기도를 명성교회의 브랜드로 만들었다. 그의 설교가 어느 누구에게나 구수하게 들려지는 평범한 설교임에도 불구하고, 확신과 겸손의 태도가 그를 획기적인 부흥과 교회성장을 이룬 모범적인 설교자로 만들었다.

정용섭 박사는 이런 낮춤의 영성이 김삼환 목사의 설교 전반에 깔려 있다고 지적하며, 그 현상을 이해하는 것이 중요하다는 것을 강조한다. "그는 자신이 촌사람이라는 사실을 늘 강조하고 인간적으로도 부족한 게 많다는 사실을 감추지 않는다… 촌사람이라는 의식이 잘못하면 열등감으로 작용하겠지만 김 목사에게는 자신을 땅바닥까지 내려놓는 낮춤의 영성으로 작용한다. 이런 영성으로 세상을 대하는 김 목사는 기본적으로 사심이 없을 뿐만 아니라 천성적으로 남에게 모진소리를 하지 못한다. 가능한 대로 모든 걸 긍정적으로 바라보려고 애를 쓴다……이 낮춤의 영성은 그의 설교 형태가 매우 서민적이라는 사실에서도 확인할 수 있다. 설교의 스타일도 그렇고, 설교의 내용도 그렇다. 그의 설교가 서민적이라는 말은 그의 설교에서 작위적인 꾸밈이 없다는 뜻이다."[229]

---

226 김운용, 『설교의 새로운 패러다임』, 204.
227 김운용, 『설교의 새로운 패러다임』, 205.
228 김삼환, 『새벽눈물』, (서울: 교회성장연구소, 2006), 155.
229 정용섭, 『설교의 절망과 희망』, 64.

2. 설교의 기초와 능력

(1) 설교의 기초

김삼환 목사의 설교는 크게 하나님의 주권에 기초하고 있다. 그의 설교에서는 주로 하나님이 교회와 인생의 주인 되신다는 점이 강하게 부각되고 있다. 한 설교에서 하나님의 중심 사상과 하나님의 주권에 대한 그의 깊은 고백을 알 수 있다.

> "명성교회는 17년 전 명일동에 세워졌습니다. 그 당시 저는 열두 해동안 혈루증을 앓던 여인처럼 병들고 버림받아 갈 곳이 없었습니다. 고향에 가서 농사를 지으려고 해도 땅이 없고, 아는 곳도 없고, 돈도 없고, 가진 것도 없어서 명일동까지 와서 개척을 하게 된 것입니다. 수많은 목회자가 있었지만 명일동은 아무도 찾아오지 않는 지역이었습니다. 저도 갈 곳이 없으니까 500번 버스 종점에 와서 버스 안내양들을 전도해야겠다는 생각으로 이곳에서 개척을 시작했습니다. 다른 길이 없었기 때문에 붙잡을 것이라고는 주님의 옷자락밖에는 없었습니다. 주의 옷자락을 잡으면서 긍휼하심을 기다렸습니다. '…저는 아무것도 없습니다. 주님이 버리시면 저는 죽을 것이고, 주님이 외면하시면 저는 슬프고 불행한 자가 될 것입니다'라고 부르짖으며 주의 옷자락을 붙잡았습니다. 주님은 저를 돌보아 주셨습니다. 주님의 은혜가 참으로 크셨습니다.…주님의 옷자락의 은혜입니다."[230]

그의 목회관과 설교관은 하나님 중심사상과 주권사상에 확고히 기초하고 있었다. 이 때문에 김삼환 목사는 종의 의식을 가지고 또는 머슴의 마음으로 하나님을 섬기려는 겸손한 자세로 새벽기도를 이끌었고, 또 목회하였다.

(2) 설교의 중심능력

설교학의 관점에서 볼 때, 김삼환 목사의 설교 형태는 전통적인 선포의 유형에 속했기보다는 현대 이야기식 설교의 유형에 가깝다. 그렇지만 그는 청중에게 하나님 말씀을 쉽고 정확하게 전달하였고, 청중의 삶에 큰 영향을 끼친 능력 있는 설교자였다.

---

230. 김삼환, 『주님의 옷자락을 잡고』 상권, 실로암, 2004, 133-134.

정인교 교수는 김삼환 목사의 설교가 가진 강점 그리고 배울 점을 파악하기 위해 그의 설교 30편을 분석하였고, 거기서 8가지 특징을 제시하였다.

첫째, 김삼환 목사의 목회와 설교는 '오직 예수!'로 압축될 수 있다. 그는 '오직 주님'The only Lord 중심으로 목회와 설교사역을 했다. 특히 그는 다양한 주제로 설교하면서도 그 중심에는 '오직 예수'를 부각시키고 있다. "그의 설교에는 '문제와 죄로 얼룩진 세상-복 있는 삶'을 살아야 함에도 문제 가운데서 허덕이는 연약한 인간- 모든 문제를 해결하시는 구원자 예수, 전능하신 하나님' 이라는 등식" 이 빠짐없이 나온다."

누구보다 앞서고 모든 좋은 조건을 가지고 있을지라도 하나님이 함께하지 아니하시면 인간은 놀라운 일을 할 수 없으며 능력도 없다. 그러나 모든 것이 부족하고 연약할지라도 만군의 하나님이 함께하시면 나라를 살리고 인류를 살릴 수 있다.

또한 십자가는 하나님 앞에 나아가는 길을 열어준다. 인간과 하나님의 관계, 영적인 문제, 구원의 문제, 신령한 문제, 거룩한 문제를 누가 풀 수 있겠는가? 예수님의 십자가만이 가능하다.

김도훈 교수는 김삼환 목사는 "근본적으로 복음이 주는 소망, 예수 그리스도의 십자가 부활의 능력이 주는 소망을 선포한다"고 평가한다. 김삼환 목사가 강조하는 '오직 예수'는 그의 신학의 총체이자 설교의 틀이다. 김삼환 목사는 개척 초기부터 오늘에 이르기까지 바로 이 예수를 초지일관 전했고, 가장 매력적이고 힘 있는 설교의 주제라는 점을 현실적으로 입증해 보였다.[231]

둘째로, 예수와 복을 강조하는 설교이다. 김삼환 목사는 설교에서 예수를 강조하는 것만큼이나 복을 강조했다. 그의 설교에서는 복에 대한 전향적인 해석과 구원의 개념에 대한 확대가 극명하게 드러나 있다. 먼저, 그는 물질에 대한 복의 오해와 중요성을 강조한다.

---

231. 정인교, 『설교자여 승부수를 던져라』, 127-128.

잘 사는 것을 죄악시하고 부정적으로 보는 사람도 많습니다. 잘사는 것을 공격하는 분도 많이 있습니다. 교회 안에서도 물질의 축복을 아주 그릇되게 이해하여 극히 부분적인 부작용만 가지고 말하는 분이 참 많습니다. 그러나 그렇지 않습니다. 아브라함도 부자였고 이삭과 야곱과 요셉도 열두지파들이 모두 다 하나님을 믿는 믿음으로 엄청난 축복을, 물질의 복을 받았습니다. 그들이 물질의 복을 받아서 아브라함, 이삭, 야곱이 잘못된 일이 있습니까? 그렇지 않습니다. 그로 인하여 하나님을 더 영화롭게 하고 주의 영광을 드러낸 것을 볼 수 있습니다.…가난보다 더 큰 비극은 없습니다. 국가나 개인이나 가정이나 모두 다 마찬가지입니다.…하나님이 없는 나라는 100퍼센트 가난합니다. 지금도 하나님을 잘 믿는 나라는 가난이 없습니다. 왜 그렇습니까? 하나님의 은혜로 하나님이 잘 살 수 있는 길을 열어주시기 때문입니다. (거지가 없는 나라)

같은 맥락에서 김 목사는 구원의 개념을 확대해서 이해한다. 즉 기독교가 말하는 구원(자유)이란 부분적이 아닌 '모든 자유'(죄, 저주, 멸망, 질병, 가난, 불행, 모든 악에서의 건짐)이며 단지 천국 가는 것만을 말하는 것이 아니라고 본다. 그는 예수님을 믿으면 오히려 시험과 어려움이 올 수 있음을 말하기도 한다. 그러나 김 목사는 전능하신 하나님께서 궁극적으로 당신의 자녀를 선으로 인도하시고 복되게 하신다는 데에 더 강조점을 둔다.[232]

셋째로, 김삼환 목사의 설교가 갖는 또 하나의 강점은 바로 회중의 부족을 꾸짖지 않고, 오히려 적극적으로 이해하고 수용하는 자세이다. 그는 예수제일주의를 표방하면서도 신앙의 부족, 회중의 현실적인 욕구, 세상 가치에 대한 약한 모습 등을 최대한 수용한다. 회중의 약한 모습이나 결점을 일방적인 매도나 비판 대신 이해와 관용의 모습으로 일단 수용한 뒤 복음적 메시지로 역전을 꾀하는 설교 진행은 회중을 빨아들이는 흡입력을 가질 수밖에 없다고 정인교 교수는 평가한다.

하나님의 말씀을 합리적으로 해석하려고 하면 믿어지지 않을 때가 참 많습니다. 하나님의 말씀을 과학과 지식에 견주어보면 받아들이기 어려운 대목이 많습니다. 하나님의 말씀을 세상에 있는 어떤 잣대와 인간의 경험과 사람이 가진 눈으로 평가하면 이해하기 어려운 일도 참 많이 있습니다. 그러나 하나님의 말씀을 우리의 경험과 생각, 합리적

---

232. 정인교, 『설교자여 승부수를 던져라』, 128-130.

인 이론과 이성과 과학 위에 두어야 하며 절대자, 창조자 하나님의 말씀이기 때문에 우리는 믿음으로 받아들이고 아멘으로 순종할 때 놀라운 그 말씀대로 이루어지는 축복을 경험하게 됩니다.(다윗왕의 말 한마디)

우리가 이 세상을 살면 얼마나 오래 살고, 가지면 얼마나 많이 가집니까? 돈이 나쁘다는 것은 아닙니다. 또 누구든지 돈에 대해서 큰소리를 치지만 실질적인 삶은 문 밖에만 나가면 돈이 없으면 안 됩니다.… '돈은 필요 없다, 돈을 버려라, 돈은 일만 악의 뿌리다' 하지만 실제 살아보면 그렇지 않습니다. 예수님도 "오늘날 우리에게 일용할 양식을 달라."고 말씀하셨습니다. '돈은 필요 없다, 돈은 없어도 된다, 돈이 뭐 중요하냐' 하는데 그렇지 않습니다, 살아보면 늙어 죽는 날까지 정말 없으면 안 되는 것이 돈입니다. 그러나 우리 성도들에게만 돈이 먼저이면 안됩니다. 그 위에 예수님이 제일이어야 합니다.[233]

넷째는, 일상적인 상식을 통한 공감대 형성이다. 사람들이 김삼환 목사를 긍정적으로 생각하는 이유는 모두가 상식적으로 혹은 경험적으로 알고 있는 내용을 감성적으로 전달하기 때문이다. 내용적으로 보면 새삼스러운 것도 없고, 정보로서의 별 가치도 없다. 그러나 누구나 삶 속에서 공감할 수 있는 것들은 낯설거나 무관하게 느껴지지 않고, 쉽게 받아들이며 연대적인 동의를 빠르게 가져 온다. 거기다 정적인 터치를 강하게 자극하는 김 목사 특유의 전달력이 전해지면서, 그 효과가 배로 증가되었다. 공감대를 형성하는 김삼환 목사님의 설교는 다음과 같다.

사람이 아무리 잘하다가도 한 가지 실수만 하면 돌아서듯이 마찬가지로 부부간에도 잘 가다가 작은 것 하나에 돌아섭니다. 부모 자식 간에도 친구 간에도 작은 것 하나에 무너집니다, 오랜 우정이 어디 있습니까? 작은 강을 못 넘고, 작은 어려움을 이해 못하는 것이 인간입니다.

…요사이 보니까 아하~ 모든 불행은 가장 가까운 사람을 통해 오는 구나. 상처는 가까운 사람이…모르는 사람이 와서 누가 죽이겠습니까? 전부 가까이 있는 사람에게서 불행한 일이 일어납니다.

---

233. 정인교, 『설교자여 승부수를 던져라』, 131-133.

사람은 모두 다 집입니다. 형제간에 어려울 때 형님을 찾아가면 될 줄 알지만, 결혼하고 나면 이미 형님이 아닙니다. 끝나는 것입니다. 이 세상에 어려움이 있을 때 부모나 누굴 찾아가면 될 줄 아십니까? 사람은 모두 다 자신의 욕심을 채우기 바쁘지 누굴 생각해줍니까?[234]

다섯째, 친근하고 편안한 예화의 활용이다. 김삼환 목사의 설교에서 '구수한 숭늉, 포근함, 재미, 감동' 같은 표현이 등장하는 데에는 무엇보다 그의 예화 사용이 절대적인 역할을 차지한다. 그의 설교에는 항상 4-6개 정도의 예화가 등장하는데 몇몇 경우를 제외하고는 두 단락을 넘지 않는 길이면서도 매우 적절하다는 인상을 준다. 특히 그는 설교가 지루해질 수 있는 설교 후반부에 집중적으로 예화를 배치함으로써 회중의 누수현상(마음이 흩어지는 것)을 막는다. 그는 예화를 전달하려는 메시지와 곧바로 연결시키는데, 그 연결이 듣는 이로 하여금 절로 고개가 끄덕여지게 할 만큼 절묘하다.

그의 예화는 내용상 몇 가지로 나눌 수 있다. 우선 가장 많이 등장하는 예화는 김 목사가 농촌에서 보낸 어린 시절에 대한 이야기이다. 이것은 회중의 향수를 자극하는 강한 기제가 된다.

시골에서 보면 과일도 너무 익으면 안 됩니다. 수박도 너무 익으면 못 먹습니다.…농촌에서 벼를 벨 때 추수를 어떻게 하는지 아십니까? 완전히 익은 벼를 추수하면 안 됩니다. 그런 것은 추수를 해서 정미소에 가면 쌀이 토막토막 납니다. 너무 열매가 완전해 그렇습니다. 다 익으면 안 됩니다. 쌀은 덜 익어야 맛이 있습니다. 콩도 다 익은 것을 베면 다 밭에 떨어집니다. 덜 익을 때 가져와야 합니다. 행복? 부족해야, 덜 익어야 행복합니다.

둘, 김삼환 목사는 시사적인 문제를 예화로 적극 활용한다. 그는 설교 전체의 주제를 어떤 사회적인 이슈나 정치적인 것으로 끌고 가지는 않지만, 복음적, 개인적 주제인 경우에도 정치·사회·경제·문화적인 이슈를 부분적으로 끌어들임으로 회중으로 하여금 카

---

234. 정인교, 『설교자여 승부수를 던져라』, 133-134.

타르시스적인 효과를 갖게 한다.

"몇 달 동안 끌어오던 옷 로비 사건으로 인하여 장관이 물러나는 등 정부가 많은 상처를 받더니 드디어 국회에서 청문회로 이어졌습니다. 옷에 걸려 온 나라가 넘어질 지경이며 지금은 온 세계에까지 뉴스가 되고 있습니다. 이제 옷 사건은 청문회로 끝나는 것이 아니고 특검제로 나아갈 것 같다고 합니다."

셋, 김삼환 목사 자신의 역경에 관한 자전적 예화이다. 사실 김삼환 목사는 어려서부터 물질적 가난과 나쁜 건강으로 상당한 어려움을 겪었다. 그런 그가 하나님의 은혜로 오늘에 이르렀다는 것은 하나의 '성공적 모델'이 되기에 충분하다.[235]

여섯째, 감초같은 위트와 정적 어필이다. 김삼환 목사의 설교에는 항상 유머와 위트가 있다. 이는 예화와 마찬가지로 주로 설교 후반부에 집중 배치되는데 전 회중을 포복절도시킬 만큼 위력적이다. 흥미 있는 것은 위트나 유머의 길이가 불과 대여섯 문장 정도로 짧고, 문맥에도 비교적 잘 들어맞는다는 것이다.

"옛날에 이렇게 바둑이나 장기를 두는 데에 가 보면 훈수라는 게 있습니다. …훈수 두다 귀때기 맞아도 또 둡니다. 훈수 두다가 싸움하는 일도 많습니다. 이기느냐 지느냐 결정적인 일에 본인들은 모르는데 옆에서 '음,음' 이러니까, 갈라 그러면 또 '음,음' 이러니까 알아 차리고 옮기면 저쪽 반대쪽에서 '이 새끼 왜 훈수두냐' 그러면서 멱살잡고…"

남편이 술을 먹는 사람이니까 "당신 같은 사람이 교회에 나오면 안 돼". 이런 말을 하면 안 됩니다. "교회에 갑시다. 주님은 당신을 사랑하십니다. 나가서 예배드리면 은혜를 받습니다. 그래야 나와서 은혜를 받고 성령의 도우심으로 변화되는 것입니다. 여러분! 술 한 잔 해도 꼭 교회에 나오기를 바랍니다.

---

235. 정인교,『설교자여 승부수를 던져라』, 134-136.

김삼환 목사의 정적 터치의 정점은 아무래도 설교 중에 즐겨 부르는 그의 찬양을 꼽을 수 있다. 그는 설교 중 반드시 1-2회 정도 찬송가나 복음성가, 아주 가끔 한 소절 정도의 가곡을 부른다. 대부분은 다루는 내용의 핵심적인 메시지까지 접근한 뒤 노래를 덧붙이는 방식을 쓰지만 때로는 효과를 배가시키기 위해 논리가 진행되는 중간에도 찬양을 부른다. 설교 중 찬양을 하는 데 선구자격인 이성봉 목사의 성악가 같은 면모에 비하면 김 목사는 기량 면에서 노래를 잘 부른다고 할 수는 없다. 그러나 매우 소박하고 전형적인 아마추어의 서투름이 오히려 감성을 자극하고 회중의 심금을 울리는 효과를 낼 수 있음을 우리는 김 목사를 통해 확인할 수 있다.[236]

일곱째, 한 가지 주제에 대한 반복적 - 다각적 접근이다. 다른 설교자들과 비교해서 보면, 김삼환 목사의 설교는 매우 독특한 구성상의 특징을 보여준다. 그는 한국 강단의 공통적인 특징인 대지설교를 즐겨하지 않는다. 설혹 대지로 나누는 경우에도 설교 전체가 아닌 60퍼센트 정도 진행되고 난 후에 설교 후반에 대지를 배치한다. 그의 설교를 들으면 한 가지 주제가 분명해진다. 김 목사는 설교의 주제를 진행시킨다기보다는 한 가지 주제를 각인시키기 위해 매우 다양한 예화와 시각으로 그 주제를 집중적으로 조명한다. 그래서 이제 그만하고 다음 단계로 넘어가야 할 것 같은 지점에서도 다른 시각과 각도에서 다시 그 주제를 강조한다. "오 그리스도의 평강이여"(골 3:12-17)를 분석해보면 이런 특징이 극명하게 드러난다.

A. 도입부: 이 세상 모든 일은 누가 하느냐가 참 중요하다.(이것을 가게+가정+교회+국가+농사 각 측면에서 언급) 특히 사람이 중요하다. (그냥 넘어가도 될 부분인데도 다시 부연적인 설명을 통해 한 사람의 중요성 언급: 다윗+링컨)

B. 하나님이 함께하는 사람이 중요하다. (다윗+모세+찬송)

C. 본문 설명: 본문의 '주장'이라는 단어의 헬라어 푸락케토가 심판자라는데 착안하여 심판자인 주인이 주장하게 하라고 주장(자기능력 믿는 현대인+진정한 구원이 없는 인터넷 정보+그

---

236. 정인교, 『설교자여 승부수를 던져라』, 136-137.

리스도 없는 자녀양육 문제 언급+총회 유치 시 여관 잡는 어려움을 통해 여관문화 질타)

  D. 주님이 함께하는 삶(헬렌 켈러의 삼중고+벤허 예화+조승희 사건 예화)

  E. 결론: 이 사회를 그리스도가 주장하게 해야 한다.(찬양으로 마무리)

물론 자세히 보면 이 설교에는 사람의 중요성+하나님이 함께하는 사람의 중요성+하나님의 직접 함께하심의 중요성이라는 점진적 진행이 들어 있다. 그러나 매 단계를 설득시키기 위해 매우 다양한 예화가 집중적으로 배치되어 있다. 하나의 논지를 설명하기 위해 다양한 예화를 동원하고, 지속적으로 반복하고 순환하는 기법은 자칫 지루할 수도 있지만 이런 방식으로 한 주제를 집중적으로 공략하면 그 주제는 회중의 뇌리에 확실히 각인될 수밖에 없다.[237]

여덟째, 소박과 겸손, 삶이 동반된 설교이다. 소박과 겸손한 삶이 동반된 김삼환 목사의 설교는 그의 설교의 주요 특징이다. 그는 보이는 인상만으로도 겸손이 몸에서 넘쳐난다. 확실히 이런 '겸손'이 느껴지는 인상은 성직자에게 매우 긍정적으로 작용한다. 김 목사는 겉모습뿐만 아니라, 그의 내면에도 겸손의 피가 흐른다. 그는 설교 중간 중간에 "저는 정말 정량에 못 미치는 미달 목사입니다. 함량미달입니다." 라는 표현을 자주 한다. 그의 설교집 『아버지 집에서』의 서문에서도 김 목사의 겸손을 읽을 수 있다.

> 설교집을 낼 때마다 또 내가 이래선 안 되는데…그러면서 제 얼굴을 드러내기가 어느덧 10년, 그러나 어느 하나도 내 것은 없었고 모두 다 주님의 옷자락을 잡은 저에게 주신 은혜였습니다. 그저 감사하고, 죄송스럽고, 부끄러운 것뿐입니다.

그는 성품적으로 겸손할 뿐 아니라 삶 자체도 검소하다. 대형교회 목사답지 않게 여러 번 전세를 옮겨 다녔고, 여전히 지금도 자신의 집을 갖고 있지 않다. 농촌교회 목회자들이 도와달라고 하면 교회재정으로는 어려우니 자신의 아파트를 줄여 이사해가며

---

237. 정인교, 『설교사여 승부수를 던저라』, 137-139.

도와준다. 부흥회에 가서 받는 사례금은 가난한 교회를 위해 헌금하거나 전액 교회재 정에 집어넣는다. 그러면서 교회재정의 60퍼센트 이상을 선교와 구제에 할애한다. 이러한 김 목사의 청빈한 삶과 온유한 성품이 교인에게 전달되는 것은 당연하며, 이러한 겸비의 인격이 그의 설교의 신뢰성$_{ethos}$을 향상시키는 중요한 요소가 된다는 것은 지극히 당연하다. 김 목사가 보여주는 단상과 단하의 일치야말로 모든 목회자가 본받아야 하는 귀범인 것이다.[238]

지금까지 김삼환 목사 설교가 능력을 발휘할 수 있었던 요소를 8가지로 살펴보았다.

3 설교의 전달 능력

위에서 살펴보았듯이, 김삼환 목사의 설교가 능력 있는 설교가 될 수 있었던 8가지 요소 중에서도 특히 낮춤의 영성과 언어구사의 순발력이라는 두 가지 요소에 초점을 맞출 필요가 있다. 이 두 가지 요인이 김삼환 목사의 설교를 직간접으로 견인하였다.[239]

(1) 낮춤의 영성

김삼환 목사의 설교 전반에 낮춤의 영성이 깔려 있다. 그는 자신이 촌사람이라는 사실을 늘 강조하고 인간적으로 부족한 게 많다는 사실을 감추지 않는다. 이런 자신을 낮추는 영성은 사심이 없는 모습으로 보일 뿐만 아니라, 청중으로 하여금 사랑을 느끼게 하는 겸손한 모습으로 보여주기도 한다. 칼빈 밀러는 목회자가 성도를 사랑하고 있다는 것을 보여 줄 수 있는 것은 바로 겸손이라고 말한다. "겸손은 자신을 낮추고 상대방을 높이는 행동이다. 우리는 이 모습을 다른 말로 사랑이라고 표현한다. 반대로 교만은 자신을 높이고 상대방을 낮추는 행동이다."[240] 설교자의 입에서 나오는 말 자체가 아무리 좋아도 그 자체로는 신령한 은혜를 끼칠 수 없다. 설교자가 청중 자신을 사랑한다는 것을 확신 할 때, 청중은 겸손한 설교자로 인해 신령한 은혜를 받을 수 있다.

김운용 교수도 김삼환 목사의 설교의 저력이 무엇인가에 대해서 스스로 묻는다. 수만

---

238. 정인교, 『설교자여 승부수를 던져라』, 139-140.
239. 정용섭, 『설교의 절망과 희망』, 69.

명의 사람으로 하여금 새벽기도에 참여하게 하는 힘은 무엇인가? 상급학교 진학률이 결코 떨어지지 않으면서도 아이들로 하여금 이렇게 결단하게 하는 힘은 어디에서 나오는가? 생명을 걸고 말씀을 선포하게 하는 힘은 무엇이며, 청중과 설교자가 하나가 되어 때로는 두 시간 가까이 되는 예배 시간에도 말씀에 전념하게 하는 저력은 무엇인가? 김운용 교수는 그 중심적인 동인이 바로 사랑의 힘이라고 지적한다. 주님을 사랑하는 힘, 교회를 사랑하는 힘, 영혼을 사랑하는 힘, 하나님의 말씀에 따라 살려고 하는 믿음의 힘이 바로 김삼환 목사가 설교에서 보여주는 겸손의 영성이다.

이런 겸손의 영성을 지닌 그의 설교는 이론과 지식에서 끝나지 않고 청중의 삶을 실천으로 이끈다.

"그의 설교는 단순한 이론이나 이상으로 끝나지 않고 언제나 삶으로 연결되고 있으며, 구체적인 결단과 삶에서 실천해야할 내용으로 나타난다. 유난히 김삼환 목사의 설교에서 나눔과 섬김, 봉사의 삶을 강조하는 것은 시골에서 어려웠던 어린 시절을 보냈던 것과 초기 목회시절 가난한 경험 때문이며, 그것을 주님이 원하신다는 확신 앞에서 실천적으로 살려는 바람 때문이다. 이것은 주님 사랑과 영혼 사랑(청중)의 다른 표현이다. 그의 목회 슬로건처럼 주님을 사랑하고, 주님의 몸 된 교회와 그분의 양 무리를 사랑하는 마음으로 '7년을 하루같이' 섬기려는 간절한 염원이 그의 설교를 이끌어 가는 힘이 되고 있다. 이런 사랑의 힘은 교회와 교인, 세상을 바라볼 때 율법의 눈으로 바라보지 않고 어머니의 눈으로 바라보게 해 준다. …사람을 변화시키는 것은 율법이 아니라, 하나님의 독생자를 주셨던 사랑의 복음이었음을 깨닫게 되면서 모든 사람, 사건을 어머니의 눈으로 보려고 했다. 그것은 사랑의 눈이요, 은혜의 관점으로 사람과 사물을 바라보는 일종의 패러다임의 전환이었던 셈이다. 그래서 그의 메시지는 희망적이고 긍정적이다."[241]

(2) 언어구사력

김삼환 목사의 설교가 청중을 사로잡고, 그들에게 큰 영향력을 끼칠 수 있었던 것은 낮춤의 영성 이외에도 또 하나의 요인인 언어구사력을 들 수 있다. 특히 설교 비평 전문

---

240. 미국교회, 76.
241. 김운용, 『설교의 새로운 패러다임』, 212-213.

가인 정용섭 박사는 설교를 할때 김삼환 목사가 순발력 있게 언어 구사를 잘 한다고 말한다. "그는 분명히 개그맨 못지않은 언어의 순발력을 구사할 줄 아는 말꾼이다. 이런 건 단순히 말재주만이 아니라 훨씬 근본적인 신앙의 힘이다. 일반적으로 삶의 여유가 없는 사람은 농담도 못하듯이 신앙적 여유가 없으면 이런 순발력을 발휘하지 못한다."[242]

김운용 교수도 김삼환 목사의 설교가 청중을 움직이는 힘과 감동을 가진 것은 하나님의 말씀을 증거로 삼는 매개로서 언어의 활용능력 때문으로 보고 있다. 김삼환 목사는 설교에서 삶의 경험에서 나오는 이야기를 통해 하나님의 말씀을 감동적으로 전한다. "그의 설교 언어는 삶의 경험에서 나온 이야기가 중심을 이룬다. 논리적으로 보면, 그의 설교는 복잡하지 않고 단순하다. 어떤 명제와 교리, 정보를 전달하는 것에 중점을 두는 좌뇌적 특성보다는 삶의 경험에서 나오는 이야기에 강조점을 두는 우뇌적 특성이 강하다."[244]

그와 더불어 김운용 목사는 김삼환 목사가 뛰어난 스토리텔러storyteller라고 말한다. "김삼환 목사의 설교에는 그의 삶의 경험으로부터 나오는 감동의 이야기가 중심을 이루고 있다. 뿐만 아니라 같은 이야기도 그의 입에서 나오게 되면 감동으로 다가오게 한다. 그는 뛰어난 스토리텔러이다. 고난과 가난으로 얼룩진 그의 젊은 날과 사역 초기의 이야기는 그 자체로도 감동이 되게 한다. 이처럼 그의 설교의 힘은 이야기에 있음을 알 수 있다. 그는 복잡한 교리적 설명으로 가득 채우는 것이 아니라 삶의 자리에서 나오는 생생한 이야기와 하나님의 이야기를 함께 엮어 가는 뛰어난 이야기꾼이다."[245]

김삼환 목사의 설교를 듣는 청중은 하나님의 말씀의 세계를 보고, 그분의 세계를 경험할 수 있다. 즉 그의 설교를 듣는 청중은 그의 설교의 요점을 기억하는 대신 하나님의 세계를 경험하고, 그것을 근거로 믿음으로 살기 위해 삶의 현장으로 돌아가게 된다. 이것이 김삼환 목사의 설교가 청중에게 주는 힘이고 저력이다. 하나님의 말씀에 귀를 기울이지도 않고, 듣지도 않는 난시청 시대에 청중로 하여금 하나님의 말씀에 귀를 기울

---

242. 김운용, 『설교의 새로운 패러다임』, 66-67.
243. 김운용, 『설교의 새로운 패러다임』, 68-69.
244. 김운용, 『설교의 새로운 패러다임』, 208.
245. 김운용, 『설교의 새로운 패러다임』, 209.

이게 할 뿐만 아니라, 그 말씀대로 살도록 삶의 현장으로 이끈 것은 바로 그의 설교 언어의 탁월함 때문에 가능했던 일이다.

11
21세기 새로운 설교모델

1. 이영훈 목사의 설교론

이영훈 목사는 연세대학교 신학과 신학사(Th.B.) 한세대학교(구 순복음신학교) 신학과 졸업, 연세대학교 연합신학대학원 신학석사(Th.M.), 미국 템플대학교 종교학과 종교철학 박사(Ph.D., 교리사)를 받았고, 지금은 여의도순복음교회 당회장을 맡고 있다. 현재 한국기독교총연합회 회장직을 수행하고 있다.

1 이영훈 목사 설교론의 기초

(1) 인격과 리더십을 갖춘 설교자 이영훈 목사

이영훈 목사는 4대째 기독교 집안에서 태어나 어린 시절부터 서대문순복음교회에 출석하면서 조용기 목사의 설교를 듣고 자랐으며, 여의도순복음교회의 경이적인 부흥의 현장에서 청년기를 보냈다. 그는 조용기 목사로부터 '할 수 있다'는 긍정적인 신앙을 배웠다. 또한 연세대학교 신학과Th.B. 및 연합 신학대학원Th.M.을 졸업하고 미국의 웨스트민스터Westeminster 신학대학교에서 석사과정Th.M.을 마쳤다. 미국 템플대학교Temple University에서 교회사 전공으로 종교 철학 석사M.A.와 박사Ph.D. 학위를 받았다. 그는 목회자로서 뿐만 아니라, 신학자로서의 탁월한 학문적 기반을 갖추었다. 학자로서 학생들에게 학문적 영향을 끼쳤을 뿐만 아니라, 여러 목회사역에서 영적인 역량을 탁월하게 발휘하였다. 그는 워싱턴순복음제일교회와 순복음동경교회, LA나성순복음교회에서 섬김과 기도로 신앙부흥을 일으켰으며, 온화한 성품과 교회를 이끌어 가는 탁월한 리더십을 가진 소유자로 교회 안팎에서 모범적 지도자로 인정받고 있다.

"이영훈 목사는 세계적인 설교자이고, 여의도순복음교회를 세계최대 교회로 성장시킨 조용기 원로목사의 후임 목사로 여의도순복음교회를 이끌고 있다. 그는 조용기 원로목사의 목회철학을 이어 받아 예수 그리스도의 십자가를 중심으로 한 오중복음과 삼중축복을 계승 발전시키고, 설교를 통해 지속적으로 실천하고 있다. 그 때문에 이영훈 목사는 순복음적인 신학을 기반으로 성령의 역사에 따라 여의도순복음교회를 더욱 더 부흥시킬 목회자요 설교자라 할 수 있다. 이영훈 목사는 성령충만한 열정과 예수 그리스도의 성품을 지닌 목회자로 알려져 있다."[246]

19세기 최대의 신학자 존 브로더스John Broadus는 「설교자의 자격론」이라는 저서에서 설교자의 인격적 요건에 대해 지적했듯이, 이영훈 목사는 하나님이 자신의 연약함과 부족함을 아시면서도 자신을 목회자로 불러주신 것에 대한 확실한 소명과 새로운 영적 세계를 추구하면서 심령이 살아 있는 신앙체험을 가졌다. 그리고 그는 복음의 진리를 전하는 설교자로서 자신의 목회적 생명을 위해서라도 끊임없는 신학적 연구에 몰두하였고, 성령에 전적으로 의지하며 성령의 도움으로 목회와 설교사역을 감당하고 있다.

그는 항상 성령의 열매the fruits of the Holy Spirit와 성화sanctification를 강조했고, 그 만큼 스스로도 영성과 인격을 갖춘 리더자로서 설교를 통해 지대한 영향을 주고 있다.

(2) 목회와 설교의 신학적 배경

들으려 하지도 않고 들을 능력도 없는 것처럼 보이는 세상에서 바르고 효과적으로 설교를 할 수 있을까 하는 문제는 모든 설교자에게 해당되는 고민이며, 당연히 설교신학

---

246. 이영훈, 『십자가 순복음 신앙의 뿌리』, (서울: 교회성장연구소, 2011), 표지.

적인 과제이기도하다. 설교를 통해 교회를 성공시킨 탁월한 설교자와 설교신학자는 그 과제에 대한 답을 견고한 신학적 토대에서 설교를 하는 것이라고 말한다.

"20세기에 가장 존경받았던 복음주의 지도자인 존 스토트(John R.W. Stott)는 설교를 통해 건강한 교회성장을 이루었으며 동시에 성도를 성숙한 그리스도인으로 성장시켰다. 그는 견고한 신학적 기반위에서 설교를 했다. 즉 첫째, 그의 설교의 배후에는 신론이 있었다. 그는 하나님의 존재와 활동과 그의 목적에 대한 확신을 가지고 설교하였다. 특히 말씀하시는 하나님을 확신했다. 하나님은 말씀으로 역사하시는 분이실뿐만 아니라, 실제로 말씀으로 그의 백성과 교통하신다는 확신에서 설교를 했다. 둘째, 그는 성경론을 기반하여 즉 3가지의 성경적 신념에서 설교를 했다. 하나, 성경은 기록된 하나님의 말씀이다. 둘, 하나님은 과거에 말씀하신 것을 통하여 지금도 여전히 말씀하신다. 셋, 하나님의 말씀은 능력이 있다. 존 스타트는 이 3가지의 확신을 가지고 설교를 했고, 그 외에도 건강한 교회론과 목사직에 대한 신학적 기반에서 설교사역의 필요성을 강조했다.[247]

조용기 목사가 순복음 신앙을 신학적인 기반을 만들어 가면서 설교한 설교자라면, 이영훈 목사는 순복음 신학을 계승발전시키면서 순복음을 전하는 설교자이다. 특히 그는 십자가 신학의 기초에서 순복음 신앙을 전하는 설교자요, 실천하는 목회자이다. 그는 하나님 말씀과 예수 그리스도의 십자가의 바탕에서 다양한 차원으로 순복음 운동[248]을 설교하고 있다. 순복음 운동은 크게 5가지 중심으로 이루어져있다.

첫째, 성경 중심의 운동

순복음 운동은 창세기부터 요한계시록까지 66권의 성경 말씀이 정확 무오한 성령의 영감으로 기록된 말씀임을 믿는 성경 중심의 신앙이다. 이영훈 목사에 의하면 하나님의 말씀은 시간과 공간을 초월하는 절대 불변의 진리이며, 그 약속의 말씀대로 오늘날에도 그대로 역사하고 성취되고 있다. 그는 성경말씀이 신앙생활의 유일한 근거이며, 절대적 권위를 갖고 있다고 말한다. 그리하여 그는 성경의 기본 중심 사상인 십자가 대속의 신앙으로부터 출발하는 다섯 가지 주제인 오중복음, 중생, 성령충만, 치유, 축복, 천

---

247. 존 스토트,『존 스타트 설교론』, 원광연 옮김, (서울: 크리스챤 다이제스트, 2005), 95-142 참조.

국, 재림의 복음을 중심 메시지로 선포한다.

둘째, 하나님 중심의 운동

이영훈목사의 설교가 기초하고 있는 순복음 운동은 인간의 전적 타락과 하나님의 절대 은총에 의한 구원을 믿는 신앙이다. 그에 의하면 구원은 인간의 행위나 의식, 노력과는 전혀 무익하며, 오직 하나님이 허락하신 예수 그리스도의 십자가 대속의 은총에 의해서만 구원 받게 된다. 뿐만 아니라 그는 하나님이 절대 주권을 가지고 우주를 섭리하시며, 인류 역사를 주관하시고, 인간의 생사회복을 주장하심을 철저히 강조한다.

셋째, 복음적인 신앙 운동

그는 순복음 운동은 복음적이라고 말한다. 복음적이라는 말은 순복음 운동이 종교 개혁적인 기반에서 출발했고 더 깊게는 사도 교회의 신앙, 곧 십자가의 복음에 뿌리를 내리고 있다는 뜻이다. 종교 개혁가들은 중세 가톨릭의 잘못된 구원관을 공격하며 '이신득의'(以信得義)를 주장했다. 이영훈 목사 자신도 종교개혁가들과 같은 입장에서 순복음 운동을 전개하고 있다.

넷째, 사도 교회적 운동

이영훈 목사는 순복음 운동을 통해 사도시대의 교회(사도행전 2:41-47)를 본받는 교회로 성장시키고 있다. 그렇기 때문에 그는 교회에서 항상 하나님의 말씀을 가르치고 배우며 서로 교제하고 떡을 떼며 기도하는것에 힘써야 됨을 강조한다. 그렇게 되면 기사와 표적이 나타나고, 또한 모이기를 힘쓰며 많은 예배를 통해 하나님을 찬양하고, 서로 복을 나누어 주는 역사가 일어날 것이다. 뿐만 아니라 그는 하나님이 교회의 성장을 기뻐하시며 성령이 교회를 폭발적으로 부흥시켜 주실 것을 확고하게 믿는다(사도행전 2:47).

---

248. 이영훈, 『십자가 순복음 신앙의 뿌리』, 프롤로그.

다섯째, 성령 중심의 운동

순복음 운동은 성령이 하나님이심을 믿고, 인격적으로 성령을 인정하고 환영하고 모셔 들이는 신앙운동이다. 성령 하나님의 도우심이 없이는 개인의 영적성장이나 교회성장, 부흥도 불가능하다. 신앙생활의 첫발을 내디딜 때부터 천국에 이를 때까지 성도는 전적으로 성령님을 의지해야 하며, 모든 성도는 성령의 능력을 받아 예수 그리스도를 증거하는 증인이 되어야 한다. 이영훈 목사는 이런 순복음 운동의 실천을 통해 성령의 은혜로운 역사를 체험하고, 하나님의 나라를 크게 확장시키는 노력을 하고 있다. 이영훈 목사는 성경을 중심으로 한 기반과 하나님 중심의 기반, 복음적 기반, 사도 교회적 기반이 확고하게 자리 잡고 있으면서, 성령 중심의 신앙에 따라 목회하는 설교자이다.[249]

2 이영훈 목사의 설교분석

이영훈 목사의 설교는 신앙과 현실이라는 2분법적인 구조에서 어느 한 쪽으로도 치우치지 않는다. 그는 십자가 신학에 기초해서 축복된 존재로 사는 것이 성도의 본분임을 강조한다. 이런 점에서 그가 전하는 순복음 신앙은 십자가 신학에 기초하고 있다. "인간은 누구나 복을 받아 행복하게 살기를 바란다. 그런데 언제부터인가 성도들이 가난하고 고통 받는 중에 신앙생활을 하는 것이 신령한 생활이라는 잘못된 생각을 하게 되었으며, 일부 목회자들과 신학자들은 복 욕 기도하는 기독교 신앙은 샤머니즘적인 기복신앙으로 비판하고 있다. 물론 이를 맹목적으로 추구하는 것은 비판받아야 마땅할 것이다. 그러나 십자가의 대속의 은혜로 주시는 축복을 받아 세상에 나누어주는 것은 성도의 본분이다." 이영훈 목사의 설교의 핵심을 이루고 있는 순복음 신앙은 십자가 신학에 뿌리를 두고 있으며, 그 신앙은 하나님의 말씀에 굳게 서 있는 신앙이다.

(1) 예수와 십자가를 강조하는 설교

그는 인간이 전적구원과 축복의 근원으로 예수 그리스도를 자신의 메시지의 핵심으로 삼고 있다. 인간은 예수 그리스도의 보혈을 통해 불순종의 죄로부터 대속받을 수 있

---

249. 이영훈, 『십자가 순복음 신앙의 뿌리』, 15.

고, 질병으로부터 나음을 입을 수 있고, 원죄와 자범죄로부터 용서를 받을 수 있다. 그뿐만 아니라 예수를 믿는 자는 영적, 환경적, 육체적으로 축복을 받을 수 있다. 그래서 이영훈 목사는 예수님의 십자가를 기초로 인간의 전적인 구원과 삼중축복을 강조한다.

"내가 그리스도와 함께" 이와 같은 제목으로 말씀의 은혜를 나누기 원합니다. 함께 따라하시겠습니까? "내가 그리스도와 함께" 우리가 짧은 인생길을 살아가는 동안에 가장 큰 은혜, 큰 기적을 체험하는 것이 바로 예수님을 믿는 것입니다. 예수님을 믿는 것보다 더 큰 기적과 축복은 없습니다. 예수를 믿는 그 순간 우리의 신분이 바뀝니다. 사탄의 노예, 저주받은 인생에서 하나님의 자녀, 축복받은 인생으로 우리의 신분이 바뀌게 되는 것입니다. 우리는 복 받은 하나님의 자녀입니다.

그러므로 예수 그리스도 안에서 복 받은 자녀의 삶을 살아가야 됩니다. 우리가 예수님을 모를 때는 죄와 절망가운데 살았지만 예수님을 믿고 나서 새사람이 되어 이제는 하나님의 영광을 위해 살아가는 주님의 귀한 일꾼이 되어야 합니다.(2011년 4월 10일 주일설교 중에서)

사망에서 생명으로 옮겼느니라. 십자가의 복음이 위대한 복음입니다. 십자가의 복음이 바로 우리에게 주시는 유일한 구원의 복음입니다. 십자가의 복음이 유일한 치료의 복음입니다. 십자가의 복음이 유일한 축복의 복음인 것입니다. 십자가외에 다른 어떠한 구원의 길은 없으며, 십자가 외에 다른 축복의 길도 없습니다. 예수님의 십자가를 통하여 구원받아 영혼이 잘 됨같이 범사가 잘되며 강건하게 되는 은혜 가운데로 들어가게 되는 것입니다.(2011년 4월 17일 주일설교 중에서)

이영훈 목사는 십자가 복음의 위대성을 강조한다. 그것은 예수님을 믿으면 당연히 사망에서 생명으로 옮겨진다는 것이다. 그렇지만 그는 십자가의 복음에 대한 성도의 자세를 말한다. 그에 의하면 새로운 피조물로 살고, 전적인 구원과 삼중축복을 현실화시키려면 성도는 자신을 십자가에 못 박고, 자신을 낮추어야 한다.

(2) 순복음 신앙을 대변하는 오중복음 설교

이영훈 목사는 설교에서 순복음 신앙을 대변하는 오중복음을 균형있게 설교해오고 있다. 예수 그리스도가 중심이고, 그 자체인 복음을 이해하는 오중복음은 중생, 성령 충만, 치유, 축복, 재림이다. 그는 그의 설교에서는 오중복음을 근거로 순복음 신앙을 전해왔다.

이영훈 목사는 중생의 복음을 단순히 회개하고 마음이 거듭나는 개인적인 차원만이 아니라, 사회를 변화시킨다는 사회적인 차원까지 연결시켜 설교한다.

> 여러분 잘못된에 대해서는 과감하게 정리하고 돌아서야 됩니다. 잘못된 환경에서 벗어나야 됩니다. 바르게 살아야 됩니다. 여러분 예수님을 믿고 바르게 살아야 이 사회가 아름다워지는 것입니다. 우리는 의롭게 살아야 됩니다. 하나님을 기쁘시게 하는 삶을 살아야 됩니다. 사회에 문제가 이렇게 많이 일어나는 것은 천만 그리스도인이 하나님 앞에서 바르게 살지 못했기 때문인 것입니다. 우리가 의롭게 살고 회개하며 하나님 앞에 바르게 서면 이 세상은 아름다워질 것입니다. 그래서 한국에 모든 성도와 모든 교회가 가슴을 치고 통회자복하며 회개하고 새롭게 거듭나는 은혜가 있게 되기를 바랍니다.
> (2012. 12. 4. 주일설교 '광야에 외치는 자의 소리' 중에서)

그는 성령충만 복음을 매우 강조한다. 특히 그는 성령을 받고 복음의 증인이 되어야 한다고 설교한다.

> 할렐루야. 왜 우리에게 성령을 주십니까? 우리에게 권능을 주시기 위해서 입니다. 그럼 왜 권능을 주십니까? 바로 증인이 되게 하기 위해서 입니다.
> 증인이라는 말은 헬라 언어로 '말투스' 라고 하는데 그 의미에 순교자라는 뜻이 있습니다. 우리가 예수님을 믿고 성령 받아 권능을 받고 증인이 되면 목숨을 바쳐 주의 복음을 전하는 복음의 증인이 되는 것입니다. 그래서 많은 믿음의 조상이 목숨을 내놓고 주님의 복음을 전하여서 순교의 피를 흘림으로 말미암아 오늘날 전 세계 인구의 3분지 1이 예수를 믿는 놀라운 역사가 나타나게 된 것입니다. 우리 모두가 복음의 증인입니다. 누가복음 24장 48절에, "너희는 이 모든 일의 증인이라"라고 말씀하고 있습니다. 우리 모두가 예수그리스도의 복음의 증인되어서 세상으로 나가 빛과 소금의 역할을 감당하며 죄와 절망 가운데 처한 사람들에게 이 생명의 복음을 전하는 복음의 증인이 되어야 합니다. (2011. 1. 2. 주일설교, '성령이 너희에게 임하시면' 중에서)

성령님이 오직 예수님의 것을 가지고 예수님만 높이고, 자랑하고, 예수님만 닮아가게 만들어 주시는 것입니다. 성령을 받은 사람은 자신을 자랑하면 안됩니다. 진짜 성령 받은 사람은 예수님만 자랑합니다. 성령 받아서 기적이 나타나고 각종 은사가 나타나도 예수님만 높입니다. 성령님이 예수님의 영광을 위해서 잠시 허락하신 것이지 우리가 능력이 있어 일을 하는 것이 아닙니다. 성령이 임하시면 성령님이 예수님의 일을 하게 만들어주십니다. 무엇보다도 성령이 임하시면 복음의 증인으로 우리를 세워주십니다.(2013. 4. 28. 주일설교, '오직 성령으로' 중에서)

이영훈 목사는 치유의 복음을 전할 때, 육체의 질병에서 고침을 받는 것 뿐만 아니라, 정신적이 시각의 치유도 강조한다. 부정적인 시각을 가진 사람이 긍정적인 시각으로 바뀌는 정신적인 치유를 설교하는 것이다.

캔사스 시의 구속교회 담임목사이신 팀 셔틀(Tim Suttle) 목사님은 『퍼블릭 지저스』라고 하는 그의 책에서 이와 같이 말씀했습니다. "우리는 교회에서 긍정적인 언어를 사용하는 방법을 배워야 합니다. 세상이 모두 '체념'을 말할 때 우리는 '부활'을 이야기하고, 세상이 '절망'을 말할 때 우리는 '희망'을 이야기해야 합니다. 우리는 세상과 현실에 대한 완전히 다른 하나님의 비전을 표현해야 합니다. 긍정적인 시각을 가지고 긍정적으로 말할 때 하나님께서 역사하심으로써 우리로 하여금 영원한 변화를 맛보게 하실 것입니다." 할렐루야. 우리는 긍정적으로 살아야 됩니다. 서로가 서로를 비판하면 모두가 상처투성이가 될 것입니다. 가정에서도 마찬가지입니다. 늘 남편이 의로운 잣대로 부인을 야단치면 그 가정은 편하지 않습니다. 마찬가지로, 부인이 늘 의로운 잣대로 남편을 야단치면 부부싸움은 끊임없을 것입니다. 서로가 사랑으로 하나 되어야 합니다. 서로가 용서하고 이해하고 사랑으로 품어야 하나님의 은혜가 임하는 것입니다.(2014.4.6. 주일설교, 네 손을 내밀라 중에서)

이영훈 목사는 그리스도, 십자가의 능력, 성령충만에 대해 많은 설교를 한다. 축복에 대한 설교도 종종한다. 그는 기복적인 축복이 아니라 살아계신 하나님 말씀에 순종할 때 받는 조건적인 축복을 강조한다.

있다. 예수 그리스도가 중심이고, 그 자체인 복음을 이해하는 오중복음은 중생, 성령 충만, 치유, 축복, 재림이다. 그는 그의 설교에서는 오중복음을 근거로 순복음 신앙을 전해왔다.

이영훈 목사는 중생의 복음을 단순히 회개하고 마음이 거듭나는 개인적인 차원만이 아니라, 사회를 변화시킨다는 사회적인 차원까지 연결시켜 설교한다.

> 여러분 잘못된에 대해서는 과감하게 정리하고 돌아서야 됩니다. 잘못된 환경에서 벗어나야 됩니다. 바르게 살아야 됩니다. 여러분 예수님을 믿고 바르게 살아야 이 사회가 아름다워지는 것입니다. 우리는 의롭게 살아야 됩니다. 하나님을 기쁘시게 하는 삶을 살아야 됩니다. 사회에 문제가 이렇게 많이 일어나는 것은 천만 그리스도인이 하나님 앞에서 바르게 살지 못했기 때문인 것입니다. 우리가 의롭게 살고 회개하며 하나님 앞에 바르게 서면 이 세상은 아름다워질 것입니다. 그래서 한국에 모든 성도와 모든 교회가 가슴을 치고 통회자복하며 회개하고 새롭게 거듭나는 은혜가 있게 되기를 바랍니다.
> (2012. 12. 4. 주일설교 '광야에 외치는 자의 소리' 중에서)

그는 성령충만 복음을 매우 강조한다. 특히 그는 성령을 받고 복음의 증인이 되어야 한다고 설교한다.

> 할렐루야. 왜 우리에게 성령을 주십니까? 우리에게 권능을 주시기 위해서 입니다. 그럼 왜 권능을 주십니까? 바로 증인이 되게 하기 위해서 입니다.
> 증인이라는 말은 헬라 언어로 '말투스' 라고 하는데 그 의미에 순교자라는 뜻이 있습니다. 우리가 예수님을 믿고 성령 받아 권능을 받고 증인이 되면 목숨을 바쳐 주의 복음을 전하는 복음의 증인이 되는 것입니다. 그래서 많은 믿음의 조상이 목숨을 내놓고 주님의 복음을 전하여서 순교의 피를 흘림으로 말미암아 오늘날 전 세계 인구의 3분지 1이 예수를 믿는 놀라운 역사가 나타나게 된 것입니다. 우리 모두가 복음의 증인입니다. 누가복음 24장 48절에, "너희는 이 모든 일의 증인이라"라고 말씀하고 있습니다. 우리 모두가 예수그리스도의 복음의 증인되어서 세상으로 나가 빛과 소금의 역할을 감당하며 죄와 절망 가운데 처한 사람들에게 이 생명의 복음을 전하는 복음의 증인이 되어야 합니다. (2011. 1. 2. 주일설교, '성령이 너희에게 임하시면' 중에서)

성령님이 오직 예수님의 것을 가지고 예수님만 높이고, 자랑하고, 예수님만 닮아가게 만들어 주시는 것입니다. 성령을 받은 사람은 자신을 자랑하면 안됩니다. 진짜 성령 받은 사람은 예수님만 자랑합니다. 성령 받아서 기적이 나타나고 각종 은사가 나타나도 예수님만 높입니다. 성령님이 예수님의 영광을 위해서 잠시 허락하신 것이지 우리가 능력이 있어 일을 하는 것이 아닙니다. 성령이 임하시면 성령님이 예수님의 일을 하게 만들어주십니다. 무엇보다도 성령이 임하시면 복음의 증인으로 우리를 세워주십니다.(2013. 4. 28. 주일설교, '오직 성령으로' 중에서)

이영훈 목사는 치유의 복음을 전할 때, 육체의 질병에서 고침을 받는 것 뿐만 아니라, 정신적이 시각의 치유도 강조한다. 부정적인 시각을 가진 사람이 긍정적인 시각으로 바뀌는 정신적인 치유를 설교하는 것이다.

캔사스 시의 구속교회 담임목사이신 팀 셔틀(Tim Suttle) 목사님은 『퍼블릭 지저스』라고 하는 그의 책에서 이와 같이 말씀했습니다. "우리는 교회에서 긍정적인 언어를 사용하는 방법을 배워야 합니다. 세상이 모두 '체념'을 말할 때 우리는 '부활'을 이야기하고, 세상이 '절망'을 말할 때 우리는 '희망'을 이야기해야 합니다. 우리는 세상과 현실에 대한 완전히 다른 하나님의 비전을 표현해야 합니다. 긍정적인 시각을 가지고 긍정적으로 말할 때 하나님께서 역사하심으로써 우리로 하여금 영원한 변화를 맛보게 하실 것입니다." 할렐루야. 우리는 긍정적으로 살아야 됩니다. 서로가 서로를 비판하면 모두가 상처투성이가 될 것입니다. 가정에서도 마찬가지입니다. 늘 남편이 의로운 잣대로 부인을 야단치면 그 가정은 편하지 않습니다. 마찬가지로, 부인이 늘 의로운 잣대로 남편을 야단치면 부부싸움은 끊임없을 것입니다. 서로가 사랑으로 하나 되어야 합니다. 서로가 용서하고 이해하고 사랑으로 품어야 하나님의 은혜가 임하는 것입니다.(2014.4.6. 주일설교, 네 손을 내밀라 중에서)

이영훈 목사는 그리스도, 십자가의 능력, 성령충만에 대해 많은 설교를 한다. 축복에 대한 설교도 종종한다. 그는 기복적인 축복이 아니라 살아계신 하나님 말씀에 순종할 때 받는 조건적인 축복을 강조한다.

주님은 우리에게 말씀하십니다. "가라." 우리가 잘못된 것을 떠나서 이제는 목적지를 향해 나아가야 합니다. 12장 1절에, 야훼께서 아브람에게 이르시되 "너는 너의 고향과 친척과 아버지의 집을 떠나 내가 네게 보여 줄 땅으로 가라"라고 주님이 말씀하셨습니다. "내가 네게 보여 줄 땅으로 가라." 어디로 가는지 정확하게 목적지를 알 수가 없습니다. 그런데 주님이 말씀하시기를, "내가 네게 보여 줄 땅으로 내가 너를 인도해줄 것이니 나를 믿고 따라오라"고 주님이 말씀하시는 것입니다. "하나님께서 너를 인도해 주실 것이라. 너를 보호해 줄 것이라. 너의 일생을 책임져 줄 것이라." 주님이 말씀하시는 것입니다. 오직 약속의 말씀을 붙잡고 믿음으로 전진할 때 우리의 미래가 하나님의 축복의 날들로 바뀌어지게 될 것입니다. 아브라함은 부름을 받았을 때 어디를 갈 바를 알지 못했지만 말씀에 순종하여 믿음으로 전진해 나아갔기 때문에 큰 축복을 받았습니다.(2010.1.3. 주일설교, '복이 될지라' 중에서)

또 그는 설교에서 영적부흥이 축복이라고 말하면서, 특히 고난을 통해 깊은 축복을 받는다고 강조한다.

욥이 그의 친구들을 위하여 기도할 때 야훼께서 욥의 곤경을 돌이키시고 욥에게 이전 모든 소유보다 갑절이나 주신지라. "갑절이나 주신지라." 그래서 모든 재산이 두 배로 늘었는데 성경을 보면 자녀들은 열 명밖에 주지 않았습니다. 왜냐하면, 이미 열 사람이 천국에 가 있기 때문입니다. 그래서 자녀도 두 배가 되었고 모든 재산도 두 배가 되었으며 고난 후에 위대한 하나님의 사람, 축복받은 사람, 동방의 의인으로 그는 칭찬과 존경받는 인물이 되었습니다. 여러분, 고난 후에 이런 축복과 은혜가 우리를 기다리고 있습니다. 고난이 준 이 놀라운 축복을 잊지 말아야합니다. (2013.6.23. 주일예배, '고난의 축복' 중에서)

그 외에도 이영훈 목사는 하나님 나라와 신앙의 성숙에 대해 자주 설교하는 편이다.

3 이영훈 목사의 설교모델로부터 통찰

(1) 청중을 사로잡는 설교

이영훈 목사는 청중의 마음을 말씀으로 사로잡을 줄 아는 설교자이다. 그는 어떤 설교적 테크

닉을 가지고 청중의 마음을 사로잡은 것이 아니다. 이영훈 목사만이 할 수 있는 커뮤니케이션 능력을 가지고 설교를 했다. 그렇기 때문에 그는 효과적이고 영향력 있게 성경말씀을 전할 자격 있는 커뮤니케이터라고 부르기에 충분하다. 사우스웨스턴 신학교의 교수인 칼빈 밀러Calvin Miller는 설교자는 설득력 있는 커뮤니케이터가 되어야 한다는 점을 강조하기 위해『자격있는 커뮤니케이터: 청중의 마음의 문을 여는 7가지 열쇠』라는 책을 저술했다. 여기서 밀러는 특히 설교를 위한 가장 중요한 능력의 원천은 하나님의 영이지만 청중 또한 또 하나의 원천임을 말하면서 청중의 중요성을 강조한다. "청중은 어쩔 수 없이 듣는 사람이 아니다. 들음은 듣는 사람이 말하는 사람에게 미치는 '집단 은혜Group Grace'이다. 능력 있는 커뮤니케이션에 있어서 청중은 영적인 능력 보다 덜 인상적이지만 덜 중요하다고 볼 수 없다."250 밀러는 이렇게 청중의 의미와 가치를 지적하면서, 능력 있는 설교를 위해 청중과 관련하여 4가지 주요 키main key를 제시한다.

	내 용	주요 요소
Key 1	말하는 자와 듣는 자의 친밀한 관계를 형성하라	설교자의 건강한 자기 정체성이 청중과의 관계의 열쇠가 된다.
Key 2	에고(Ego)의 장애를 극복하라. 그러기 위해서 설교자는 겸손해야 한다.	하지마라 * 자신의 의견을 강요하는 것 * 자신에 대해서 너무 많은 이야기를 하는 것 * 상대방이 누구인지에 대해서 시작하는 것
Key 3	청중에게 유용한 정보를 주겠다고 약속하라. 그리고 그 약속의 정확한 내용을 밝혀라	* 약속은 합리적인 형태로, 그리고 짤막하게 제시하라.
Key 4	적당한 긴장과 해결책을 제시하라	긴장(tension)-결단(decision) -평화(peace) 삼각구조를 따르라.

이처럼 청중의 마음을 열 수 있어야 복음을 전달할 수 있다. 그러나 청중의 마음을 여는 것은 단순한 테크닉이 아니라, 오직 강력한 힘 안에서 즉 그리스도의 영에 설교자와 설교가 사로잡힐 때 가능해진다. 이런 청중과의 커뮤니케이션을 제대로 이해한 설교자가 바로 이영훈 목사이다.

---

250. 미국교회, 67.

(2) 쉬운 이해, 깊은 내용

이영훈 목사의 설교는 쉽다. 그렇지만, 그 내용은 깊이가 있다. 성경의 내용을 쉽게 충실히 전하면서, 마음 속 깊은 곳에서 깨달을 수 있는 저력이 있다. 그래서 그의 설교를 들은 청중은 삶의 변화를 경험한다. 그것은 그가 설교에서 좋은 예화를 통해 말씀을 이해시키고, 또 좋은 저서의 내용을 통해 이해를 깊게 만들기 때문이다. 그는 단순히 만들어진 비유를 사용하는 대신, 실제로 일어났었던 사례를 예화로 사용하여 청중으로 하여금 설교 메시지를 생생하게 받아들이게 한다. 또 그는 청중이 그의 메시지를 감동적으로 받아들일 수 있도록 좋은 저서의 내용을 잘 활용한다.

오늘날 많은 설교자가 설교에서 어설픈 예화를 사용하고 있고, 또 좋은 독서의 흔적 없이 설교하고 있는 점에서 볼 때 이영훈 목사의 설교가 가진 아주 큰 강점이 있다. 이영훈 목사의 설교는 청중으로 하여금 성경 말씀을 쉽게 깨달을 수 있게 해주며, 그 의미와 가치의 소중함을 좋은 저서의 내용이나 예화를 통해 인식시켜주고 있다.

> 서울신학대학에 박명수 교수님이 『한국 교회사의 감동적인 이야기』라는 책을 쓰셨는데, 연동교회 최초에 장로님이 되신 고찬익 장로님에 대한 기록이 나옵니다. 고찬익 장로님은 한국 초대교회 역사 가운데 굉장히 큰 업적을 남긴 귀한 장로님으로 꼽히고 있습니다. 근데 이분은 원래 천민으로 태어나셨습니다. 상놈 중에서도 아주 최하인 천민 신분으로 자라나면서 가죽신을 만드는 일을 했는데 늘 자신의 신세를 비관하면서 술과 노름에 탕진을 하고 많은 사람에게 피해를 입혀서 관가에 끌려가 매를 맞기도 했고, 또 빚을 많이 져서 빚 독촉으로 인해 자살을 시도하기도 했던 사람입니다. 천민이기 때문에 이름도 없이 고씨라고 불렸습니다. 그런데 고씨의 운명이 바뀌게 된 것은 연동교회의 초대 담임이었던 게일 선교사님을 통하여서 예수님 믿게 된 계기였습니다. 하루는 선교사님이 고씨를 만나서 야곱의 이야기가 담긴 '네 이름은 무엇이냐?' 라고 하는 전도지를 주었습니다. 그런데 그날 밤에 잠을 자다 꿈을 꾸는 가운데 성령이 임했습니다. 그는 그때를 이렇게 회상합니다.
> "저는 '네 이름이 무엇이냐?'라고 묻는 성령의 음성에 두렵고 떨리는 마음으로 '고…고…고…'라고만 대답했습니다. 그런데 다시 '네 이름이 무엇이냐?'라고 묻는 성령님의 음성이 들려왔습니다. 저는 두렵고 떨리는 마음으로 '내 이름은 고가요, 싸움꾼,

술꾼에, 망나니입니다. 뉘신지 모르지만 저를 용서해 주옵소서.'라고 울며 대답했습니다. 그러자 흰 옷을 입은 사람이 나타나 저의 몸을 치면서 '이제부터 너는 내 아들이다.'라고 말하고 사라졌습니다. 꿈에서 깨어나 전도지를 읽고 또 읽다가 성령을 받고 눈물 콧물로 회개를 했습니다. 선교사님을 찾아가 하나님의 놀라운 사랑에 대해 깨닫고 돌아오는 길에 수없이 '제 이름은 고가요. 이제 당신의 아들입니다.'라고 중얼거렸습니다."
그날 밤 그는 성령체험을 하고 완전히 새사람이 되었습니다. 그래서 선교사님에게 찾아가 "제가 이와 같이 하나님의 음성을 들었습니다. 성령체험을 했습니다."라고 고백을 하니까 게일 선교사님이 "이제부터 당신의 이름을 남에게 좋은 일을 하는 사람이 된다는 뜻을 가진 찬익으로 하자" 그래서 이름이 고찬익이 된 것입니다. 그 이후로 게일 선교사님을 따라다니면서 연동교회를 섬겼으며 성령의 사람으로 변화된 다음 하나님께서 그 마음에 뜨거운 감동을 주셔서 '내가 이 복음을 전하지 않으면 주님이 맡기신 사명을 다 감당하지 못하는 것이다.'라고 생각하며 충실히 주님을 섬겼습니다. (2012. 1. 15. 주일예배, 성령의 사람 중에서)

우리 초대 한국에 와서 사역했던 펜윅 선교사님이 계십니다. 이분은 캐나다에서 성공한 청년 실업가로서 철물 유통회사를 운영하다가 평신도 선교사로 1889년 한국에 와서 황해도 서울에서 수련원 활동을 했습니다. 그 이후로 다시 캐나다로 돌아가서 목사가 되었고 1896년에 선교사로 돌아옵니다. 함경도 원산을 거점으로 해서 40년 동안 선교를 했는데 1906년에는 한국 침례교의 전신인 대한기독교회를 창립합니다. 그런데 처음에는 본인이 많이 배웠기 때문에 한국 사람보다 모든 면에서 자신이 더 낫다고 생각하는 우월감에 빠져있습니다. 한국 사람들이 가난하고 못 배웠기 때문에 자신보다 한참 수준이 낮다고 생각을 했는데 그들이 예수님을 믿고 나서 변화되어 복음을 전하는 모습을 보고 감동을 받아 회개를 했습니다. 그는 이렇게 고백합니다. "내가 실패한 곳에서 한국인이 거둔 눈부신 성공을 확인함에 따라 교만했던 마음이 사라졌다. 전도방법도 동양이 서양보다 더 성경에 가깝다고 인정하게 되었다." 그는 철저히 자신의 교만을 회개한 후에 예수님과 같이 겸손과 섬김의 삶을 살기로 결심을 한 후에 성경을 쉬운 말로 번역해서 한국 사람들에게 배포했습니다. 또한 한국인과 똑같이 살면서 선교하고, 한국인의 옷을 입고, 한복을 입고, 갓을 쓰고, 복음을 전하고, 본인이 앞장서지 않고, 한국 사람들을 대표로 세워 일을 했습니다. 그는 시베리아, 만주, 몽골 등에 선교사를 파송하고 많은 열매를 맺었습니다. 그리고 이와 같은 말을 남겼습니다. "한국인은 인내와 겸손이라는 뛰어난 특성을 가지고 있다. 인내! 겸손! 성령님이 이렇게 풍부한 천연 광맥을 어떻게 처리하실 지는 너무나 자명하다."(2012. 1. 29. 주일예배, '하나님의 음성' 중에서) 한 시골소년이 예수님을 믿고 난 다음에 꿈을 가졌습니다. "박사학위를 가진 대학교수가 되기를 원합니다. 또 큰 회사사장이 되기를 원합니다. 그리고 생전에 100개의 교회를 건축하기 원합니다." 매일 이 꿈을 갖고 기도를 했습니다. 그의 기도제목을 들은 주위 사람들은 비웃었습니다. 꿈을 꾸더라도 좀 이루어질만한 꿈을 꿔야지 허황된 꿈을 꾸느냐고. 그러나 그 꿈이 하나, 둘씩 이루어지고 있습니다. 경제학 박사학위를 받아 대학교 강단에 섰고, 큰 회사를 경영하는 회장이 되었으며 교회를 거의 80개 가까이 지어 가고 있다는 얘기를 들었습니다. 그 분이 바로 대의그룹에 채의숭 회장님이신데 이 분이 『주께 하듯 하라』라는 책에서 하나님이 꿈을 이루어 주신 이야기를 기록했습니다. (2012. 1. 8. 주일예배, '하나님께서 찾으시는 자' 중에서)

이영훈 목사는 매주 설교에서 역사적이고 감동적인 이야기를 예화로 사용한다. 그래서 청중은 이영훈 목사의 설교에 마음을 빼앗기고, 그의 설교에 감동을 받아 메시지 속으로 빠져든다. 그의 설교에서 감동을 받은 청중은 말씀에 따라 살기 위해 결단하고, 삶의 변화를 경험한다. 설교를 더 효과적으로 전달하기 위해서 좋은 예화를 적절히 사용하는 것은 최고의 투자이다. 이런 최고의 투자가 가능하려면 영적인 능력은 물론이며 설교자는 평소에 독서를 많이 해야 하고, 설교에 맞는 좋은 책과 예화를 선별할 줄 아는 탁월한 안목을 가지고 있어야 한다.

12
21세기 설교모델인 영산 설교

오직 그리스도의 영이 설교와 설교자를 충만하게
채울 때만이 하나님의 간섭이 그 설교 중에 거하게
되는 것이다. - 칼빈 밀러 -

1. 교회성장을 이끈 영산의 설교모델

1 희망과 긍정의 복음전파

(1) 연약한 민중을 위한 희망의 설교

영산 설교가 고난과 아픔의 삶을 살아가는 민중에게 소망을 주고 삶을 긍정적으로 살아가도록 복음을 전했다는 것이 그의 설교의 가장 기본적인 특징이다. 1958년 개척 당시부터 영산은 경제적, 사회적으로 소외된 계층을 향해 설교하였다. 당시 전통적인 관습이나 교리에 충실한 여타의 설교자들과 달리, 영산은 가난하고 어두운 시대를 사는 민중의 아픔에 동참하여 그들의 삶의 아픔을 위로하면서 구체적인 회복을 위한 메시지를 설교의 중심주제로 전하였다.

이것은 삶과 유리된 설교는 무의미하다는 영산의 확신에 따른 것이다. 굶주림과 질병과 죽음의 공포로 가득한 사람에게 삶과 유리된 천국 메시지는 조소거리가 될 뿐이다. 삶의 문제로 고통받는 사람들에게 절실하게 필요한 것은 희망의 메시지였다. 삶이 고단한 사람에게 정죄하는 설교를 하면 절망하게 된다. 영산은 생각의 변화를 이끌어내는 믿음의 결실을 위해 풍요와 희망인 삼중축복의 메시지를 전하였다.

서울장신대학교 교수였던 김세광은 민중에게 희망과 위로의 복음을 전했던 그의 설교가 설교사적으로 중요한 의미를 지닌다고 지적한다.

> 이러한 그의 민중 지향적 설교는 한국교회의 설교사적으로 볼 때 중요한 위치를 차지한다고 평가할 수 있다. 일찍이 유동식 교수도 한국교회 대표적인 설교가와 성령 운동가를 유형적 분류의 틀로 정리했는데 그의 분류에 따르면, 길선주와 서남동을 부성적 성령운동의 흐름 속에 둔다면, 이용도와 조용기를 모성적 성령운동으로 들 수 있다고 하였다. 여기서 부성적이냐 모성적이냐의 기준은 민중의 애환에 직접 참여하고 있는가이다. 조용기 목사의 민중 지향적 의미를 이용도의 설교의 연장선에 찾을 수 있을 만큼 영산의 설교가 한국민중에게 큰 소망을 주어왔다고 평가한다.[251]

김세광은 영산의 설교에서 가난하고 초라한 민중이 소외받고 위로받는, 수동적으로 희망을 갖는 피동자가 아니라 마땅히 대우받아야 할 손님이고, 주어진 기회에 능력을 발휘할 수 있는 개척자로 등장한다고 말한다. 김세광 교수는 희망의 메시지를 암담한 사회현실에서 교회를 유일한 소망으로 실감시킨 복음의 메시지로서 영산의 설교에서 가장 빛나는 요소로 본다.

영산은 자신을 고통당하고 고난에 처해 있는 자들에게 희망의 복음을 전한 목회자요 설교자라고 소개한다. "나는 두 가지에 초점을 맞추어서 목회했습니다. 희망을 주는 것과 정죄하지 않는 것이죠. 사람은 누구나 크고 작은 절망을 안고 가슴앓이를 하

---
251. 김세광, "삼박자 구원· 오중복음에 묻혀버린 '역사'", 62.

면서 살아갑니다. 그들에게 그리스도의 희망의 복음을 전해야 합니다."[252] 영산은 목회를 시작한 이후 약자를 위한 설교를 하며, 어려움에 처한 사람에게 위로와 희망을 주는 긍정적인 희망의 메신저가 되라는 사명을 받았다고 말한다. 이에 그의 설교 방향은 줄곧 약자들, 삶의 문제로 어려움을 겪는 사람을 향해 있었다.

나는 하나님으로부터 가난하고, 어렵고, 굶주리고, 헐벗은 사람에게 꿈과 희망을 주는 설교자가 되라는 사명을 받았습니다. 그래서 1958년도에 대조동에서 목회를 시작할 때부터 지금까지 가난하고 버림받은 사람에게 꿈과 희망을 주는 설교를 하였습니다."[261]

> 나는 목회를 시작한 이후로 지금까지 철저하게 사람들의 삶의 문제를 염두에 두고 설교해 왔습니다. 설교자는 웅변적인 설교보다 여러가지 어려운 문제들을 해결해 줄 수 있는 설교를 해야 합니다. 우리 교회 성도님들은 예배가 시작되기 한 시간 전부터 성전 출입구 앞에 줄을 서서 기다리는데, 이것은 그들이 설교를 들을 때 문제를 해결 받고 운명을 변화시킬 만한 무슨 욕구가 채워지기 때문입니다.[253]

영산 설교의 대상은 부귀영화를 누리는 사람이 아니고, 예수님 없이 잘 살 수 있는 사람도 아니다. 오히려 영산은 낭패와 실망을 당한 자, 가난한 자, 삶에 지친 자, 병든 자들이 복음을 더 효과적으로 받아들인다고 보고 삶에서 상처 입은 약자들이 영적으로 복을 받고, 건강으로 복을 받고, 생활 속에서 하나님의 가족으로 복을 받아야 한다고 확신했다. 이런 확신에 따라 영산은 삼중구원의 축복을 설교했다. 영산은 축복의 복음으로 절망적인 사람들에게 소망을 주었으며, 그들의 변화가 바로 여의도순복음교회가 성장하게 된 요인이라고 말한다.

여의도순복음교회가 세계최대 규모로 부흥할 수 있었던 요인 중 하나는 복음을 통해 성도들의 마음속에 믿음, 소망, 사랑을 깊이 심어주었기 때문이다. "사랑하는 자여 네 영혼이 잘됨 같이 네가 범사에 잘되고 강건하기를 내가 간구하노라(요삼 1:2). 이 말씀을 통

---

252. 이근미,『큰 교회 큰 목사 이야기』, 11.
253. 조용기,『설교는 나의 인생』, 40.
254. 조용기,『설교는 나의 인생』, 44.

해 우리는 하나님께서는 영혼뿐 아니라 범사와 건강에 이르기까지 복 주시는 분이심을 알 수 있습니다. 즉 하나님께서는 삼중으로 복을 주시는 것입니다. 절망 가운데 처절한 삶을 사는 사람들에게 이 말씀은 큰 빛을 던져 주었습니다. 믿을 것 하나 없고, 살 소망이 없으며, 따뜻한 사랑은 생각할 수조차 없었던 사람들에게 이 말씀을 통해 '좋으신 하나님'을 만나게 했던 것입니다. 그러자 마음속에 소망과 사랑의 청사진이 그려진 사람들이 우리 교회로 다른 사람들을 계속해서 인도하게 된 것입니다.[254]

영산의 삼중축복은 샤머니즘의 기복신앙과는 전적으로 다르다. 후자는 단순히 잘 알지 못하는 정령에게 절을 하고 무조건 복을 구하는 것이고, 전자는 인간에게 영생복락을 누리게 하시는 하나님께 영광을 돌리기 위한 목적으로 하는 것이다. 즉 천지를 창조하신 하나님 중심의 삶을 살면 복을 받는다는 것이 바로 삼중축복의 핵심이다.

(2) 희망의 설교에 기여

영산은 삼중축복의 설교를 "심판의 하나님보다는 좋으신 하나님, 축복의 하나님, 문제를 해결해 주시는 하나님을 강조했고, 죽어서 가는 천국보다는 지금 여기서 맛보는 하나님 나라의 현실화를 강조했다." 정인교는 영산의 긍정적이고, 희망의 메시지를 전하는 설교를 '할 수 있게 하는 설교'라고 규정한다.[255]

영산의 '할 수 있게 하는' 축복의 설교는 현세적이고, 물량주의적인 기복신앙이라는 비판을 받기도 한다. 그러나 영산의 긍정과 희망의 메시지가 한국의 현실에서 다른 어떤 사조나 종교적 설파보다도 더 친근하게 민중의 삶에 파고들었으며, 소외되고 빈곤한 계층을 교회로 불러들였다는 것은 결코 부인할 수 없는 사실이다. 이런 점에서 영산의 긍정과 희망의 메시지를 단순히 기복신앙이라고 치부해서는 안 될 것이다. "조용기 목사의 리더십이 한국교회에 미친 영향"이라는 글에서 명성훈은 영산의 긍정과 희망의

---

255. 명성훈, "교회성장과 설교", 129-130.
256. 정인교, 『설교자여 승부수를 던져라』, 326. 정인교 교수는 '할 수 있게 하는 설교'의 중요성을 강조한다. "설교는 궁극적으로 회중에게 '할 수 있음'을 말해야지 '무력감'을 주어서는 안 된다는 것이다. 아나니아와 삽비라의 비극적 이야기에서도 설교자는 회중이 비극의 길에 대한 두려움에 처하도록 할 것 아니라, 그들 부부의 선택과 다른 생명의 길을 제시해야 한다."

설교가 한국교회에 지대한 영향을 미쳤다고 주장한다.

영산의 설교사역은 사람들에게 믿음을 불러일으키고, 희망과 위로를 주며, 살아계신 하나님을 만나게 함으로써 절망적인 삶의 한계를 극복하게 하였다. 그 결과 교회를 하나님 나라로서 경험하고 그 교회를 위해서 자신을 헌신하는 교회성장학적 가치를 통해서 한국교회에 지대한 영향을 미쳤다. 영산의 설교철학과 접근기법을 그대로 적용하여 대교회를 일으킨 여러 사례들이 그것을 증명하고 있다.

2 청중과 소통하는 설교

(1) 청중 지향적 설교의 중요성

『커뮤니케이션으로서의 설교』에서 마이론 차티어[265]는 설교를 단순한 일방적 선포로 정의하기를 거부하면서 회중의 중요한 역할을 하는 설교 경청론을 강조하여 독자들의 새로운 관심을 끌고 있다.[256] 곧 설교의 효과에 있어서 준비와 전달방식의 중요성을 말하고 있는 것이다. 청취는 설교하는 것만큼 중요하다. 설교가 들려야 믿음이 생기고 그 믿음의 결실을 볼 수 있기 때문에, 믿음의 역사의 전제는 설교내용 즉 하나님 말씀이 청중에게 들려지는 것이다.

바울이 로마서 10장 17절에서 말한 바와 같이 "믿음은 들음에서 나는 것"이다. 바울의 말은 청중은 들리는 것(hearing)을 믿으며, 들리는 것은 그것을 듣는 태도(listen)와 메시지가 전달되는 방식에 달려 있다는 것과 깊은 관련이 있다. 설교에서 믿음의 체험은 설교자와 청중 상호 간의 커뮤니케이션 능력에 달려 있다.

이런 의미에서 영산의 설교는 청중과 열린 소통할 수 있는, 탁월한 전달방법과 능력을 지닌 것이다. 정인교는 영산의 설교를 '쉬운설교'로 지칭하며, 그 전달능력을 이야기한다.

조 목사의 설교가 지닌 강점 가운데 하나는 전달의 힘이다. 그가 청중과 하나 되기 위해 사용하는 방법으로 정확한 표현, 간결하고 쉬운 말, 감각적(시청각적) 표현, 다각적인

---

257. 마이론 차티어는 필라델피아에 있는 동부 침례신학교의 목회학 교수로서 수권의 책을 펴낸 바 있는 응용신학의 교수이다.
258. C. 페닝톤 & M. R. 차티어, 『말씀의 커뮤니케이션』, 정장복 편역, (서울:대한기독교서회, 1990), 9.

수식어, 극적인 대조법, 열거법을 통한 반복, 현재진행형적인 표현, 대화식 표현 등 여덟 가지를 제안한다. 우선 조 목사는 누구나 알아들을 수 있는 대중적인 말을 사용한다. 그래서 그의 설교를 들어본 사람은 이구동성으로 그의 설교가 쉽다고 말한다. 이러한 '쉬운 설교'는 조목사가 추구하는 눈높이 신학이 제대로 반영된 결과라고 할 수 있다.[257]

(2) 청중을 위한 설교

영산은 청중과 소통하는 설교를 하려고 노력한 설교자이다. 그는 설교를 청중에게 효과적으로 전달하기 위해 많은 고심과 노력을 기울였다. 영산은 청중에게 필요한 메시지를 잘 전하기 위해 두 가지 기준을 가지고 있었다. 하나는 '무엇을 말하는가' 하는 내용 문제이고, 또한 '어떻게 말하는가' 하는 전달방법의 문제이다. 영산은 효과적인 설교 전달을 위해 청중과 그들의 삶을 이해하는 일을 게을리 하지 않았다.[258]

영산이 청중이 설교내용을 알아들을 수 있도록 쉬운 설교를 할 수 있었던 것은 그가 청중이 처한 현실과 요구를 간파할 수 있는 탁월한 눈을 가졌기 때문이다. 이런 점에서 정인교는 영산의 설교는 회중을 읽는 눈을 설교자들에게 일깨워준다고 말한다.[260]

영산의 설교는 근본적으로 청중에게 초점이 맞추어져 있다. 그의 설교는 단순히 청중에게 교리를 전하지 않았고, 청중의 삶과 무관한 것을 다루지 않았다. 우리는 청중에 대한 영산의 견해에서 그가 청중에 대해 얼마나 관심을 쏟았는지를 알 수 있다.

> 나는 현재까지의 목회 생활에서 최대한 내가 소속한 교단의 교리와 신조를 따르는 데 전력을 기울여 왔지만, 미쳐 교단의 교리나 신조가 따르지 못한 곳에 양무리를 유익하게 하는 꼴이 있을 때는 목숨을 걸고 그것을 취하여 양무리를 먹여 왔습니다. 나는 몇 번이고 성도들 앞에서 이런 말을 한 적이 있습니다. 만일 내가 강단에서 여러분 앞에 거꾸로 매달림으로 성도들에게 유익과 은혜를 가져온다면 서슴지 않고 매달리겠습니다.[261]

---

259. 정인교, 『설교자여 승부수를 던져라』, 327.
260. 조용기, 『나는 이렇게 설교한다』, 321-322. 영산은 청중 분석의 3가지 입장을 제시한다. 첫째는 청중의 상태를 교적부나 직접방문을 통해 알 수 있어야 한다. 둘째, 설교를 하면서 청중을 분석해야 한다. 셋째, 설교 후 청중들의 반응을 통해 분석해야 한다.
261. 정인교, 『설교자여 승부수를 던져라』, 327.

또한 그가 청중과 열린 커뮤니케이션을 하기 위해 상당히 많은 노력을 기울인 것을 설교내용 분석을 통해 알 수 있다. 그의 설교에는 상당한 예화들이 사용되고 있다. 영산은 청중의 상태에 따라서 예화를 선택하였고, 청중이 이해할 수 있는 범위 안에서 예화를 사용했다. 또 그는 예화 사용에 있어서 청중의 연령도 고려하였다.

이호열은 목회학적 입장에서 영산의 설교를 분석하고 평가했다. 그의 분석에 따르면, 영산이 설교에서 강조하였던, 여의도순복음교회 성장의 핵심 모토가 되는 삼중축복은 청중의 요구에 의해서 이루어진 것이다. "그것(삼중축복)은 일종의 토착화의 시도였으며 그가 목회를 시작했을 당시 사람들에게 좋은 접촉점이 되었다. 그는 설교자 중심의 설교가 아니라 교인들이 참여하여 설교를 듣고 교회와 신앙생활에 열심을 내기 바랐던 것이다"라고 이호열은 평가한다.[262] 그의 축복 메시지는 청중의 요구에 의한 것이었고, 청중이 교회와 신앙의 세계로 들어올 수 있었던 접촉점이었다. 영산의 축복 설교에 의해 발생된 이런 접촉점이 여의도순복음교회를 세계적인 교회로 성장시킨 핵심동력이라는 점에는 이견이 없을 것이다.

이런 의미에서 영산의 설교 특히 축복 메시지는 단순히 기복 신앙적인 측면에서만 평가되어서는 안 되고, 설교형식의 핵심 축인 청중과의 커뮤니케이션이라는 측면에서 평가되어야 정당할 것이다. 설교가 교회성장의 핵심동력이 되려면, 설교가 청중에게 들려지고 영향을 미칠 수 있어야 한다. 오늘 한국교회의 위기는 많은 설교들이 전해지는데, 정작 청중에게 영향을 미치지 못하고 있다는 점이다. 청중이 듣고, 영향을 받고 자신의 결단을 통해 삶을 새롭게 펼쳐 나갈 수 있는 청중 중심의 설교가 아니라, 청중의 이해와는 무관한 설교자 중심의 설교가 오늘날 한국교회의 강단에 자행되고 있다. 그러므로 청중의 마음을 움직이고, 그들의 행동을 변화시킨 청중 중심의 영산 설교는 무력감에 빠져있는 한국교회의 강단을 소생시킬 수 있는 하나의 좋은 대안적 모델이 아닐 수 없다.

더 나아가 명성훈은 "조용기 목사의 리더십이 한국교회에 미친 영향"에서 영산의 설교사역이 여의도순복음교회를 세계최대 교회로 만든 원동력이 되었다는 점을 지적하면서, 영산의 설교를 '교회성장형 설교'로 제시한다. 그는 영산의 설교가 수많은 청중의 마음

---

262. 조용기, 『설교는 나의 인생』, 248.

을 변화시킨 이유를 과거에 하신 말씀the said word이 아니라, 삶의 현실에 처해 있는 청중에게 지금 하나님의 음성the saying word을 듣게 하는 탁월성이라고 간주한다. 영산의 성령충만하고 탁월한 설교사역은 성령운동을 현실적으로 이끈 견인력이다, "여의도순복음교회가 아무리 성령운동을 열심히 했더라도 조 목사의 설교사역이 탁월하지 않았다면 오늘의 영광은 불가능했을 것이다."²⁶³ 명성훈은 영산 설교의 탁월성의 한 요인을 성경적 진리를 삶의 필요를 채우는 실제적인 능력의 작용으로 보면서, 영산의 설교사역이 '교회성장형 설교'라는 형태로 수많은 교회와 목회자에게 영향을 미쳤다고 평가한다.

조 목사의 설교사역이 큰 반향을 일으킨 이유는 영원한 성경적 진리(복음)가 시대적인 삶의 필요를 채우는 실제적인 능력으로 적용했기 때문이다. 그의 이른바 '오중복음과 삼중구원'은 예수 그리스도의 십자가 복음을 실제적으로 적용할 수 있도록 단순화시킨 것이다. '오중복음'은 오순절 성경교회의 4중복음(중생, 성결, 치유, 재림)에 성령을 강조하되 축복의 교리를 추가한 것이다. 축복의 교리는 영적 축복, 생활적 축복, 건강의 축복으로 이어지는 온전한 구원 즉 삼박자 구원으로 도식화되어 있다. 결국 조 목사의 메시지는 사람들의 필요를 그리스도의 복음으로 채워주는 목회적 배려 그 자체이다. 이처럼 사람들의 필요를 채워주고, 문제를 해결하고, 상처를 치유하는, 긍정적이고 적극적인 메시지는 수많은 다른 교회와 목회자에게 '교회성장형 설교'라는 형태로 영향을 미치게 되었다.

3 성령 운동의 확산

영산 설교가 한국교회의 성장에 기여한 또 하나의 중요한 특징은 한국교회의 성령운동의 확산에 직·간접적으로 기여했다는 점이다.

(1) 한국교회 성령운동의 한 흐름

"한국교회 성령운동의 설교사 이해"에서 서정민 교수는 한국 교회사 전체를 '성령운동'의 전통 또는 '부흥회적 신앙운동'의 배경에서 오늘날 한국교회의 가장 대표적인 성령

---

263. 이호열, "조용기 목사의 설교에 대한 목회학적 입장에서의 평가", 174.
264. 명성훈, "조용기 목사의 리더십이 한국교회에 미친영향", 216.

운동가 중 한 목회자로 영산을 지목하고, 그의 설교를 다룬다. 서정민은 유동식의 유형적 분류의 틀에 따라 한국교회 대표적 설교가와 성령운동가를 두 유형으로 나눈다. 한 유형은 '부성적(父性的) 성령운동'이고, 다른 한 유형은 '모성적(母性的) 성령운동' 이다. 전자에는 길선주와 서남동이 속하고, 후자에는 이용도와 영산이 포함된다. 서정민은 이런 유형적 분류에 따라 영산을 '모성적, 민중적 성령운동가'로 규정한다.

영산과 같이 모성적, 민중적 성령운동의 부류에 속한 이용도 목사는 고난받는 예수 그리스도를 향해 혼신의 힘을 바쳐 그를 따라야 한다는 '고난받는 예수 신비주의, 십자가의 신학'을 핵심적으로 설교하였다. 예수 그리스도와 연합하여 그의 고난과 십자가까지 달게 받겠다는 신인합일의 신비주의인 자신의 신앙적 유형에 근거하여 그는 주의 은총과 의를 말하면서 형식화된 당대 한국교회를 비판하며, 교회 '갱신'과 '부흥'을 외쳤다. 이용도의 설교는 1920년대 말부터 1930년 초 일제식민 통치가 극에 이르러 피폐한 한국사회, 교리와 신학의 '매너리즘'에 빠져 있던 한국교회의 상황 속에서 민중 성도들에게 심령적 위로와 은혜를 경험케 하는 '카타르시스'의 힘을 지니고 있었다고 서정민 교수는 평가한다.[264]

이런 연결선상에서 서정민은 영산의 설교가 가진 성령운동의 특성을 다룬다. 서정민 교수에 의하면 영산의 설교는 이른바 '모성적, 민중적 성령운동을 일으킨 설교이다. 앞서 고찰했듯이, 영산의 설교주제나 빈도로 볼 때 영산은 성령의 역사를 강조하였다.

(2) 한국교회에 기여한 영산의 성령운동

교회성장학자 피터 와그너C. Peter Wagner는 교회성장의 원동력이 무엇인지 질문한다. 그는 그 원동력을 끝까지 분석 추적하면 하나님께서 그의 성령을 통하여 역사하고 계신다는 사실을 발견할 수 있다고 주장한다. 설교와 목회에서 성령의 역사 없는 교회성장의 역사가 나타나지 않는다. 성령운동이 생명력을 가지고, 교회성장으로 이어지기 위해서는 탁월한 설교사역이 밑받침되어야 한다. 명성훈은 여의도순복음교회가 이런 경우라고 지적한다. 그에 의하면 여의도순복음교회의 성령운동을 교회성장으로 이끈 것은 영산의 탁월한 설교사역이었다. 영산은 무시로 깨어서 기도하며 성령을 의지함으로써 성령의 은혜를 깊이 받았고, 성령을 의지한 설교사역을 통해 교회를 성장시킨 모범을 보여주었다. 그의 설교사역과 교회성장의 중추적 역할을 했던 성령운동은 여의도순복음교회를 넘어 한국교회의 성장에도 기여했다.

2. 교회성장을 위한 영산의 설교모델

21세기는 20세기와 많은 점에서 다른 특징으로 지닌다. 그러기에 21세기 교회성장과 목회발전에 맞는 새로운 모델이 다각도로 시도되고 있다. 21세기 새로운 성장을 모색하고 있는 한국교회가 영산 조용기 목사의 설교에 다시 한번 주목하는 것은 지금 시기에 매우 적절하다. 오늘날 수많은 강단에서 선포되어지는 메시지와 비교해 볼 때, 영산의 메시지가 지닌 지속적 가치와 중요성은 청중의 현실적인 영적 필요를 전인적인 측면에서 연계하면서도, 구원의 메시지와 성육신적 메시지의 특성을 유지하는 데 있다고 하겠다. 이런 점에서 영산의 설교가 21세기의 새로운 변화와 도전 속에서도 안정적인 성장 한국교회의 성장을 위한 설교모델이 될 수 있을 것이다. 필자는 영산 설교의 구조 분석을 통해 영산 설교의 3가지 특징이 21세기 한국교회의 성장에도 기여할 수 있을 것으로 확신한다. 영산 설교의 3가지 특징과 원칙은 그의 설교를 능력 있게 만들었고, 나아가 여의도순복음교회를 세계최대 교회로 성장시킨 원동력이었다.

1 예수 그리스도의 십자가 중심의 설교

(1) 성경의 핵심 주제인 예수 그리스도

초대교회의 선포내용이었던 케리그마 kerygma의 핵심은 바로 예수 그리스도이다. 또한 예수 그리스도는 초대교회 이래로 오늘날까지 기독교에서 행해지는 모든 설교의 근거이며, 출발점이다. 영산의 설교원칙 중 제 1원칙은 '예수 그리스도의 십자가 중심에 서는 것'이다. 예수 그리스도는 성경의 가장 크고 핵심적인 주제이다. 예수 그리스도는 구약성경에서 처음부터 언급된 구원의 약속을 이루어 가는 과정에서 발생한 역사적 사건들을 이해할 수 있는 핵심열쇠 main key이다. 신약성경에서 예수 그리스도께서 인간의 몸을 입고 이 세상에

---

265. 서정민, "한국교회 성령운동의 설교사 이해", 63.

오셔서 탄생하시고, 성장하시고, 공생애 사역을 감당하시고, 최종적으로 십자가에서 죽으시고 부활하심으로 인해 이루신 구속사역은 하나님의 구원계획에 대한 해답이다.[266]

영산은 설교의 중심이 예수 그리스도가 되어야 한다는 기본 원칙하에 설교하였으며, 이런 케리그마적 설교에서 예수 그리스도의 십자가 속죄사역을 중심 포인트로 강조했다.

> 예수님께서는 십자가 위에서 "다 이루었다!"하시며 질병, 저주, 절망, 죽음, 지옥을 격파하고 마귀의 진을 완전히 점령하셨습니다. …우리는 이미 예수님께서 피 흘려 점령해 놓은 고지에서 출발해야 합니다. 예수님께서 죄에 대하여, 병에 대하여, 저주에 대하여, 마귀에 대하여, 지옥에 대하여 어떻게 승리하셨는지를 잘 깨닫고 예수님께서 점령한 위치를 분명하게 파악하여 마음속에 꽉 부여잡아야 합니다.[267] …우리의 영적 중심은 바로 예수 그리스도입니다. 그러므로 설교가 예수 그리스도 중심으로 될 때 질서와 조화와 평화가 있습니다. 그러나 설교의 관심사가 예수 그리스도에서 떠나 세상의 물질, 명예, 권력으로 향할 때는 마음속에 고통과 번뇌가 몰려오게 됩니다.[268]

영산은 축복에 관한 설교를 가장 많이 설교한 설교자이다. 축복에 관한 설교는 영산의 전체 설교 중에서도 큰 비중을 차지할 정도이다. 그러나 영산은 단순히 물질적, 세상적 축복을 설교하지 않고 예수 그리스도의 대속사역위에 하나님의 절대적 은혜로 임하는 전인구원의 축복을 강조하였다.

> "축복은 구원의 은혜로 인한 결과로서 케리그마 선포를 기반으로 하는 구속의 결과에 대한 선포인 것이다… 다음 두 번째 단계에서 본격적으로 구원의 주창자이신 하나님과 그 하나님의 절대적 은혜로 예수 그리스도의 오심, 십자가 고난과 죽음으로 인한 속죄, 그로 인한 구속의 결과로서 삼중축복에 대해 선포한다. 다음 세 번째 단계는 구원받은 자의 믿음의 삶, 축복받은 자의 바른 삶과 개인적, 사회적 차원의 윤리성에 대한 교훈이 뒤따른다."[269]

---

266. 문상기, "케리그마 설교의 현대적 적용과 해석학적 과제", 『신학과 실천』 제 7호 (2004), 207-27.
267. 조용기, 『설교는 나의 인생』(서울: 서울말씀사, 2005), 66
268. 조용기, 『설교는 나의 인생』, 68-69

(2) 십자가와 부활을 전하는 설교

오늘날 한국교회에는 이야기식 설교가 유행이다. 이야기식 설교는 많은 강점이 있다. 우선, 하나님 말씀이 청중에게 들려질 수 있게 한다. 사실 이야기 설교의 원형은 예수님에게서 찾을 수 있다. 예수님도 이야기를 통해 하나님 나라를 설교하셨다. 이처럼 이야기는 설교의 중요한 수단이자 설교의 본질적인 내용을 구성한다. 그렇지만 오늘날 한국교회에서 행해지고 있는 이야기 설교는 문제점이 많다. 예수님에 대한 이야기, 하나님 말씀에 대한 이야기보다는 설교자의 체험에 대한 이야기가 그 중심을 이루고 있기 때문이다.

영산 설교의 이야기는 십자가와 부활의 내용이 그 중심을 이루고 있다. 영산은 설교에서 십자가의 예수 그리스도가 복음의 핵심임을 전제로 그가 십자가에서 이루신 위대한 일을 생동감 있게 이야기함으로 그의 고난과 죽음과 부활에 대해 확신 있게 전한다.

> 하나님의 성령께서 그리스도인들을 제일 먼저 이끌고 가시는 곳은 골고다의 십자가 밑입니다. 인간은 누구를 막론하고 죄와 허물로 죽은 존재입니다.… 예수께서는 죄 없이 태어나시고, 죄 없는 삶을 사시다가 인간의 죄를 대속하시기 위해 십자가에 달려 극한 고통을 당하셨습니다… 이러므로 우리가 예수 그리스도를 믿는다는 것은 종교의식이나 형식의 차원을 넘어 예수 그리스도의 죽음과 부활과 승천을 받아들이고 예수 그리스도의 생명 가운데 거한다는 사실을 의미합니다… 불신자들은 악한 마귀의 권세하에 있습니다. 그러니까 이런 사람들은 흑암의 세력의 국적을 가지고 육신의 정욕, 안목의 정욕, 이 세상의 자랑을 쫓아 살아가는 것입니다. 그러나 그리스도인들은 예수 그리스도 안에서 새로운 피조물로 부활한 존재이기 때문에 더 이상 죄의 종, 마귀의 종, 사망의 종이 아니요, 하나님의 영원한 생명을 받은 위대한 존재입니다. 이처럼 주님을 믿는 성도와 믿지 않는 사람과는 엄청난 차이가 있습니다.[270]

영산의 예수 그리스도와 십자가 중심의 설교에서는 단순히 인간의 신앙적 체험이나

---

269. 이미하, "영산 조용기 목사의 설교의 구조와내용적 특성: 기독교교육학적 적용, 「영산신학저널」 제 29호, 272-273.
270. 조용기, 『조용기 목사의 설교전집』, vol. 12, 148-149.

그에 대한 개인적인 감정보다는 먼저 생명 가운데 율법의 철폐, 죄의 사함, 죽음과 부활, 승리, 참된 기쁜 소식을 이야기로 전한다.

(3) 오중복음과 삼중축복의 설교

영산의 설교는 교리나 신앙적 가르침을 전달하는 것으로 그치지 않는다. 그의 설교의 가장 큰 강점은 설교의 성육신적 특성이다. 즉 말씀과 신앙을 삶의 정황 속에서 축복과 능력으로 현실화시키는 것이다. 성경의 진리를 청중의 삶의 문제와 연결시키는 영산의 성육신적 설교는 전인구원의 내용을 가지고 있다. "영산의 설교에 있어 하나님의 구원은 전인적 측면에서 사람들의 절실한 문제에 응답하는 성육신적 선포이다. 구체적으로 영산의 설교는 청중의 삶의 자리에 대한 탁월한 인식을 내포하며, 청중의 언어, 즉 대중적 내러티브를 통한 구원 메시지의 전달, 청중의 영적, 현실적 욕구에 부응하는 성육신적 전인구원의 메시지라는 내용적 특성을 갖는다."[271]

3 영산의 4차원적 영성 설교

영산의 설교가 한국과 세계교회에 큰 영향력을 끼칠 수 있었던 것은 그가 설교자로서 청중의 삶의 문제에 구체적인 관심을 가지고 희망의 메시지를 전하는 것에 머물지 않고, 그 자신이 발견한 4차원 영성을 담은 설교를 통해 그들의 영혼을 깨워 그들의 현실적인 삶을 변화시켰기 때문이다. '4차원적의 영성 설교'는 영산으로 하여금 세계최대의 교회를 목회하게 한 원동력이었다. 영산 설교는 현재 정체된 한국교회와 성도의 삶을 변화시킬 수 있는 설교 갱신의 패러다임으로서 연구할 가치가 있다. (허도화, 44)

(1) 4차원적 영성의 중요성

영산은 1979년 '4차원 The Fourth Dimension'이라는 영문 저서를 출판하고, '4차원의 영적세계'라는 한글판 제목으로 4차원의 원리에 대한 개요를 밝혔다. 그 후 2004년에 『4차원의 영성』이라는 제목으로 책을 처음 출판하였고, 2012년 수정증보판을 발간하였다. 또

---

271. 이미하, "영산 조용기 목사의 설교의 구조와 내용적 특성: 기독교교육학적 적용, 276.

현재까지도 영산은 4차원의 영성에 대해 지속적으로 설교하고 있다. '3중축복과 오중복음'만이 아니라, '4차원의 영성'도 영산 설교의 핵심 브랜드인 것이다.

핵심 브랜드인 영산의 '4차원의 영성' 설교는 제대로 알려지지 않았다. 그 이유는 영산의 설교를 평가할 때, 주로 대중적인 삼중축복에만 초점을 맞추었기 때문이다. 계명대학교 예배설교학 교수인 허도화도 영산의 '4차원의 영성' 설교는 한국교회 안에서 충분히 이해되거나 연구되지 않았다고 지적한다.

> 영산의 설교는 한국교회 안에서 4차원의 영적 설교로 충분히 이해되거나 연구되지 못하였다. 그 이유 중 하나로, 영산의 5중 복음과 3중 축복이 이미 1980년대 중반부터 그의 설교의 신학, 주제, 또는 내용으로 알려지기 시작한 반면에, 4차원의 영성은 1979년의 영문판((The Fourth Dimension)이 번역된 1996년에야 비로소 한국교회에 알려지기 시작한 것을 들 수 있다. 또한 영산의 4차원의 영적 메시지가 먼저 존재했음에도 불구하고 너무 대중적인 삼박자 축복의 메시지에 의해 가려졌다고 볼 수 있다....한국교회가 영산의 설교보다 그의 설교의 열매들인 교회성장과 지도력에 대한 연구에 더욱 치중했기 때문이다. 영산의 4차원 영성은 그의 제자들에 의해서조차 영적 설교의 모델보다는 교회성장이론과 목회자 리더십 훈련의 하나로 더 알려졌다.[272]

'4차원의 영성' 설교는 교회와 청중을 성숙한 변화로 이끈 주된 설교이다. 이 4차원적 설교는 단순히 유명한 몇 편의 설교에 불과한 것이 아니라 영산의 설교 전반에 녹아들어 있고, 심지어 오중복음과 삼중축복에도 핵심적인 역할을 하고 있다. 히도화는 4차원의 영성이 영산의 목회와 설교 사역 전반에 연관되어 있음을 강조한다. "4차원의 영성이 오래전부터 그의 현장 설교들 속에서 숙성되고 있었음을 의미한다. 즉 영산의 4차원 영성의 설교는 설교 주제와 관련하여 갑자기 시작된 것이 아니라 그의 목회 초기부터 형성되고 서서히 발전되었다. 영산의 설교 주제는 1950년대 불광동 천막시절에 희망의 설교로부터 시작하여, 1960년대 서대문교회시절에는 긍정의 설교로 발전하였고, 1970년

---

272. 허도화, "4차원 영성으로 본 조용기 목사의 설교신학", 44.
273. 허도화, "4차원 영성으로 본 조용기 목사의 설교신학", 45.

대 여의도교회 시절부터 현재까지 4차원 영성의 설교로 발전했다. 허도화는 이런 점을 근거로 영산 설교의 변천사는 4차원 영성 설교가 희망과 긍정의 메시지를 포함하여 그의 전반적인 설교사역과 관련되어 있다고 말한다.[273]

(2) 4차원적 영성의 특징

영산이 발견하고 주장하는 4차원의 영성은 인간의 현실 세계인 3차원의 삶과는 구별되면서도, 동시에 3차원의 세계와 긴밀하게 연관되어 있다. 그러면 어떻게 관계 맺을 수 있는가? 4차원의 영성은 3차원의 현실 세계와 3가지로 관계를 맺는다. 그것은 바로 지배, 연결, 그리고 변화의 관계이다. 허도화는 이 3가지는 이렇게 각각 설명한다.

첫째, 가시적인 3차원의 세계는 비가시적인 4차원의 세계에 의해 지배를 받는다. 전자는 물질세계이고, 후자는 영적인 세계이다. 물질적인 세계가 어떻게 영적인 세계에 의해 지배를 받는가? 물질적인 세계인 3차원의 세계는 하나님의 영인 성령이 주도하는 4차원의 영적인 세계에 의해 지배와 영향을 받는 것이다. "영산은 원래 인간이 영혼을 가진 영적인 존재로 4차원에 속하는 존재인데 역시 4차원에 속한 존재인 사탄의 영향을 받아 공허하고 흑암이 깊은 3차원의 세계에 살게 되었다고 이해한다… 이 3차원의 존재는 스스로 존재하는 것이 아니라, 그 배후의 시간과 공간을 초월하는 4차원 영적 세계에 의해 지배되고 창조되고 변화된다."[274]

4차원의 세계가 3차원의 세계를 지배하듯이, 4차원의 영성을 가진 사람은 3차원의 인생을 지배할 수 있고, 변화시킬 수 있다고 영산은 강조한다. 3차원에 살고 있는 사람이 예수를 믿음으로써 구원을 받는다면, 그는 거룩한 4차원의 영적 세계에 속하게 되고, 3차원에 속한 자신의 삶을 다스릴 수 있게 된다.

둘째, 인간은 3차원에 살고 있지만 본래 4차원의 영혼을 가진 존재로 창조되었다. 그래서 인간은 4차원의 영적 세계와 연결될 수 있으며, 믿음을 통해 다시 영적인 세계를 회복할 수 있다. 이런 영적 세계의 회복이 물질만능의 시대를 사는 현대인에게 가장 절박한 과제이다. 현대인은 영적 회복을 통해서만 참다운 만족과 기쁨을 누릴 수 있다. 왜

---

274. 허도화, "4차원 영성으로 본 조용기 목사의 설교신학", 47.

냐하면 인간은 하나님의 형상으로 창조된 영적인 존재이기 때문이다.

하나님의 형상으로 창조된 인간에 대한 이해는 4차원적 영성의 출발점이다. "하나님의 영으로 생명을 지니게 된 인간은 4차원적 존재였다. 하나님의 영은 인간에게 긍정적인 생각, 넘치는 믿음, 미래를 움직이는 꿈, 그리고 소망의 말을 창조하였다… 하나님이 인간과 관계 맺을 때, 그리고 하나님의 말씀과 생각이 믿음을 기초로 한 인간의 생각이나 꿈과 환상, 신앙고백을 매개로 나타날 때 변화가 일어난다.

셋째, 4차원적 영성의 요소인 생각, 믿음, 꿈, 그리고 말을 훈련함으로써 3차원의 물질적인 삶을 변화시킬 수 있다. 즉 3차원의 현실 세계를 근본적으로 변화시키려면 무엇보다 먼저 영적 존재인 인간의 삶에서 4가지 요소를 하나님의 뜻에 맞게 변화시켜야 한다. 3차원을 지배하려면 먼저 4차원의 세계를 움직여야 한다. 4차원의 세계를 움직이는 것은 성령께서 희망적이고 긍정적인 생각, 믿음, 꿈, 말의 변화를 통해 역사하실 때 가능하다. "우리의 생각, 믿음, 꿈 그리고 말이 하나님의 4차원의 영성으로 채워질 때 4차원의 영성은 3차원을 지배할 수 있으며, 또한 우리의 현실적인 삶을 변화시킬 수 있다. 이런 점에서 허도화는 4차원적 영성을 '인간회복을 위한 방법'으로 여긴다. "4차원의 영성은 이성을 통한 생각, 보이는 것만을 믿고, 현실적으로만 꿈꾸고, 들리는 것만을 말하는 3차원적 존재로부터 이성을 초월한 생각, 보이지 않는 것들에 대한 믿음, 초현실적인 꿈, 들리는 것들에 대한 고백을 말하는 4차원적 존재로의 회복을 위한 방법이다."[275]

영산은 물질문명 속에서 타락하고 방황하는 현대인을 진정한 존재로 회복시킬 수 있는 4차원적 영성을 발견하고, 그 영성을 자신의 설교에 적용시켰다. 그 결과 영산은 성경을 믿음의 눈으로 새롭게 읽을 수 있었고, 병들고, 굶주리고, 삶에 지친 자들에게 하나님의 말씀을 생명력 있게 증거할 수 있었다.

(3) 영산의 4차원적 영성 설교

영산은 구체적이고 현실적인 삶의 변화를 설교의 목적으로 삼았다. 그는 단순히 성경이나 교리를 알려주는 설교형태를 거부하고, 삶의 현장에 있는 성도들을 끊임없이 변

---

275. 허도화, "4차원 영성으로 본 조용기 목사의 설교신학", 48.

화시키고자 하였다. 그래서 그는 현실을 변화시키는 4차원적 영성을 통해 그 일이 가능하다고 확신했다. 영산은 육체를 가지고 현실에서 살아가고 있는 인간이 영인 하나님을 만나고, 그 하나님과 함께 일할 수 있는 것을 4차원의 영성이라고 설교하였다.

> 4차원의 영성이 뭐냐. 무엇 때문에 4차원의 영성이냐. 그것도 이유가 있습니다. 여러분, 하나님은 계시지만 눈에 안 보입니다. 형이상학적으로 눈에 안 보입니다. 눈에 안 보이는 하나님과 대화를 하려니 하나님이 들어주시는지 안 들어주시는지 알 수도 없고 내가 하나님 품에 안기고 싶어도 안기는 방법을 모르겠고, 하나님을 내 속에 모셔 들이려고 해도 어떻게 모셔 들일지 몰라서 당황하는 성도들이 얼마나 많습니까? 어떻게 하면 눈에 안 보이는 하나님을 눈에 보이듯이 마음에 모셔 들이고 그 품에 안길까? 거기에 대해 고민을 하고 기도하는 동안 하나님이 길을 보여 주신 것입니다. 우리 생각을 통해서 하나님과 하나가 될 수 있습니다. 꿈을 통해서 하나가 될 수 있습니다. 믿음을 통해서 하나가 될 수가 있고 입술의 고백을 통해서 하나가 될 수가 있다. 그러므로 생각과 꿈과 믿음과 말을 통해서 내가 하나님 품에 안기고 하나님을 내 속에 모실 수 있는 것입니다. 하나님과 동행할 수 있고 하나님과 함께 역사를 이룰 수 있습니다. 그것을 하나님이 보여 줬기 때문에 성도에게 전하게 되었으며 우리 성도들은 이 4차원의 영성을 통해서 하나님과 함께 일하는 실제적인 방법을 깨닫게 된 것입니다. 막연한 하나님이 아니라 살아계셔서 내 속에 들어와 역사하는 하나님을 알 수 있는 것입니다. 내가 긍정적인 생각을 하여 말씀을 생각할 때 생각 속에 하나님이 와 계시고, 내기 성령을 통해서 기도하며 꿈을 꿀 때 꿈속에 하나님이 들어와 계시고, 내가 없는 것을 있는 것 같이 믿을 때 믿음 속에 하나님이 들어와 계시고, 내가 입술로 고백할 때 말씀 속에 하나님이 들어와 계십니다. 나의 말속에 하나님이 와 계시고, 믿음속에 하나님이 와 계시고, 꿈속에 하나님이 와 계시고, 생각속에 하나님이 와 계시니 이 4가지를 잘 다스리면 하나님과 동행할 수 있게 되고 하나님이 역사하신다는 것을 깨닫게 되는 것입니다. 이러한 것은 다 삶의 필요에 의해서 깨닫게 해주시는 것입니다.(2011. 3. 20. 주일설교)

영산의 4차원적인 설교는 무엇보다도 적용과 실천을 통해 3차원적인 인간이 하나님을 만나고 하나님과 함께 일할 수 있다는 믿음을 강조한다. 이것이 바로 기독교 신앙의 핵심인 복음을 관통하는 설교이다. "영산에 의하면, 설교는 단순히 하나님에 관한 정보나 하나님의 이름으로 소통하는 것이 아니라, 하나님의 능력을 주고 하나님의 은혜를 받는 것이다. 그는 설교를 통해, 하나님께서 능력을 가지고 우리에게 오셔서 선포된 말씀대로 이루신다고 믿는다."[276]

이처럼 하나님과 만나, 변화되고, 하나님과 함께 새로운 역사를 이루어 갈 수 있다는 메시지를 확신있게 전하는 영산의 4차원적 영성 설교는 교회의 정체성을 찾고, 동시에 교회성장을 이루고자 하는 21세기 설교자들에게 설교의 분명한 목표를 제시해 준다. 따라서 영산의 4차원적 영성 설교는 영적으로 무기력해지고 있는 한국교회 목회현장을 살리고, 신앙부흥을 가져올 수 있는 하나의 중요한 설교모델이다.

---

276. 허도화, "4차원 영성으로 본 조용기 목사의 설교신학", 61.

에필로그

새로운 성장을 모색하고 있는 한국교회를 위한 생생한 모델
심두진

본 저서에서 필자는 영산 조용기 목사의 설교를 목회학적인 입장에서 고찰하였다. 본 저서는 한국교회를 위한 영성적, 목회적 좌표의 설정 그리고 기독교 설교의 바른 정립이라는 입장에서 영산 조용기 목사의 설교의 배경과 내용 및 구조 그리고 영산 설교가 복음의 역사와 한국교회에 끼친 긍정적 측면과 부정적 측면을 분석하고 이해하였다. 필자는 영산의 설교가 가진 탁월성과 현실적합성을 해명하기 위해 영산의 저서들을 분석하였고, 보다 폭넓고 깊은 이해를 위해 영산의 설교에 대한 다양한 글과 문헌들을 연구하였다. 연구의 결과들을 근거로 필자는 영산 설교의 브랜드를 21세기 교회성장을 위한 새로운 모델로 제시하고자 한다.

영산의 설교에 대한 전반적인 이해를 바탕으로 필자는 그의 설교가 지닌 가치를 확인할 수 있었다. 그의 설교는 고난과 아픔의 삶을 살아가는 민중에게 긍정적 믿음 형성과 희망의 복음전파, 청중 지향적 설교를 통한 설교의 능력 확대 그리고 전 교회적 차원의 성령운동 확산이라는 3가지 측면에서 그 가치를 인정받을 수 있다. 이러한 가치의 발견은 전문가들에 의해 강조되고 있으며, 많은 목회자들에 의해 탐구되고 있다.

설교와 교회성장의 연관성을 연구한 전문가들은 영산의 설교사역이 큰 반향을 일으킨 이유는 영원한 성경적 진리(복음)를 시대적인 삶의 필요를 채우는 실제적인 능력으로 적용했기 때문이라고 평가한다. 그 평가에 따르면, 사람들의 필요를 채워주고, 문제를 해결하며, 상처를 치유하는 긍정적이고 적극적인 메시지는 수많은 교회와 목회자에게 '교회성장형 설교'라는 형태로 영향을 미쳤다.

정인교는 영산의 설교가 지닌 강점을 전달의 힘이라고 평가한다. 정인교는 영산의 설교를 '쉬운설교'로 지칭하고, 그 전달의 능력을 이야기한다. 정인교에 의하면 영산은 청중과 하나 되기 위해 정확한 표현, 간결하고 쉬운 말, 감각적(시청각적) 표현, 다각적인 수식어, 극적인 대조법, 열거법을 통한 반복, 현재진행형적인 표현, 대화식 표현을 기초로 설교하였다. 즉 영산은 누구나 알아들을 수 있는 대중적인 말을 사용하였고, 그래서 누구나 그의 설교를 듣고 쉽게 이해할 수 있었다. 이 때문에 영산의 설교를 들은 청자 80% 이상이 영산의 설교에 만족하는 것으로 나타났다.

이호열은 목회학적인 입장에서 영산 설교의 축복 메시지와 치유 메시지가 단순히 기복신앙적인 측면에서만 평가되어서는 안 되고, 설교형식의 하나로서 청중과의 커뮤니케이션이란 측면에서 평가되어야 정당하다고 말한다. 그의 분석에 따르면, 영산이 설교에서 강조하였던, 그리고 여의도순복음교회의 성장의 핵심 모토가 되었던 삼중축복은 청중의 필요에 의해서 이루어진 것이며, 고난의 시대에 상처로 얼룩진 청중을 위한 것이었다. 특히 "그것(삼중축복)은 일종의 토착화의 시도였으며 그가 목회를 시작하였던 당시 대다수의 사람에게 좋은 접촉점이 되었다. 그는 설교자 중심의 설교가 아니라 교인들이 설교를 듣고 교회의 신앙생활에 열심을 내기 바랐던 것이다"라고 평가했다.[277]

마원석은 영산의 설교가 일반 대중의 삶에 부합된 메시지를 성령의 능력으로 선포함으로써 종래의 한국 기독교가 보여준 초월성을 극복하고 교회성장을 이룩하는데 기여했다고 평가하였다. 기존의 평가와는 달리, 홍영기 박사는 영산 설교의 핵심인 오중복음과 삼중축복이 각각 사회정치적 변혁에 영향을 미쳤다고 평가한다. 특히 홍영기는 영산의 삼중축복의 의미가 한국사회의 현실 가운데 제대로 실천되지 못한 부분을 지적하고 있기 때문에 그것이 사회변혁에 중대한 의미를 지닌다고 주장한다.

이런 평가들을 근거로 본 저서에서 필자는 몇 가지를 제언할 수 있을 것이다.

우선, 본 저서에서 필자는 영산의 설교가 목회적 차원에서 놀라운 결실을 맺을 수 있었고, 가장 눈부신 교회성장을 이룰 수 있었음에도 많은 편견과 비판이 있었던 것은 -그의 제자들도 영산 설교의 브랜드와 가치를 다 파악하지 못한 것처럼- 영산 설교에 대한 이해의 결여에 기인한다는 점을 지적하고 싶다.

---

277. 이호열, "조용기 목사의 설교에 대한 목회학적 입장에서의 평가", 174..

둘째, 하나님의 말씀인 성경 중심으로 성령의 역사와 능력을 의지하는 영산의 믿음형 설교는 한국교회의 강단을 무기력화시키고 있는 지식 추구형 설교를 대신할 수 있는 중요한 설교 대안이 될 수 있다는 점이다.

셋째, 사회나 교회가 소통의 부재라는 시대적 질병을 겪고 있는 상황에서 영산의 청중 지향적 설교는 설교의 영향력을 회복시키고 한국교회를 은혜의 공동체로 회복시키는데 중요한 역할을 할 것이다. 이런 점에서 영산의 청중 지향적 설교는 지금과 미래의 문제 해결을 위해 지속적으로 탐구되어지고 개발되어야 할 것이다.

넷째, 여러 전문가들은 대형화를 목표로 하는 교회성장 중심의 설교와 목회의 문제점을 지적한다. 그럼에도 불구하고, 영산의 '교회성장형 설교' 패러다임은 사람들의 필요를 채워주고, 문제를 해결하고, 상처를 치유하는 긍정적이고 적극적인 메시지를 통하여 성도에게 만족을 주었을 뿐만 아니라, 나아가 교회성장에 대한 강한 의지를 가지고 한국적 상황속에서 목회를 하는 수많은 교회와 목회자에게 영향을 주었다. 따라서 그의 설교 패러다임은 영성의 균형잡기라는 보완점과 함께 계속해서 개발되어야 한다. '교회성장형 설교'는 어느 시대이건 가장 기본적인 설교 패턴임과 동시에 교인수가 줄어들며 침체를 겪고 있는 한국교회의 미래적 성장을 위한 설교 패러다임이 아닐 수 없다. 이점에 대한 공감과 충분한 인식을 위한 자리가 마련될 필요가 있다.

마지막으로, 영산의 설교사역에 의해 이끌어진 성령운동은 여의도순복음교회성장의 중추적 역할을 했을 뿐만 아니라, 여의도순복음교회를 넘어 한국교회의 성장에 기여한 점도 새롭게 인식되어야 한다. 이처럼 영산의 설교는 한국교회의 성장과 목회자들의 목회에 직간접적으로 영향을 미쳤다는 것과 나아가 지금 새로운 성장을 모색하고 있는 한국교회를 위한 생생한 모델이 될 것이다.

참고문헌

1. 영산 조용기 목사 저서

조용기. 「나는 이렇게 설교한다」, 서울: 서울서적, 1984.
　　　. 「가난해도 좋은 신자인가?」
　　　. 「꿈과 성취」, 서울: 영산출판사, 1979.
　　　. 「오중복음 이야기」, 서울: 서울말씀사, 1998.
　　　. 「오중복음과 삼중축복」, 서울: 서울말씀사, 2000.
　　　. 「희망목회 45년」, 서울: 교회성장연구소, 2004.
　　　. 「나는 이렇게 설교한다」, 서울: 서울서적, 1991.
　　　. 「오중복음과 삼박자 축복」, 서울: 서울서적, 1991.
　　　. 「10분 설교 1,2,3,4」, 서울: 서울서적, 1987.
　　　. 「가정의 위기를 극복하려면」, 서울: 서울서적, 1986.
　　　. 「값싼 은혜냐, 값없는 은혜냐」, 서울: 서울서적, 1986.
　　　. 「건강한 삶의 길」, 서울: 서울서적, 1987.
　　　. 「고난을 딛고 일어서라」, 서울: 서울 말씀사, 1999.
　　　. 「교회성장과 성도 관리」, 서울: 서울서적, 1987.
　　　. 「교회성장 진정 원하십니까?」, 서울: 서울서적, 1995.
　　　. 「목사님, 순복음 신앙이란 무엇인가요」, 서울: 서울말씀사, 1997.
　　　. 「병을 짊어지신 예수」, 서울: 영산출판사, 1968.
　　　. 「보혈로 그린 자화상」, 서울: 서울서적, 1993.
　　　. 「불황을 극복하려면」, 서울: 서울서적, 1980.
　　　. 「빈집의 우환」, 서울: 서울서적, 1993.
　　　. 「삼박자 구원」, 서울: 서울서적, 1989.
　　　. 「성공적 교회성장 열쇠」, 서울: 서울서적, 1990.
　　　. 「절대절망 절대희망」, 서울: 서울말씀사, 1997.
　　　. 「조용기 설교전집(21권)」, 서울: 서울말씀사, 1996.
　　　. 「현대인을 위한 오중복음이야기」, 서울: 서울말씀사, 1998.

. 「당신의 기적을 계획하라」, 서울: 서울서적, 1991.
. 「마음의 평화」, 서울: 서울서적, 1986.
. 「어제의 사람 내일의 사람」, 서울: 영산출판사, 2001.
. 「믿음의 에너지를 활용하라」, 서울: 서울말씀사, 2001.
. 「용서와 사랑의 치유」, 서울: 서울서적, 1986.
. 「네가 낫고자 하느냐」, 서울: 서울서적, 1986.
. 「하나님이 부르신 사람들」, 서울: 서울서적, 1986.
. 「하늘의 길 땅의 길」, 서울: 서울서적, 1990.
. 「우리가 잃어서는 안 될 것들」, 서울: 서울서적, 1989.
. 「쓸모 있는 사람」, 서울: 서울서적, 1988.
. 「하나님께서 높이시는 사람」, 서울: 서울서적, 1984.
. 「사랑, 행복, 나눔」, 서울: 서울말씀사, 2011.
. 「새로운 자화상」, 서울: 서울말씀사, 2003.
. 「새 신분」, 서울: 서울서적, 1987.
. 「생산적인 믿음」, 서울: 서울서적, 1989.
. 「삶과 기쁨」, 서울: 서울서적, 1989.
. 「이것이 믿음이다」, 서울: 신앙계, 2012.
. 「희망목회45년」, 서울: 교회성장연구소, 2004.
. 「4차원의 영성」, 서울: 교회성장연구소, 2004.
. 「설교는 나의인생」, 서울: 서울말씀사, 2005.
. 「교회성장」1, 2, 3집, 서울: 영산출판사, 1981, 1983, 1985.
. 「성령」제4집, 서울: 순복음교육연구소 편, 1983.
. 「조용기 목사 설교전집」 전21권, 서울: 서울말씀사, 1996.
. 「조용기 목사의 설교예화Ⅵ」, 서울: 서울말씀사, 1998.
. 「성령론」, 서울: 서울말씀사, 1998.
. Solving Life's Problem, Seoul Logos Co, 1980.
. The Holy Spirit: My Senior Partner, Seoul Logos Co, 1980.
. "The Holy Spirit: A Key to Church Growth", in Church Growth Manual No. 4. CGI, 1992.

2. 조용기 목사에 대한 저서

곽안련. 「설교학」, 서울: 대한기독교서회, 1976.
곽철영. 「설교학」, 서울: 제일출판사, 1975.
계지영. 「현대설교학 개론」, 서울: 한국장로교출판사, 1999.
김의환. 「성경적 축복관」, 서울: 성광문화사, 1987.
김연택. 「목회와 교회성장」, 서울: 기독교문서선교회, 1996.
김운용. 「설교의 새로운 패러다임」, 서울: 장로회신학대학교출판부, 2004.
김한옥. 「기독교 사회봉사의 역사와 신학」, 부천: 실천신학연구소, 2006.
류동희, 「영산 조용기 목사의 목회사상」, 한세대학교 출판사, 2011.
명성훈. 「교회개척의 원리와 전략」, 서울: 국민일보사, 1997.
        . 「당신의 교회도 성장할 수 있다」, 서울: 국민일보사, 1994.
        . 「교회성장 마인드」, 서울: 교회성장연구소, 2001.
        . 「교회성장의 영적차원」, 서울: 서울서적, 1993.
        . 「한국교회 설교분석」, 서울: 두란노아카데미, 2009.
        . 「카리스 & 카리스마」, 서울: 교회성장연구소, 2003.
박계점. 「포올 조」, 서울: 장원, 1988.
박아론. 「새벽기도의 신학」, 서울: 서울세종문화사, 1974.
박희천. 「나의 설교론」, 서울: 개혁주의신행협회, 1986.
반피득. 「목회상담개론」, 서울: 대한기독교출판사, 1961.
배광호. 「설교에 있어서 커뮤니케이션 연구」, LA.: 켈리포니아 신학대학원, 1988.
        . 「설교학」, 서울: 개혁주의신행협회, 1999.
배현성. 「젓가락과 신학의 만남」, 군포: 한세대학교 출판부, 2002.
백동섭. 「새 설교학」, 서울: 중앙문화사, 1986.
염필형. 「현대 신학과 설교 형성」, 서울: 감리교 신학대학출판부, 1991.
오성춘. 「목회상담학」, 서울: 한국 장로교출판사, 2002.
이동원. 「청중을 깨우는 강해 설교」, 서울: 요단 출판사, 1992.
이근미. 「큰 교회, 큰 목사 이야기」, 월간조선사, 2010.
이상근. 「신약주해, 마태복음」, 대구: 성등사, 1988.
        . 「신약주해, 마가복음」, 대구: 성등사, 1988.
이영훈. 「성령과 교회」, 서울: 교회성장연구소, 2013.

이윤근.「축복론」, 대구: 양문출판사, 1988.
이주영.「현대 설교학」, 서울: 성광문화사, 1983.
이훈구.「설교학 총론」, 서울: 양문문고, 1996.
전영복.「기독교 상담의 이론과 실제」, 서울: 미드웨스트, 1993.
정규오.「설교의 연구와 실제」, 광주: 한국복음문서협회, 1976.
정성구.「개혁주의 설교학」, 서울: 총신대학출판부, 1991.
　　　.「하나님께 더 가까이」, 서울: 총신대학출판부, 1981.
정용섭.「교회 갱신의 신학」, 서울: 대한 기독교 출판사, 1980.
정인교.「설교 살리기」, 생명의 말씀사, 2000.
　　　.「설교자여 승부수를 던져라」, 대한기독교서회, 2010.
　　　.「설교학 총론」, 대한기독교서회, 2011.
정장복.「설교 사역론」, 서울: 대한기독교서회, 1990.
　　　.「설교학 사설 가까이」, 서울: 엠마오, 1992.
　　　.「인물로 본 설교의 역사(상권)」, 장로회신학대학출판부, 1999.
　　　.「인물별 설교의 역사(하권)」, 장로회신학대학출판부, 1994.
　　　.「한국교회의 설교학 개론」, 서울: 예배와 설교 아카데미, 2001.
조귀삼.「영산 조용기 목사의 교회성장학」, 군포: 한세대학교말씀사, 2009
채필근.「비교 종교론」, 서울: 대한기독교서회, 1960.
한국교회문제연구소.「목회자와 설교」, 서울: 풍만출판사, 1987.
한금석.「교회성장학」, 서울: 성광문화사, 1989.
황대식.「설교형태비교연구」, 서울: 혜선출판사, 1987.
허순길.「개혁주의 설교」, 서울: 기독교문서선교회, 1996.
홍순우.「교회 성장과 설교」, 서울: 대한기독교서희, 1985.
홍정길. "설교의 문제점과 강해설교",「목회자와 설교」, 서울: 총신대학 부설 교회문제 연구소, 1987.
홍영기.「조용기 목사의 영성과 리더십」, 서울: 교회성장연구소, 2003.
흑기행길.「신약성서주해, 마태복음」, 서울: 제일출판사, 1969.
　　　.「신약성서주해, 고린도후서」, 서울: 제일출판사, 1969.
국제신학연구소.「하나님의 성회 교회사」, 서울: 서울말씀사, 2001.
국제신학연구원.「여의도의 목회자」, 서울: 서울말씀사, 2010.
교회성장 연구소 편.「카리스 & 카리스마: 여의도순복음교회의 교회성장」, 서울:

교회성장연구소, 2003.

순복음신학연구소. 「21세기 신학적 패러다임을 위한 조용기 목사의 신학」, 군포: 한세대학교, 2003.

여의도순복음교회 30년사 편찬위원회. 「여의도순복음교회 30년사」, 서울: 여의도 순복음교회, 1989.

LG경제연구원. 「2010 대한민국 트렌드」, 서울: 한국경제신문, 2005.

3. 일반 저서

김삼환. 「새벽눈물」, 서울: 교회성장연구소, 2006.
김삼환. 「주님의 옷자락을 잡고」 상권, 실로암, 2004.
강동수. 「이렇게 설교해야 교회가 성장한다」, 서울: 하나, 1994.
곽선희. 「최종승리의 비결」, 서울: 계몽사, 1989.
김점옥. 「미국교회를 움직이는 7인의 설교비밀」, 서울: 기독신문사, 1998.
김창규. 「교회 성장과 설교 방법론」, 서울: 쿰란출판사, 1992.
당회장 목회자료관, 「설교 색인집 2003」, 여의도순복음교회 당회장 목회자료관, 2003.
문성모. 「곽선희 목사에게 배우는 설교」, 두란노, 2008.
오정현. 「사람을 세우는 설교」, 서울: 국제제자훈련원, 2005.
오정현. 「소금 맛 나는 소통」, 서울: 국제제자훈련원, 2012.
이영훈. 「십자가 순복음 신앙의 뿌리」, 서울: 교회성장연구소, 2011.
정용섭. 「설교의 절망과 희망」, 서울: 대한기독교서회, 2008.

4. 번역서

Adams J. E. 「상담학 개론」, 정정숙 역. 서울: 베다니, 1998.
Bauman J. D. 「현대 설교학 입문」, 정장복 역. 서울: 양서각, 1983.
Blackwood A. E. 「설교 준비법」, 양승달 역. 서울: 성암사, 1976.
Barga J. 「설교 준비」, 김지찬 역. 서울: 생명의 말씀사, 1986.
Broadus J. A. 「설교학 개론」, 정성구 역. 서울: 세종문화사, 1983.
Brooks P. 「필립스 부룩스 설교론」, 서문강 역. 서울: 크리스챤 다이제스트, 1995.
Chartier M. R. 「설교에 있어서의 커뮤니케이션」, 차호원 역. 서울: 소망사, 1984.

Clinebell H. J.「목회상담신론」, 박근원 외 역. 서울: 장로회 출판국, 2000.
Collins G. R.「효과적인 상담」, 정동섭 역. 서울: 두란노, 2000.
         .「훌륭한 상담자」, 정동섭 역. 서울: 생명의 말씀사, 1993.
Drunker Peter.「미래사회」, 이재규 역. 서울: 한국경제신문, 2002.
Darga E. C.「설교의 역사」, 김남준 역. 서울: 솔로몬 출판사, 1995.
Demary D. E.「강단의 거성들」, 나용희 역. 서울: 생명의 말씀사, 1976.
Habe Gan.「교회 성장의 신학」, 김남식 역. 서울: 성광문화사, 1990.
Howe R. L.「대화의 기적」, 김관석 역. 서울: 대한기독교교육협회, 1983.
Holland D. T.「설교의 전통」, 홍성훈 역. 서울: 소망출판사, 1986.
Howe R. L.「설교의 파트너」, 정장복 역. 서울: 양서각, 1983.
Jowett T. H.「강해 설교법」, 장두만 역. 서울: 요단 출판사, 1986.
Kerkeinen B.「희망을 향해 행진하라: 조용기의 희망의 오순절 신학」, 국제신학원 역.
         서울: 서울 말씀사, 1986.
Kelsey M. T.「치유와 기독교」, 배상길 역. 서울: 대한기독교서회, 1993.
Knott H. E.「주해 설교」, 안형진 역. 서울: 생명의 말씀사, 1973.
Law Terry.「찬양과 경배의 능력」, 전가화, Jeanie. L. Kim 역. 서울: 은혜사, 1996.
Macgabrin Donald A.「교회 성장 이해」, 전재옥 외 2인 역. 서울: 한국장로교출판사, 1995.
Melpers Obry.「21세기 교회개척과 성장과정」, 홍은표 역. 서울: 예찬사, 1996.
Oden T. C.「케리그마와 상담」, 이기춘, 김성민 역. 서울: 전망사, 1990.
Ogilvie L. J.「세상에서 가장 위대한 상담자」, 한재희 역. 서울: 이레서원, 2001.
Rogers C. R.「칼 로저스의 카운슬링의 이론과 실제」, 한승호, 한성열 역. 서울:
         학지사, 1998.
Snaider Haward A.「21세기 교회의 전망」, 박이경, 김기찬 역. 서울: 아가페출판사, 1994.
Spurgeon C. H.「스펄젼의 설교학 서문에서」, 김병호 역. 서울: 신망애출판사, 1979.
Shott J.「현대와 설교」, 정성구 역. 서울: 풍만, 1985.
Unger M. F.「강해 설교 원리」, 최남수 역. 서울: 가브리엘 신학 연구소, 1985.
Van Cleave N. M.「목회자를 위한 설교 핸드북」, 이일호 역. 엠마오, 1986.
Vinche Fridrisch.「현대 설교학」, 정인교 역. 한국신학연구소, 1998.
Walker W.「기독 교회사」, 류형기 역. 서울: 한국기독교문화원, 1979.
Webber R. E.「그리스도교 커뮤니케이션」, 정장복 역. 대한기독교 출판사, 1985.
Wesely J.「존 웨슬레의 일기」, 김영운 역. 서울: 크리스챤 다이제스트, 1985.

리챠드 리스쳐. 「설교의 신학」. 홍성훈 역. 서울: 소망사, 1986.
존 스토트. 『존 스토트 설교론』. 원광연 역. 서울: 크리스챤 다이제스트, 2005.
C. 페닝톤 & M.R. 차티어. 「말씀의 커뮤니케이션」. 정장복 편역. 서울: 대한기독교서회, 1990.

5. 논문집

김현진, 「현대 한국교회 설교자 연구」, (서울신학대학교 신학대학원 석사학위논문, 2009)
김홍근, "영산 설교와 케리그마", 영산신학저널 제 23호.
김동수, "영산의 신학과 뿌리", 영산신학저널 제 23호.
김세광, "삼박자 구원, 오중복음에 묻혀버린 역사," 『한국교회 16인의 설교를 말한다』, 서울: 대한기독교 서회, 2006.
류장현, "영산의 성령론에 관한 신학적 고찰", 영산신학저널 창간호 제 1 호.
문상기, "케리그마 설교의 현대적 적용과 해석적 과제", 신학과 실천 제 7호, 2004.
박명수, "오순절운동과 조용기 목사의 신학," 『한국교회 설교가 연구』, 한국교회사학연구원, 2000.
박평강, 「4차원의 영적 세계에 기초한 영산의 설교 연구」, (한세대학교 목회전문대학원 박사학위논문, 2005)
배덕만, "치료하시는 예수님, 치료자 예수 그리스도를 통해 본 영산의 기독론", 영산신학저널 제 5호.
서정민, "한국교회 성령운동의 설교사 이해," 『한국교회 설교가 연구』, 한국교회사학연구원, 2000.
이기성, "영산의 신학의 중심성: 예수 그리스도의 십자가와 부활의 내적 관계성에 대한 영산의 이해", 영산신학저널 제 5호.
이미하, "영산 조용기 목사의 설교의 구조와 내용적 특성: 기독교교육학적 적용", 영산신학저널 제 29호.
이영훈, "영산 조용기 목사의 '좋으신 하나님 신앙'이 한국 교회에 미친 영향", 영산신학저널 제 1호.
이호열, "조용기 목사의 설교에 대한 목회학적 입장에서의 평가" 『한국교회 설교가 연구』, 한국교회사학연구원, 2000.
임열수, "좋으신 하나님에 대한 조목사의 신학이 목회사역에 끼친 영향", 영산신학저널 제 7호.

임승안, "영산 조용기 목사의 성령론", 영산신학저널 제1호
임종달, 「영산 조용기의 기독교 교육사상연구」, (한세대학교 대학원 박사 학위논문, 2003)
임형근, "조용기 목사의 성령이해: 성령과의 교제를 중심으로", 신학저널 제1권 제2호.
전가화, "비언어적 커뮤니케이션-설교에 있어서의 제스처의 기능", 신학논문총서
　　　　제6권, (서울: 학술정보자료사, 2004).
정찬기, 「한국교회성장에 치유목회가 미치는 영향에 관한 연구」, (미국 임마누엘 신학
　　　　대학원 목회학박사학위논문, 1994)
허도화, "4차원 영성으로 본 조용기 목사의 설교신학", 『대학과 선교』제18집,
홍록영, "영산 조용기 목사님이 만난 치유하시는 예수 그리스도", 영산신학저널 제5호.
도날드 W 데이튼, "조용기 목사의 좋으신 하나님 그리고 축복의 신학", 영산신학저널 제7호.
윌리엄 W. 멘지즈, "조용기 목사의 성령충만 신학: 오순절 관점", 영산국제신학 심포지엄, 2003.

6. 원서

Adams J. E. Essays on Biblical Preaching. Grand Rapids, Mich. : Zondervan, 1983.
Paul Yonggi Cho, Solving Life's Problem, Seoul: Seoul Logos Co., Inc., 1980, 27.

부흥을 이끈 설교의 진수

영산 설교

초판 1쇄 발행 | 2015년 1월 12일

펴낸곳 | 교회성장연구소
편집이사 | 김호성
기획 · 편집 | 이강임 · 최윤선
디자인 | 김사라
마케팅 | 김미현 · 최명선 · 문기현
쇼핑몰 | 이기쁨 · 이경재 · 배영규
행　정 | 김수정 · 이정은

등록번호 | 제12-177호
주소 | 서울특별시 영등포구 여의공원로 101 CCMM빌딩 9층 901A호
전화 | 02-2036-7935
팩스 | 02-2036-7910
웹사이트 | www.pastor21.net

ISBN 978-89-8304-238-5

※ 책 가격은 뒷표지에 있습니다.
※ 잘못 만들어진 책은 바꿔 드립니다.

"무슨 일을 하든지 마음을 다하여 주께 하듯 하라" (골 3:23)

교회성장연구소는 한국 모든 교회가 건강한 교회성장을 이루어 하나님나라에 영광을 돌리는 일꾼으로 성장하는 것을 목표로, 목회자의 사역은 물로 성도들의 영적 성장을 도울 수 있는 필독서들을 출간하고 있다. 주를 섬기는 사명감을 바탕으로 모든 사역의 시작과 끝을 기도로 임하며 사람 중심이 아닌 하나님 중심으로 경영한다. "무슨 일을 하든지 마음을 다하여 주께 하득 하라"는 말씀을 늘 마음에 새겨 하나님께서 주신 사명을 기쁨으로 감당한다.